教科書の公式ガイドブック

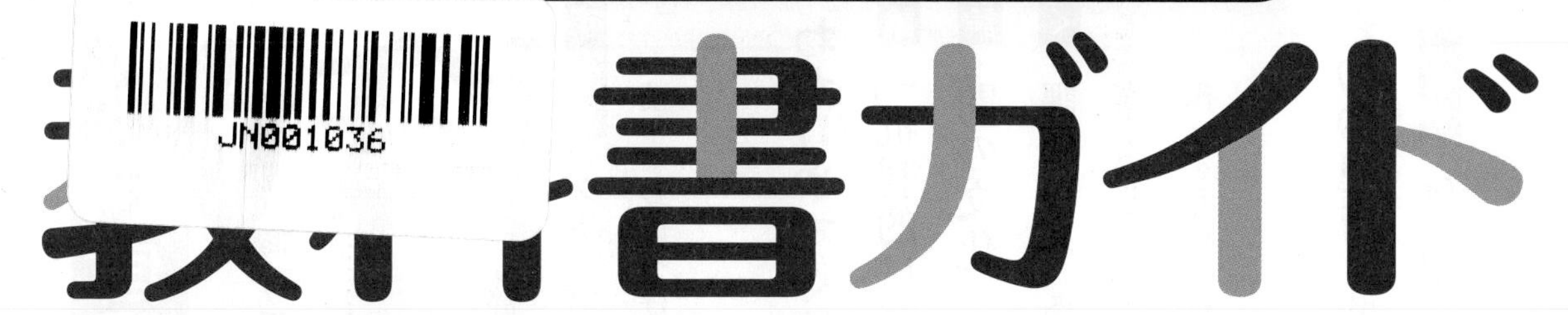

三省堂 版

現代の国語

完全準拠

中学国語

3年

教科書の内容がよくわかる

三省堂

現代の国語　教科書ガイド3　目次

ガ…教科書ガイド（本書）のページ
教…教科書のページ

教科書ガイドの活用法

授業の予習として

授業で新しい教材を学習する前に、教科書の各単元のタイトルの下にある学習目標を読んで、その教材でつけるべき力をつかんでおきましょう。

教科書の本文を読んでから、教科書ガイドの「内容を確認して、整理しよう」を読みましょう。教材のおおまかな内容を知ることができます。次に、「まとまりごとの展開を確認しよう」や「ポイントを確認しよう」で教材の構成や内容を確かめます。また、授業にさきだって「重要語句の確認」を読んでおくと、教材を理解しやすくなります。

論理的に考える

古典に学ぶ

授業の復習として

授業で新しく学んだことは、なるべく早く復習しておくと、学習内容の理解が確実になります。その日のうちに「ポイントを確認しよう」を読み返しておきましょう。

定期テストの前に

教科書の各単元の終わりにある「学びの道しるべ」の設問は、学習した教材のまとめです。教科書ガイドの「学びの道しるべ」を参考にして取り組んでみましょう。理解が十分でなかった部分は、「ポイントを確認しよう」をもう一度読むなどして理解を確実にしておきましょう。

漢字については、単元ごとに「新出漢字」「新出音訓」「新出熟字訓」がまとめてあります。テストの前に、書きや読みを確認して練習しておきましょう。（読みの中の*がついているものは、中学校では学ばなくてもよい音訓です。）

情報を関係づける

読みを深め合う

視野を広げる

読書の広場

資料編

コラム

読み方を学ぼう

この本の構成と使い方

内容を確認して、整理しよう

初めて教科書の各単元を読んだら、教材の話題やテーマは何かを考えましょう。その後、この「内容を確認して、整理しよう」と自分の読解を照らし合わせてみましょう。

上段では、各単元のおおまかな内容や、主題、押さえておきたい特徴などがまとめてあります。吹き出しの中は、簡潔にまとめたポイントです。時間がないときはここだけでも確認しましょう。

下段では、単元の内容を図や表でまとめています。単元全体をつかむのに役立てましょう。

まとまりごとの展開を確認しよう

ポイントを確認しよう

教材を読んで、文章の内容を詳しく読み取るためのページです。

上段の「まとまりごとの展開を確認しよう」で、文章の構成をつかみ、まとまりごとの内容を捉えます。下段の「ポイントを確認しよう」では、本文の場面や段落ごとに、読解のポイントを設問と解答の形式で示しています。

各ページの上段に、文や語句、表などで場面や段落ごとのまとめが示してあり、それに対応して、下段に読解のキーとなる設問が載っています。直後に解答（解答例）が載っていますが、すぐには見ないで、まず自分なりに教科書本文を読み返して解答してみましょう。解答するときは、頭の中で考えるだけでなく、ノートなどに自分の言葉でまとめると、知らず知らずに文章の表現力が身につくようになります。

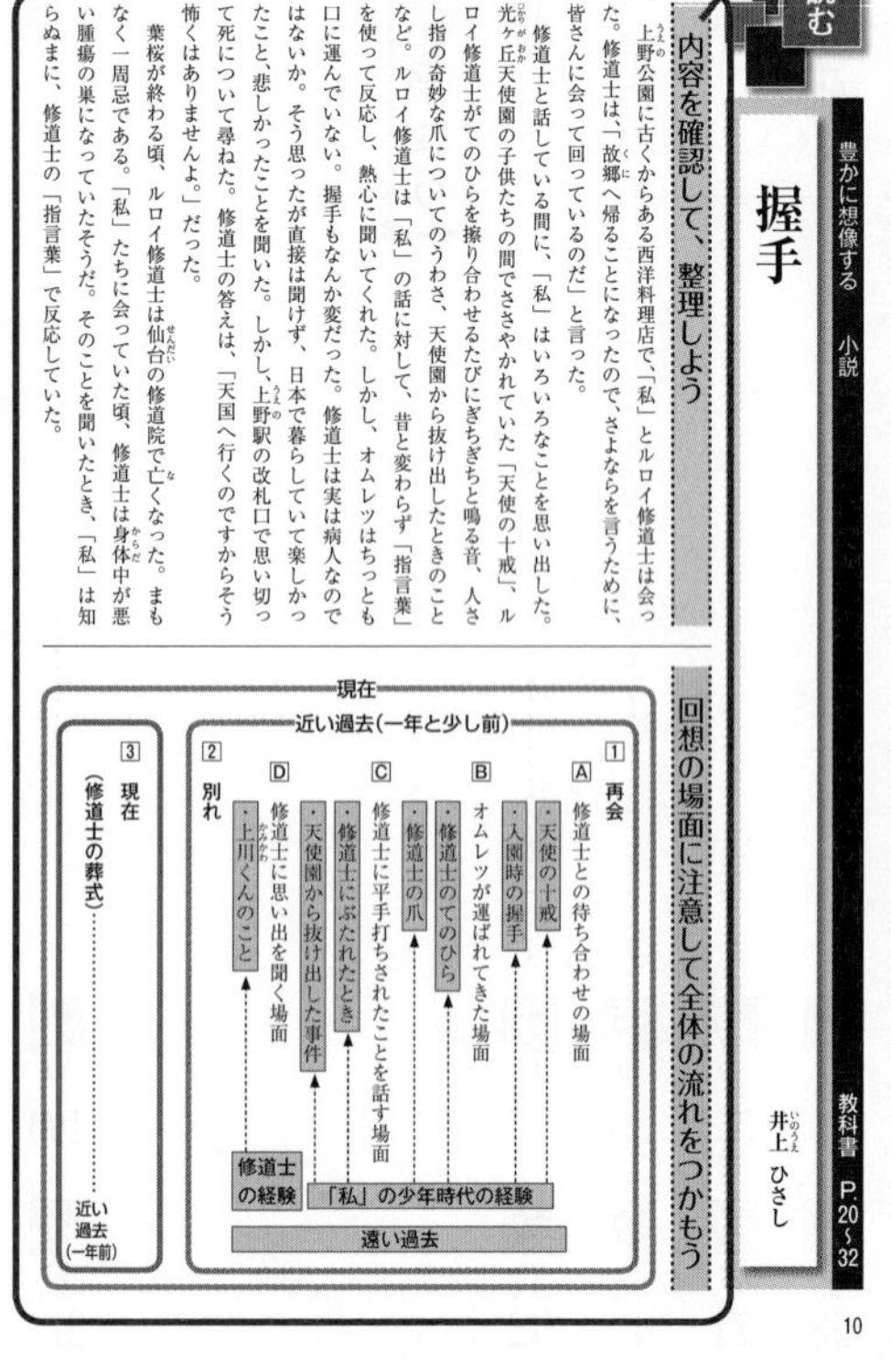

全体の確認 読む

豊かに想像する　小説

握手

井上ひさし　教科書 P.20～32

内容を確認して、整理しよう

上野公園に古くからある西洋料理店で、「私」とルロイ修道士は会った。修道士は、「故郷へ帰ることになったので、さよならを言うために、皆さんに会って回っているのだ」と言った。

修道士と話している間に、「私」はいろいろなことを思い出した。光ケ丘天使園の子供たちの間でささやかれていた「天使の十戒」、ルロイ修道士がてのひらを擦り合わせるたびにぎちぎちと鳴る音、人さし指の奇妙な爪についてのうわさ、天使園から抜け出したときのことなど。ルロイ修道士は「私」の話に対して、昔と変わらず「指言葉」を使って反応し、熱心に聞いてくれた。しかし、オムレツはちっとも口に運んでいない。握手もなんか変だった。修道士は実は病人なのではないか。そう思ったが直接は聞けず、日本で暮らしていて楽しかったこと、悲しかったことを聞いた。しかし、上野駅の改札口で思い切って死について尋ねた。修道士の答えは、「天国へ行くのですからそう怖くはありませんよ。」だった。

葉桜が終わる頃、ルロイ修道士は仙台の修道院で亡くなった。まもなく一周忌である。「私」たちに会っていた頃、修道士は身体中が悪い腫瘍の巣になっていたそうだ。そのことを聞いたとき、「私」は知らぬまに、修道士の「指言葉」で反応していた。

回想の場面に注意して全体の流れをつかもう

10

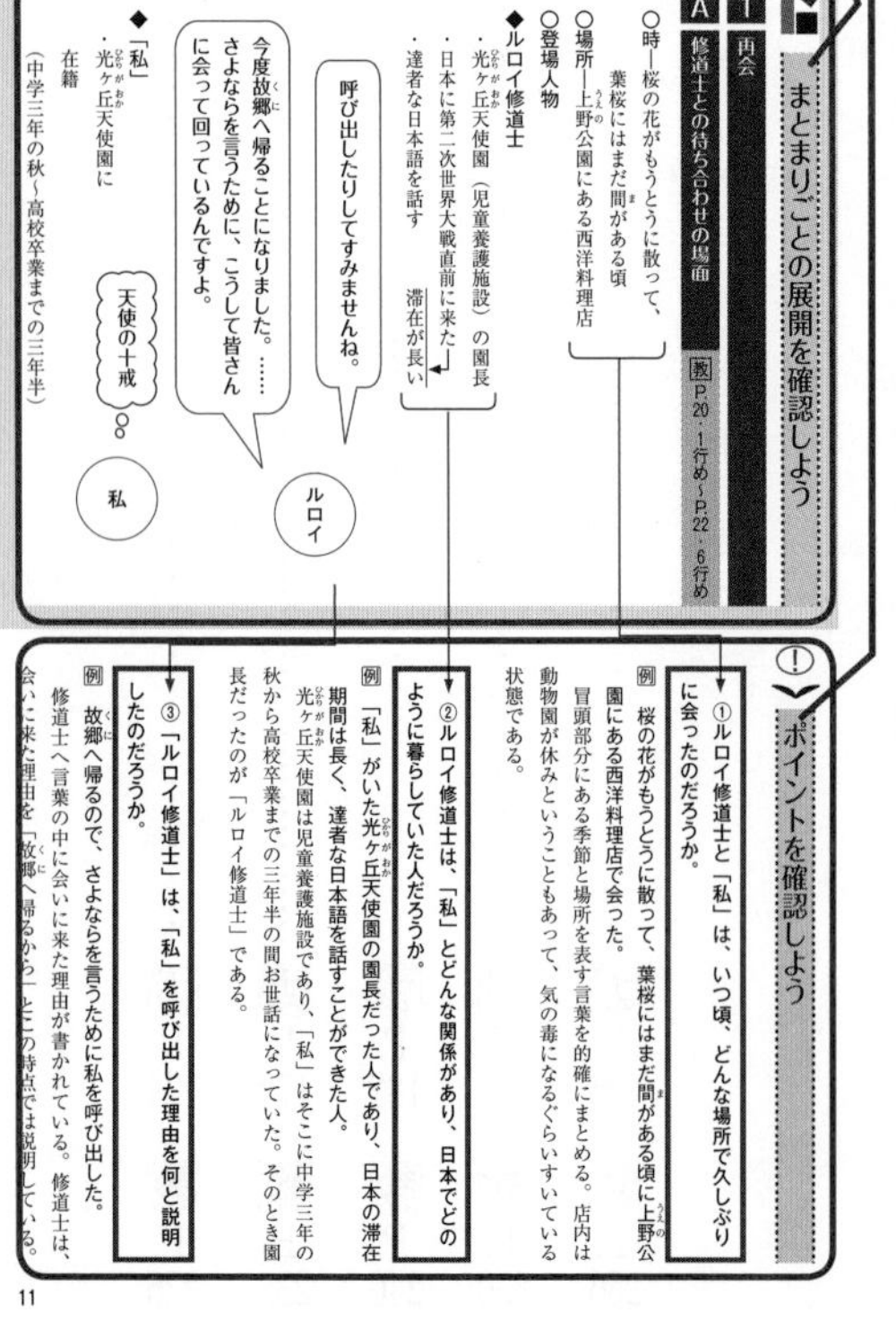

握手

まとまりごとの展開を確認しよう

1 再会　教 P.20・1行め～P.22・6行め

A 修道士との待ち合わせの場面

○時―桜の花がもうとうに散って、葉桜にはまだ間がある頃

○場所―上野公園にある西洋料理店

○登場人物

◆ルロイ修道士

・光ケ丘天使園（児童養護施設）の園長

・日本に第二次世界大戦直前に来た

・達者な日本語を話す

滞在が長い

◆「私」

・光ケ丘天使園に在籍

（中学三年の秋～高校卒業までの三年半）

ポイントを確認しよう

①ルロイ修道士と「私」は、いつ頃、どんな場所で久しぶりに会ったのだろうか。

例 桜の花がもうとうに散って、葉桜にはまだ間がある頃に上野公園にある西洋料理店で会った。

冒頭部分にある季節と場所を表す言葉を的確にまとめる。店内は動物園が休みということもあって、気の毒になるぐらいすいている状態である。

②ルロイ修道士は、「私」とどんな関係があり、日本でどのように暮らしていた人だろうか。

例 「私」がいた光ケ丘天使園の園長だった人であり、日本の滞在期間は長く、達者な日本語を話すことができた人。

光ケ丘天使園は児童養護施設であり、「私」はそこに中学三年の秋から高校卒業までの三年半の間お世話になっていた。そのとき園長だったのが「ルロイ修道士」である。

③「ルロイ修道士」は、「私」を呼び出した理由を何と説明したのだろうか。

例 故郷へ帰るので、さよならを言うために私を呼び出した。

修道士へ言葉の中に会いに来た理由が書かれている。修道士は、会いに来た理由を「故郷へ帰るから」とこの時点では説明している。

11

学びの道しるべ

教科書の各単元の終わりにある「学びの道しるべ」の設問について、「ポイントを確認しよう」のどこを見ればよいかと、解答（解答例）を示しています。「ポイントを確認しよう」のページに戻って参考にし、取り組んでみましょう。

ここでは、単元全体の総まとめとして、学習目標に関連した設問になっています。自分の学習到達度確認の参考にしましょう。なお、設問によっては、解答・解答例が示されていないものもあります。

重要語句の確認

注目すべき表現の工夫や、意味のわかりにくい語句について説明してあります。間違って覚えていた語句や、よく考えずに読み飛ばしてしまっていた表現はないか、ここでチェックしましょう。そして、ここを確認しながら、もう一度、丁寧に教科書の本文を読んでみましょう。

教科書の脚注欄で、意（辞書で意味を調べる）のマークがついている語については、意味を示しています。また、類対のマークは教科書に載っている類義語・対義語です。あわせて覚えておきましょう。

新出漢字のチェック✓

総画数、筆順を載せています。漢字の色がついている部分は部首にあたる部分です。漢字の下には読みがあります。カタカナで書いてあるものは音読みで、ひらがなは訓読みです。＊画数や部首、字体や筆順、送りがななどは辞書によって異なる場合があります。

学びの道しるべ

学びの道しるべ

1 過去の閏土と現在の閏土、過去の楊おばさんと現在の楊おばさんについて、それぞれどのように描かれているかまとめよう。
・閏土 ↓P.141
・楊おばさん ↓P.142

2 「悲しむべき厚い壁」（170ページ・12行め）とは何か。また、その「厚い壁」が感じられる部分を本文の中から見つけよう。 ↓P.142②③

3 水生と宏児は、この作品においてどのような役割を果たしているか、考えよう。
■解答例■
水生と宏児はかつての閏土と「私」のように身分の差を感じることなく心が通い合う関係であり、二人には、閏土と隔絶してしまった「私」の悲しみを強調する役割がある。

4 この作品の表現の特徴やその効果について考え、話し合おう。
■解答例■
現在と過去（回想）を対比させた構成になっている。過去が輝かしいほど現在の厳しさが強調され、「私」のやるせなさや悲しみがより深く伝わってくる。

5 「自分の道」（173ページ・17行め）、「希望」（174ページ・4行めなど）とは、それぞれどういうことか、考えよう。 ↓P.145

6 この作品を読んで考えたことを文章にまとめて、交流しよう。
■解答例■
私は、現代の日本にも、閏土や楊おばさんのように、金銭的な余裕がなくて日々の生活に苦しんだり、裕福な暮らしをしている人をねたましいと思ったりする人が数多くいると思う。そのような人たちを、「自分とは違う」と考えて排除するのではなく、受け入れて理解しようとすることができれば、差別や格差のない社会が実現すると思う。

▼教科書 P.176〜177

読み方を学ぼう 反復 教P.178
反復（同じことを何度も繰り返すこと）の効果
・リズムを生む。
・対比を促す。
・できごとの印象を深める。
○「故郷」における反復

反復
少年二人組の設定が反復
三十年前の閏土と「私」
現在の水生と宏児
↓
水生と宏児の将来はどうなるか…**反復に着目すると、全体への理解をより深めることができる。**

146

重要語句／新出漢字

重要語句の確認

▼186ページ
1 意 無鉄砲 結果がどうなるかを考えずに行動するさま。類 向こうみず
4 はやす 声をあげて相手をからかう。
10 はす 斜め。
▼187ページ
21 意 領分 所有している土地。勢力の及ぶ範囲という意味もある。類 領地
▼189ページ
4 意 勘当 親が子との縁を切って追い出すこと。
8 意 由緒 物事が今に至るまでのいきさつ。ここでは「由緒ある」で立派な家柄の出身であることを示す。
9 意 零落 落ちぶれること。
12 意 とうてい 下に打ち消しの言葉を伴って、とても…ない、の意。
14 意 不審 不思議。疑わしい。
15 意 気性 生まれつき持っている性質。性格。類 気質
▼191ページ
8 意 すました 平然とした。
14 意 了見 自分の考え。
▼192ページ
7 意 いちがいに ひとまとめにして。
16 意 二束三文 数が多くても非常に安い値段であること。投げ売りすること。
17 意 周旋 間に入って取引の世話をすること。類 仲立ち
18 意 前途 これからの先行き。類 行く手
▼193ページ
13 意 随意 思いのままであること。類 任意
14 意 淡白 性格がさっぱりしているさま。類 無頓着
▼194ページ
2 意 生来 生まれながらにして。生まれてこのかた。類 天性
14 意 たたる あることが原因となって悪い結果をもたらす。
▼195ページ
1 意 存外 思った以上に。思いのほか。類 案外
3 吹聴 言いふらすこと。
17 意 見当 だいたいの方向。方角。これから先の予測の意味でも使う。

168

新出漢字のチェック✓

漢字	ページ	画数	筆順	読み	用例	級
砲	186	10画	一 丆 不 石 石 矿 矽 砲 砲 砲	ホウ	無鉄砲／鉄砲・大砲／砲弾・砲声	4級
刃	186	3画	フ 刀 刃	＊ジン／は	刃物・刃先／刃が欠ける／刃向かう	準2級
請	186	15画	丶 亠 言 言 言 計 詰 請 請	セイ／＊シン／＊こ-う／う-ける	支払いの請求／請け合い	3級
鉢	187	13画	ノ ㇒ 亼 ⺋ 金 針 針 鉢 鉢	ハチ／＊ハツ	鉢に木を植える／小鉢・金魚鉢／衣鉢を伝える	準2級
尻	188	5画	一 コ 尸 尻 尻	しり	尻がかゆい／帳尻を合わせる／切れ長な目尻	2級

豊かに想像する　詩

岩が

吉野弘

教科書 P.16〜19

内容を確認して、整理しよう

流れの激しい川。
岩はその場にどんと構え、流れに逆らっている。
魚は強靭な尾で水をかき、川をさかのぼっていく。
流れに逆らう方法は、それぞれ特有で、精いっぱいな仕方がある。
魚は岩の仕方を憐れまないし、岩も魚を卑しめない。
それぞれの仕方に一生懸命な姿は爽やかだ。
川の流れは、魚や岩をこばまない。
流されていくのは、弱気になり、自分を見下す、
そういうものたち。

描かれた情景を想像し、岩と魚の特徴に注意し、作者の思いを読み取ろう。

岩と魚が流れに逆らう様子をとらえよう

1・2行め	3〜5行め	6〜9行め	10〜12行め	13〜15行め
岩：しぶきをあげ／流れに逆らっていた。	魚：強靭な尾 ひっそりと 泳いですぎた。	逆らうにしても／それぞれに特有な精いっぱいな／仕方があるもの。	魚が岩を憐れんだり岩が魚を卑しめたりしない ↓ 爽やか 筆者の考え	流れは豊かに 流れの状態 ↓ 卑屈なものたちを／押し流していた。

↓

「流れ」への逆らい方は岩と魚で違う。

それに対し岩と魚は → 互いの違いについて認め合っている。

↓

「流れ」も「精いっぱいな仕方」を否定しない。

学びの道しるべ

▼教科書 P.18〜19

1 「流れ」の中の「岩」と「魚」とに着目して情景を想像し、音読しよう。

→P.8下段・1〜4行め

2 「それぞれに特有な／そして精いっぱいな／仕方」とはどのようなものか、「岩」と「魚」について、それぞれ説明しよう。

[岩] 川の流れに逆らって、しぶきをあげながらその場所にとどまっていること。

[魚] 川の流れに逆らって、強靱（きょうじん）な尾を使って力強くひっそりと川上へ向かって泳ぐこと。

3 「岩」と「魚」にとって、「流れ」はどのようなものだと考えられるか。話し合おう。

■解答例■

岩と魚にとって流れは、自分を川下へ押し流そうとするものとして描かれており、自分を従わせようとする大きな力や脅威となる存在をたとえているのだと思う。

4 「卑屈なものたち」という表現にこめられた作者の思いはどのようなものか。また、それについてどう考えるか、話し合おう。

■解答例■

「卑屈なものたち」とは、木の枝や落ち葉のように流されてしまうもののことで、作者がそれを「卑屈なものたち」と表現しているところに、他人の意見や周りの空気に流されないように強い意志をもつべきだという思いがこめられていると感じた。私は自分の考えをはっきりと言うことが多いので、周囲と意見がぶつかることがある。そのときに傷つくこともあるが、周りと同じ意見でなくてよいのだと、この詩に勇気づけられた。

重要語句の確認

▼16ページ

1 **しぶき** 細かい粒（つぶ）になった液体が飛び散る様子。

2 **逆らう** 流れの方向とは反対の方向に向かって進むこと。

4 **強靱**（きょうじん） ねばりがあって強く、しなやかなこと。

5 **ひっそりと** 静かで、目立つことがない様子。

7 **特有な** そのものだけに備わっているもの。

▼17ページ

1 **仕方** 方法、手段。

2 **憐れむ**（あわれむ） 同情したり、気の毒だとか、かわいそうだと思ったりする。

3 **卑しめる**（いやしめる） 相手を自分よりもできが悪いものだと考え、見下す。

4 **爽やか**（さわやか） 気持ちがすっきりしていて、快い様子。

6 **むしろ** どちらかというと。

6 **卑屈な**（ひくつな） 自分のことを、他者よりよくないものだと考えて、ひねくれること。

豊かに想像する　小説　教科書 P.20〜32

握手

井上ひさし

内容を確認して、整理しよう

上野公園に古くからある西洋料理店で、「私」とルロイ修道士は会った。修道士は、「故郷へ帰ることになったので、さよならを言うために、皆さんに会って回っているのだ」と言った。

修道士と話している間に、「私」はいろいろなことを思い出した。光ヶ丘天使園の子供たちの間でささやかれていた「天使の十戒」、ルロイ修道士がてのひらを擦り合わせるたびにぎちぎちと鳴る音、人さし指の奇妙な爪についてのうわさ、天使園から抜け出したときのことなど。ルロイ修道士は「私」の話に対して、昔と変わらず「指言葉」を使って反応し、熱心に聞いてくれた。しかし、オムレツはちっとも口に運んでいない。握手もなんか変だった。修道士は実は病人なのではないか。そう思ったが直接は聞けず、日本で暮らしていて楽しかったこと、悲しかったことを聞いた。しかし、上野駅の改札口で思い切って死について尋ねた。修道士の答えは、「天国へ行くのですからそう怖くはありませんよ。」だった。

葉桜が終わる頃、ルロイ修道士は仙台の修道院で亡くなった。まもなく一周忌である。「私」たちに会っていた頃、修道士は身体中が悪い腫瘍の巣になっていたそうだ。そのことを聞いたとき、「私」は知らぬまに、修道士の「指言葉」で反応していた。

回想の場面に注意して全体の流れをつかもう

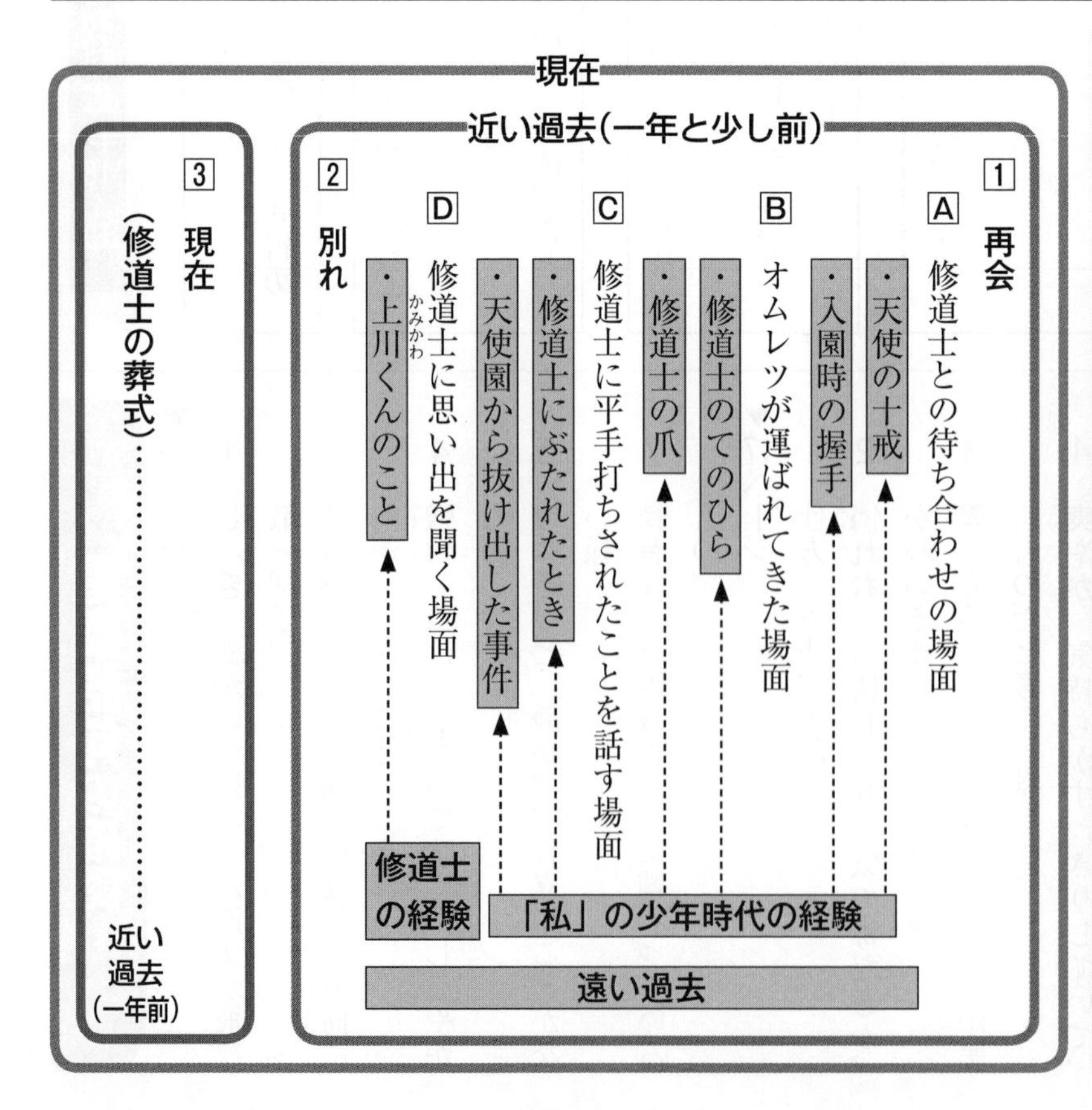

まとまりごとの展開を確認しよう

1 再会

A 修道士との待ち合わせの場面　教 P.20・1行め～P.22・6行め

○時―桜の花がもうとうに散って、
　葉桜にはまだ間がある頃
○場所―上野公園にある西洋料理店
○登場人物
◆ルロイ修道士
・光ヶ丘天使園（児童養護施設）の園長
・日本に第二次世界大戦直前に来た
・達者な日本語を話す
（滞在が長い）

ルロイ：呼び出したりしてすみませんね。
ルロイ：今度故郷へ帰ることになりました。……さよならを言うために、こうして皆さんに会って回っているんですよ。

◆「私」
・光ヶ丘天使園に
　在籍
（中学三年の秋～高校卒業までの三年半）

私：天使の十戒

ポイントを確認しよう

①ルロイ修道士と「私」は、いつ頃、どんな場所で久しぶりに会ったのだろうか。

例 桜の花がもうとうに散って、葉桜にはまだ間がある頃に上野公園にある西洋料理店で会った。
冒頭部分にある季節と場所を表す言葉を的確にまとめる。店内は動物園が休みということもあって、気の毒になるぐらいすいている状態である。

②ルロイ修道士は、「私」とどんな関係があり、日本でどのように暮らしていた人だろうか。

例 「私」がいた光ヶ丘天使園の園長だった人であり、日本の滞在期間は長く、達者な日本語を話すことができた人。
光ヶ丘天使園は児童養護施設であり、「私」はそこに中学三年の秋から高校卒業までの三年半の間お世話になっていた。そのとき園長だったのが「ルロイ修道士」である。

③「ルロイ修道士」は、「私」を呼び出した理由を何と説明したのだろうか。

例 故郷へ帰るので、さよならを言うために私を呼び出した。
修道士へ言葉の中に会いに来た理由が書かれている。修道士は、会いに来た理由を「故郷へ帰るから」とこの時点では説明している。

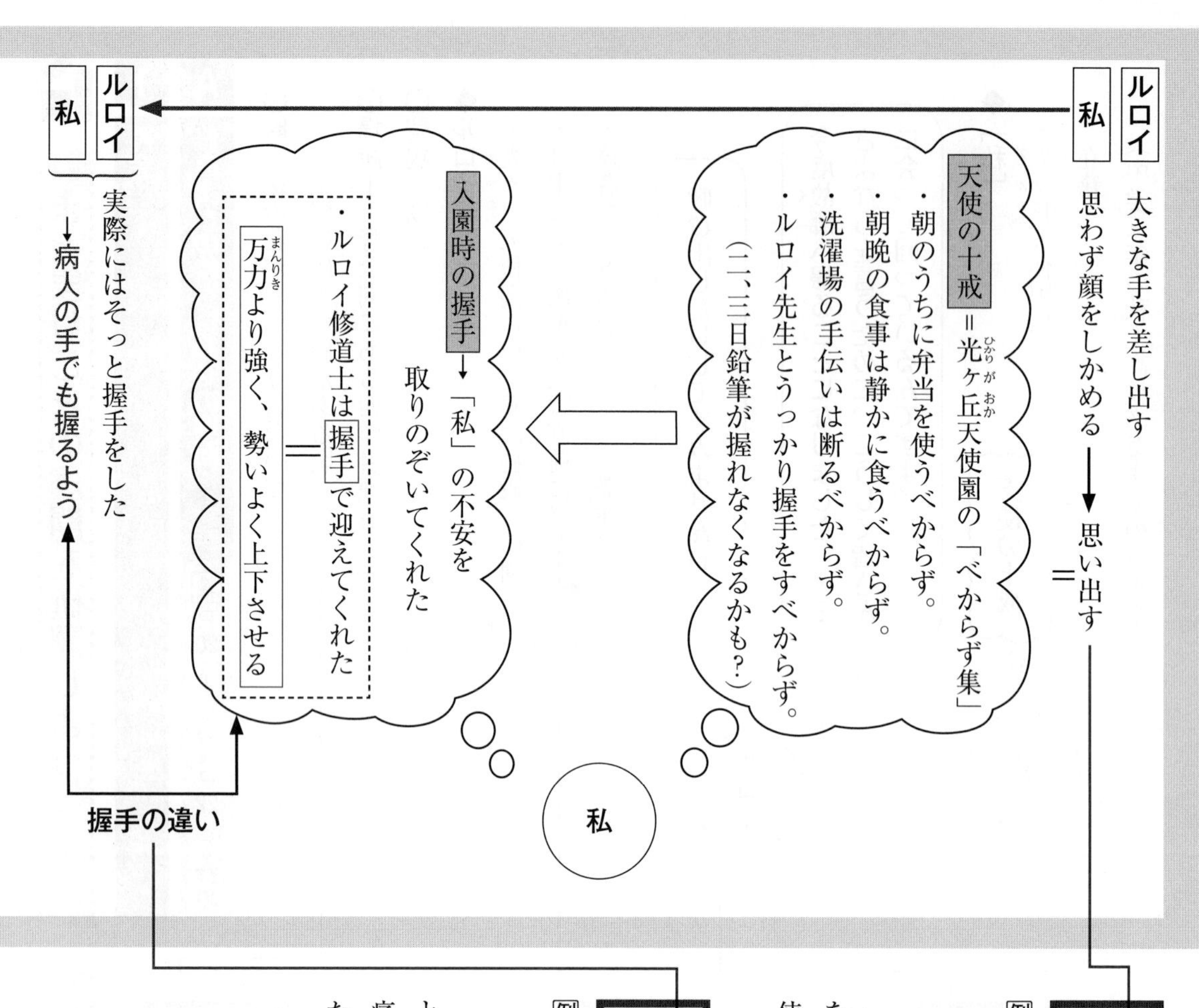

①ルロイ修道士の大きな手を見たとき、「私」が顔をしかめたのはなぜだろうか。

例 天使園時代にみんなで言っていた「天使の十戒」に、「ルロイ先生とうっかり握手をすべからず」というのがあったのを思い出したから。

修道士の手を見た途端、「私」は、ルロイ修道士とうっかり握手をすると鉛筆が握れなくなるから、握手をしてはならないと、「天使の十戒」にあったのを思い出したからである。

②ルロイ修道士の握手は、「私」が天使園に「収容されたとき」と「今」とではどのように違っただろうか。

例 入園したときの握手は、万力より強かったのだが、今ではまるで病人の手でも握るような穏やかなものに変わっていた。

入園時の修道士の握手は、「私」を不安にさせない意図もあったと思われるが、とても力強いものだったのを思い出し、「私」はさぞ痛いだろうと覚悟をしたのだが、実際にはとても穏やかな握手だったのである。

過去と現在と比べて考えている場面が多いよ。どちらのことなのか、整理しながら読んで、心情をつかむ手がかりにしよう。

B オムレツが運ばれてきた場面　教 P.22・7行め～P.24・10行め

ルロイ
運ばれてきたオムレツをのぞきこみ、てのひらを擦り合わせる→ぎちぎちと鳴らない

（私）

修道士のてのひら
・子供たちの食料を作るためいつも汚れていて固かった→擦り合わせるときぎちぎちと鳴った

私
「先生の左の人さし指は、あいかわらず不思議なかっこうをしていますね。」

（私）

修道士の爪
・戦時中、監督官が木づちでたたき潰したというわさ→先生は心の底で日本人を憎んでいる

私
「日本人は先生に対して、ずいぶんひどいことをしましたね。」→「申しわけありません。」
＝日本人として謝りたい

ルロイ
右の人さし指をぴんと立てた。

「総理大臣のようなことを言ってはいけませんよ。」

「日本人を代表してものを言ったりするのは傲慢です。」

「一人一人の人間がいる、それだけのことですから。」

私
「わかりました。」右の親指をぴんと立てた。

①ルロイ修道士のてのひらを擦り合わせる様子は、昔と今とでどのように変わっているだろうか。

例 昔は手が固かったのでぎちぎちと鳴ったが、今はもう固くないのか、鳴らなくなっている。
昔は子どもたちの食料を作るため畑仕事をしていたので、手が固かったが、今ではそのようなことがないのである。

②「申しわけありません。」と言ったとき、「私」はどのような気持ちだったのだろうか。

例 ルロイ修道士に日本人がひどいことをしたことを、日本人として謝りたい。
戦時中、日本人が交換船の中止や木づちで指をたたき潰すといったひどいことをしたことに対して、日本人である自分が代表して謝りたいと思っているのである。

③「総理大臣のようなことを言ってはいけませんよ。」と言ったとき、ルロイ修道士はどんな気持ちだったのだろうか。

例 一個人が日本人を代表するかのようにものを言ったりするのは傲慢だと「私」をたしなめる気持ち。
直後の会話の内容が、この時の修道士の気持ちである。

C 修道士に平手打ちされたことを話す場面 教 P.24・11行め～P.25・12行め

ルロイ 「私はあなたをぶったりはしませんでしたか。」
私 「一度だけ、ぶたれました。」

修道士にぶたれたとき
・ルロイ修道士が両手の人さし指をせわしく交差させ、打ちつける
→平手打ちが飛ぶ予感「おまえは悪い子だ。」

ルロイ 「やはりぶちましたか。」
私 「私たちはぶたれてあたりまえの、ひどいことをしでかしたんです。」

天使園から抜け出した事件
・高校二年のクリスマスに無断で東京へ行く
・待っていたのはルロイ修道士の平手打ち
・ルロイ修道士は一月間（ひとつきかん）、口をきいてくれなかった

私

D 修道士に思い出を聞く場面 教 P.25・13行め～P.27・16行め

ルロイ 両手の人さし指を交差させ、せわしく打ちつける。
ただし 顔は笑っていた＝おまえは悪い子だったなあ

① 「ぶたれてあたりまえの、ひどいこと」とはどのようなことだっただろうか。

例 高校二年のクリスマスに、無断で東京へ行ったこと。帰ってきたときに待っていたのは修道士の平手打ちであり、さらに、修道士は一月間（ひとつきかん）も口をきいてくれなかった。「私」はそのことの方がこたえたのだ。

② 「私」が天使園から抜け出した話をしたとき、ルロイ修道士は両手の人さし指を交差させ、せわしく打ちつけるしぐさをしたが、このときの「ルロイ修道士」の心の言葉を想像して書きなさい。

例 おまえは悪い子だったなあ。
このしぐさはかつて「おまえは悪い子だ。」とどなっているのと同じことを表現している。しかし、このとき修道士は、過去のあやまちをふりかえっている「私」に対して、笑って反応しているのだから、昔をなつかしがっているだけだと考えられる。

◇ルロイ修道士の「指言葉」
・右の人さし指をぴんと立てる。
「こら。」「よく聞きなさい。」
・右の親指をぴんと立てる。
「わかった。」「よし。」「最高だ。」
・両手の人さし指をせわしく交差させ、打ちつける。
「おまえは悪い子だ。」
・右の人さし指に中指をからめて掲げる。
「幸運を祈る。」「しっかりおやり。」

私「先生はどこかお悪いんですか。」

ルロイ「少し疲れたのでしょう。……カナダへたつ頃は、前のような大食らいに戻っていますよ。」

私「だったらいいのですが……。」　不安・心配

ルロイ「仕事はうまくいっていますか。」

私「まあまあといったところです。」　話をそらしたい

ルロイ「よろしい。」右の親指を立てた。

私「ルロイのこの言葉を忘れないでください。」

私

遺言を聞くためにに会ったようなものではないか。

実はルロイ修道士が病人なのではないか。

この世のいとま乞いに……かつての園児を訪ねて歩いているのではないか。

冗談じゃないぞ

先生は病気で死ぬのではないか？

①「だったらいいのですが……。」と言ったとき、「私」はどんな気持ちだったのだろうか。

例　本当に先生の体はどこも悪くないのだろうか、と不安で心配な気持ち。

先生の反応から確実におかしいと思っているのだが、「少し疲れたのでしょう。」と否定されてしまったので、それ以上追及もできない状態である。

②「仕事はうまくいっていますか。」と言ったとき、ルロイ修道士はどんな気持ちだっただろうか。

例「私」が心配してくれているのがわかるので、その話題に触れないように話をそらそうとする気持ち。

ルロイ修道士は、病気のことを「私」に言うわけにはいかないし、これ以上心配もかけたくなかったので、話をそらしたのである。

③「私」が「冗談じゃないぞ」と思ったのは、ルロイ修道士がどのような状態だと想像したからだろうか。

例　先生はやはり病気なのだ。そして、その病気で死ぬのではないか。

「ルロイのこの言葉を忘れないでください。」と、それまでとは明らかに違う修道士の言葉を聞いて、「私」の中にある修道士が病気かもしれないという気持ちが、どんどん膨らんでいったのである。

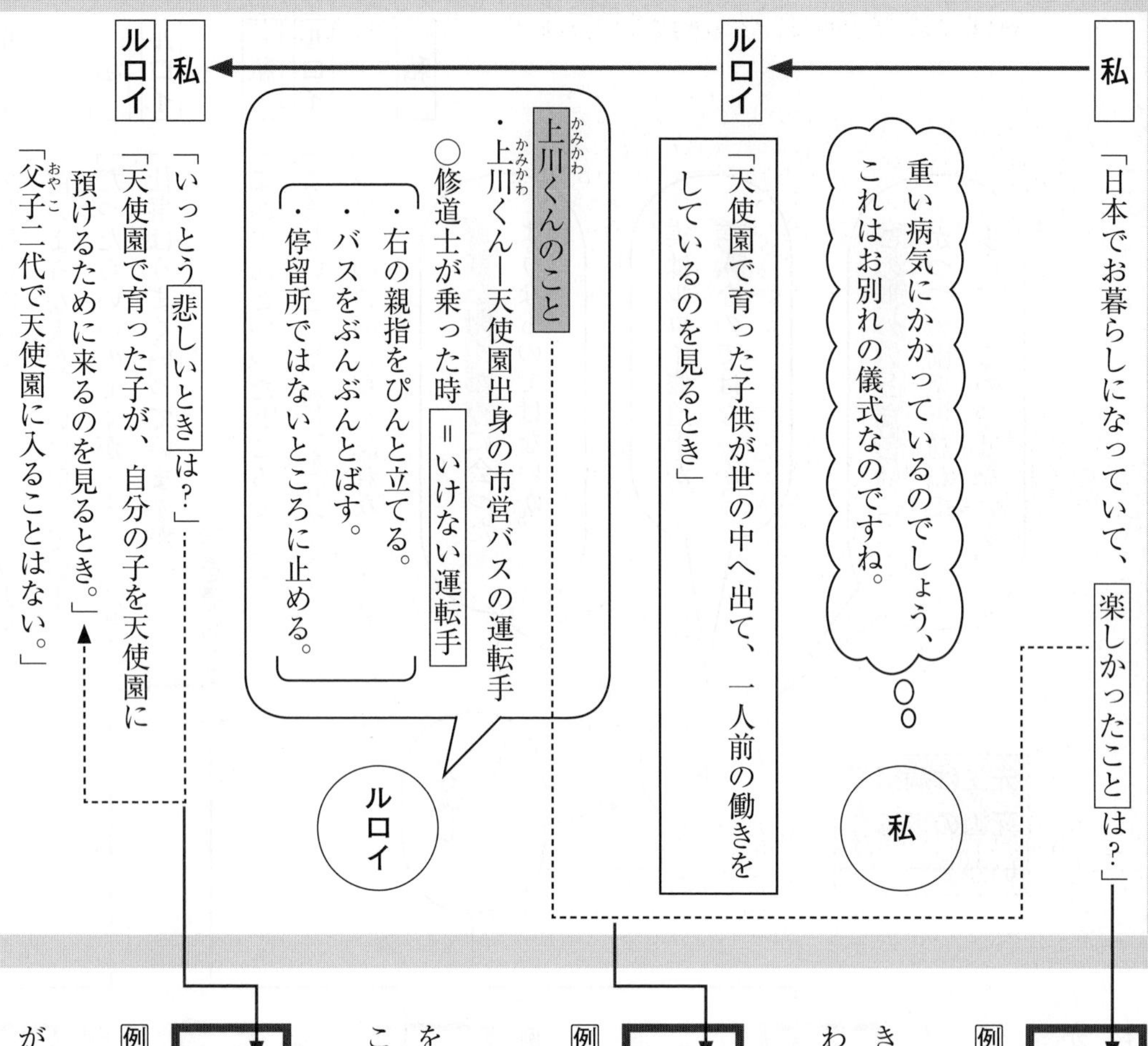

①「私」がルロイ修道士に日本で暮らしていて楽しかったことを聞いたとき、本当はどんなことを聞きたかったのだろうか。

例 修道士が重い病気にかかっているのではないかということ。

「私」は修道士のことを病気だと確信していたが、直接聞いたときにはぐらかされていたので、それをあえてまたここで問いただすわけにはいかなかったのである。

②ルロイ修道士が、上川くんはいけない運転手だと言いながら、楽しいとも言っているのはなぜだろうか。

例 上川くんが、バスの運転手として一人前の働きをしているのを知っているから。

ルロイ修道士はバスの運転手として一人前に働いている上川くんを見るのが楽しいのであって、上川くんが勝手なことをしてしまうことに対しては、あまり問題にしていなかったのである。

③ルロイ修道士が、一番悲しいと思っていることはどんなことだろうか。

例 父子二代で天使園に入ること。

ルロイ修道士の望みは天使園を出た子が一人前になることなのだが、天使園で育った子が自分の子を預けにくるということは、その子が十分にやれていないということになるからである。

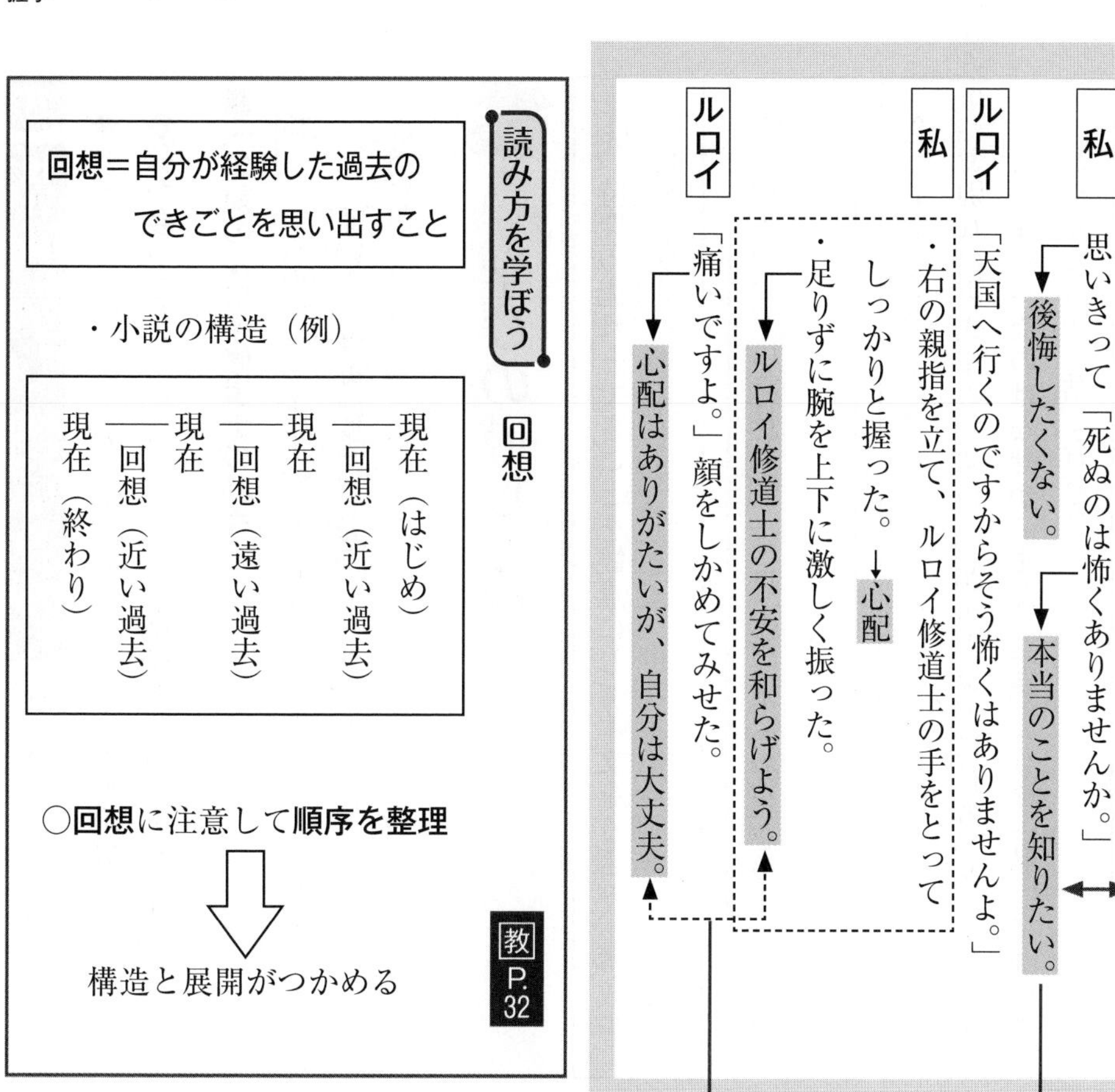

①「汽車が待っています。」と言ったとき、ルロイ修道士はどんな気持ちだっただろうか。

例 このままだと本心を知られてしまうので、知られる前に別れよう。

話題が楽しいことや悲しいことなど修道士の心の中の問題になってきたので、このまま話していると本心が知られてしまうのではないかと危惧（きぐ）したから、別れを切り出したのである。

②「死ぬのは怖くありませんか。」と言ったとき、「私」はどんな気持ちだっただろうか。

例 このまま本当のことを知らないで別れてしまうと後悔するから、本当のことを聞きたい。

「私」はこのまま何も知らないのは耐（た）えられないから、「思いきって」死についてルロイ修道士に尋ねたのである。

③「痛いですよ。」と言ったとき、ルロイ修道士はどんな気持ちだっただろうか。

例 **心配はありがたいが、自分は大丈夫。**

ルロイ修道士は、「私」が心配してくれているのを感じ取り、ありがたいとは思っているものの、病気だとは告げていないから、直接「大丈夫」だとは言えず、普通の反応をすることで、心配するようなことは何もないと伝えたかったのである。

3 現在　教 P.28・14行め～P.29・2行め

◆修道士は上野公園の葉桜が終わる頃、仙台の修道院で亡くなった。
◆私が会ったとき、ルロイ修道士は身体中が悪い腫瘍の巣であった。

■一年前のルロイ修道士の葬式

私　知らぬまに、両手の人さし指を交差させ、せわしく打ちつけていた。先生は悪い人だ。

①最後に「私」が、両手の人さし指を交差させ、せわしく打ちつけているしぐさをしているときの、心の言葉を想像して答えなさい。

例　ルロイ先生は悪い人だ。なぜ、会ったときに病気のことを言ってくれなかったのだろうか。

真実を知らせてくれなかった先生に対して、指言葉で「悪い人だ」と言っているのである。

学びの道しるべ

1　時間の流れとできごとを観点にして本文をくぎり、構成を捉えよう。　→P.10

2　握手の仕方に着目して、ルロイ修道士の変化を整理しよう。　→P.12②

3　「先生は重い病気にかかっているのでしょう、そしてこれはお別れの儀式なのですね」（26ページ・12行め）と、「私」が言えなかったのはなぜか。また、そのような「私」についてどう考えるか、話し合おう。　→P.16①

4　「私は知らぬまに、両手の人さし指を交差させ、せわしく打ちつけていた」（29ページ・1行め）ときの、「私」の心情を考えよう。　→P.18①

▼教科書 P.30～31

5　「上野公園に古くからある西洋料理店」での会話は、ルロイ修道士の死後、回想して語られたものである。そのことがわかる最後の場面（28ページ・14行め～終わり）の効果を考えよう。

■解答例■

「私」がルロイ修道士と再会した場面は「葉桜にはまだ間がある」頃だったので、「上野公園の葉桜が終わる頃」という叙述で、「私」と別れたあと、ほどなくして亡くなったと推測できる。病気を押してかつての園児を訪ねて回ったルロイ修道士の律儀な人柄や、園児に対する愛情の深さがさらに強く感じられる。

重要語句の確認

▼20ページ

8 意 **達者**　①巧みで上手な様子。②（年をとっても）元気で健康な様子。

11 意 **年季が入る**　長い間修練を積んで成熟している。

▼21ページ

10 **べからず集**　「べからず」は禁止の意を表す。…してはいけない。「べからず集」は、してはいけないことをまとめたもの。

12 **弁当を使う**　「弁当を食べる」と同じ。

15 意 **気前**　金や物を出し惜しみしない性質。

15 意 **代物**　品物。商品。価値を低めたり、皮肉を交えて用いられることがある。

▼22ページ

1 **万力**　物を挟んで締め付け、動かないように固定する道具。

11 意 **精を出す**　一生懸命物事を行う。 類 いそしむ

17 意 **奇妙**　普通とは違っているさま。珍しく不思議なさま。 類 奇異

▼23ページ

1 **戒律**　宗教者や修行者が守らなければならない規律。

19 意 **傲慢**　おごり高ぶったさま。人を見下して横柄なさま。 類 尊大

▼24ページ

7 **…(の)割に**　予想したよりもかなりの程度であるさま。

14 意 **せわしい**　忙しい。早い。 類 せわしない

14 **脳裏に浮かぶ**　頭に浮かぶ。映像として思い出す。

▼25ページ

5 意 **こたえる**　①他からの働きかけに対して言葉を返す。②他からの働きかけに対して反応を返す。③他からの刺激を痛手として感じる。

7 意 **ひねり出す**　工夫して考え出す。金銭を無理して用意する。 類 捻出する

▼26ページ

4 意 **地道**　地味で着実に物事をするさま。 類 着実

9 **いとま乞い**　別れを告げること。「この世のいとま乞い」とは、死の前に別れのあいさつをすること。

13 **はばかる**　遠慮する。

13 意 **平凡**　ごく普通でありふれているさま。 類 凡庸 対 非凡

20 **知恵をしぼる**　よい答えを出そうと一生懸命考える。

▼27ページ

7 意 **腕前**　物事をうまく行う能力。 類 手腕

▼28ページ

15 **腫瘍**　体内の一部の組織が異常に増殖する細胞の集まり。良性のものとがんなどの悪性のものがある。

新出漢字のチェック✓

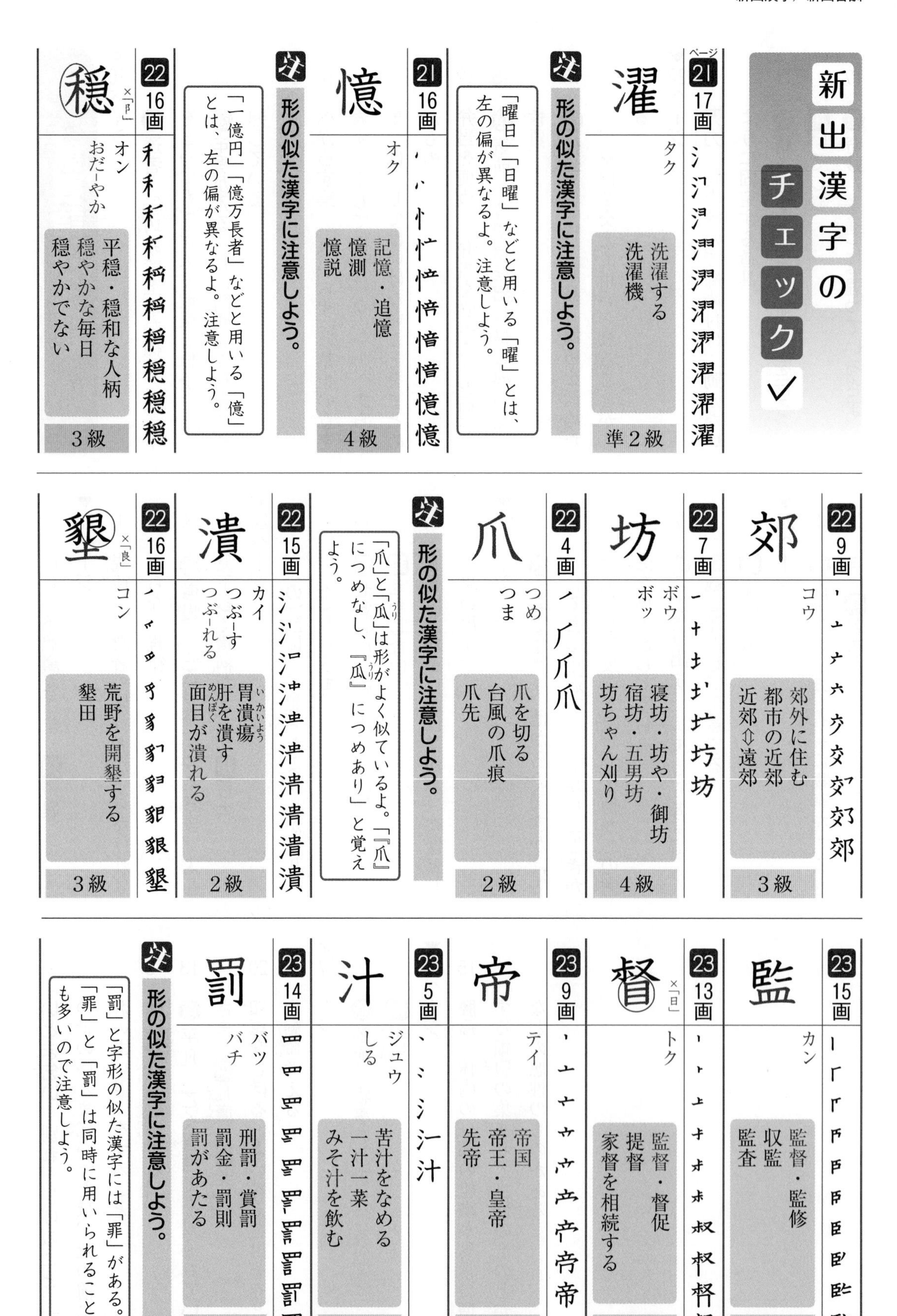

21ページ 濯 17画 タク 洗濯する／洗濯機 準2級
形の似た漢字に注意しよう。「曜日」「日曜」などと用いる「曜」とは、左の偏が異なるよ。注意しよう。

21 憶 16画 オク 記憶・追憶／憶測／憶説 4級
形の似た漢字に注意しよう。「一億円」「億万長者」などと用いる「億」とは、左の偏が異なるよ。注意しよう。

22 穏 16画 ×「ﾛ」 オン／おだ-やか 平穏・穏和な人柄／穏やかな毎日／穏やかでない 3級

22 郊 9画 コウ 郊外に住む／都市の近郊／近郊⇔遠郊 3級

22 坊 7画 ボウ／ボッ 寝坊・坊や・御坊／宿坊・五男坊／坊ちゃん刈り 4級

22 爪 4画 つめ／つま 爪を切る／台風の爪痕／爪先 2級
形の似た漢字に注意しよう。「爪」と「瓜(うり)」は形がよく似ているよ。「『爪』につめなし、『瓜(うり)』につめあり」と覚えよう。

22 潰 15画 カイ／つぶ-す／つぶ-れる 胃潰瘍(いかいよう)／肝を潰す／面目(めんぼく)が潰れる 2級

22 墾 16画 ×「良」 コン 荒野を開墾する／墾田 3級

23 監 15画 カン 監督・監修／収監／監査 4級

23 督 13画 ×「日」 トク 監督・督促／提督／家督を相続する 準2級

23 帝 9画 テイ 帝国／帝王・皇帝／先帝 3級

23 汁 5画 ジュウ／しる 苦汁をなめる／一汁一菜／みそ汁を飲む 準2級

23 罰 14画 バツ／バチ 刑罰・賞罰／罰金・罰則／罰があたる 4級

形の似た漢字に注意しよう。「罰」と字形の似た漢字には「罪」がある。「罪」と「罰」は同時に用いられることも多いので注意しよう。

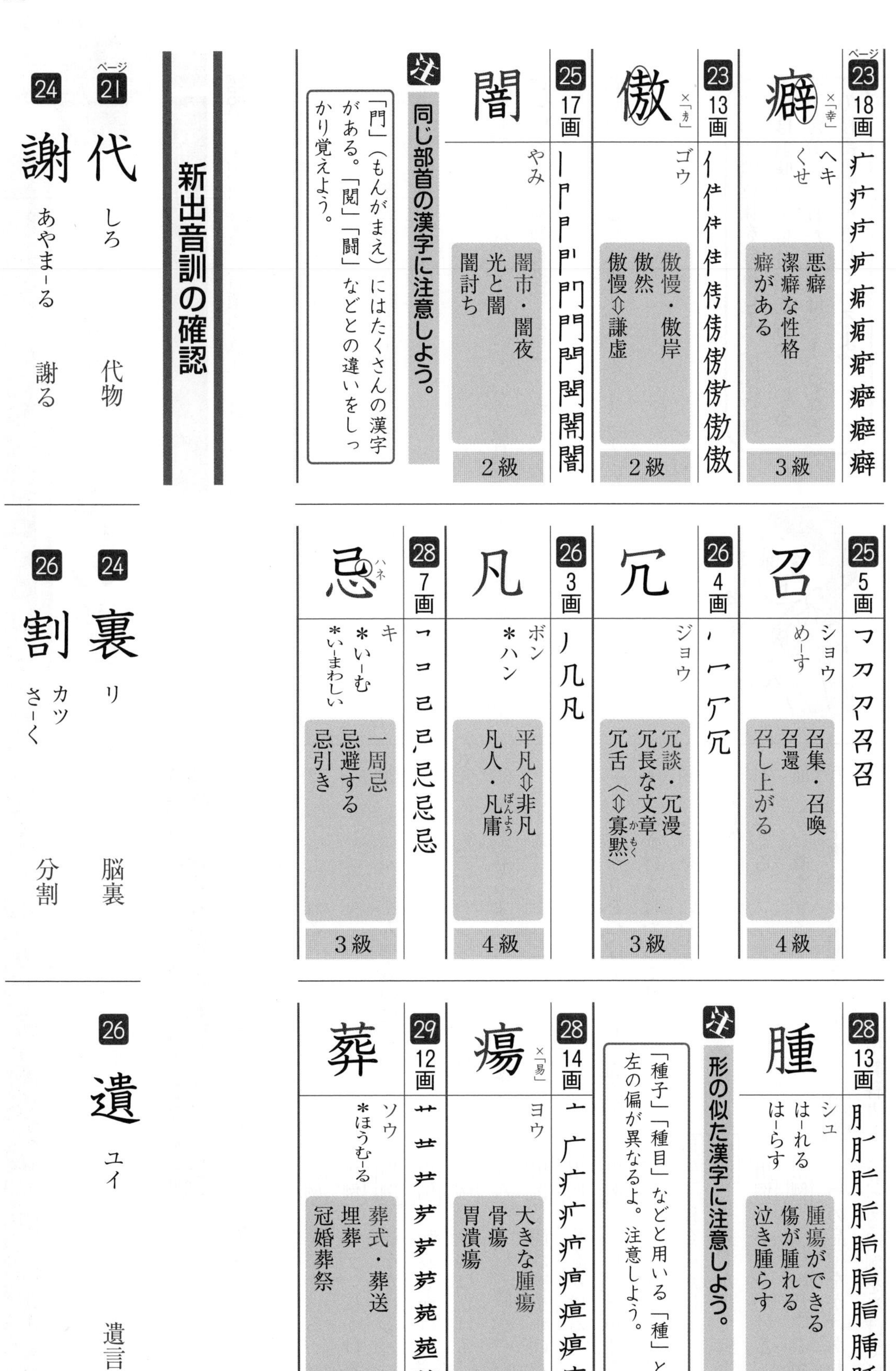

ページ	漢字	画数	読み	用例	級
23	癖（×「辛」）	18画	ヘキ / くせ	悪癖 / 潔癖な性格 / 癖がある	3級
23	傲（×「方」）	13画	ゴウ	傲慢・傲岸 / 傲然 / 傲慢⇔謙虚	2級
25	闇	17画	やみ	闇市・闇夜 / 光と闇 / 闇討ち	2級

注 同じ部首の漢字に注意しよう。

「門」（もんがまえ）にはたくさんの漢字がある。「閲」「闘」などとの違いをしっかり覚えよう。

ページ	漢字	画数	読み	用例	級
25	召	5画	ショウ / め-す	召集・召喚 / 召還 / 召し上がる	4級
26	冗	4画	ジョウ	冗談・冗漫 / 冗長な文章 / 冗舌〈⇔寡黙（かもく）〉	3級
26	凡	3画	ボン / *ハン	平凡⇔非凡 / 凡人・凡庸（ぼんよう）	4級
28	忌（ハネ）	7画	キ / *い-む / *いまわしい	一周忌 / 忌避する / 忌引き	3級

ページ	漢字	画数	読み	用例	級
28	腫	13画	シュ / は-れる / は-らす	腫瘍ができる / 傷が腫れる / 泣き腫らす	2級

注 形の似た漢字に注意しよう。

「種子」「種目」などと用いる「種」とは、左の偏が異なるよ。注意しよう。

ページ	漢字	画数	読み	用例	級
28	瘍（×「昜」）	14画	ヨウ	大きな腫瘍 / 骨瘍 / 胃潰瘍	2級
29	葬	12画	ソウ / *ほうむ-る	葬式・葬送 / 埋葬 / 冠婚葬祭	3級

新出音訓の確認

ページ	漢字	読み	用例
21	代	しろ	代物
24	謝	あやま-る	謝る
24	裏	リ	脳裏
26	割	カツ / さ-く	分割
26	遺	ユイ	遺言

豊かに想像する

言葉発見① 辞書の語釈

教科書 P.33

多義語の語釈

・**語釈** →国語辞典で言葉の意味を書いた部分。

多くの意味をもつ「多義語」の場合、意味ごとに枝番号が付けられ、並べられる。（下位分類をする。）

←

多義語の意味を正確に分析して、意味を分類することは簡単ではない。

・多義語では、例えば「かける」という項目に、「掛ける」「懸ける」「架ける」など、複数の漢字が当てられている。

←

意味の下位分類をふまえて、書き分けている。

多義語の意味を分析して、国語辞典では意味の下位分類を行っている。下位分類された意味は、1、2などの枝番号で示されているよ。

「か・ける（掛ける・懸ける・架ける）」という項目の場合

① はずれないように、固定する。しっかりとめる。しっかりとそのような状態にする。 用例 掛け金（かけがね）をかける。
② おとしいれる。 用例 罠（わな）にかける。 用例 ペテンにかける。
③ あつかいを人やものにまかせる。 用例 願（がん）をかける。 用例 頼みをかける。
④ 一定の手つづきにまかせる。 用例 裁判にかける。
⑤ かぶせるようにする。またそこに、なんらかの影響がおよぶようにする。 用例 濡（ぬ）れ衣（ぎぬ）をかける。 用例 袋をかける。
⑥ つながりをつける。とどかせる。 用例 はしごをかける。
⑦ しかけをはたらかせる。 用例 タイマーをかける。
⑧ ものをついやす。 用例 税金をかける。 用例 一週間かけて到着した。
⑨ つくる。 用例 小屋をかける。
⑩ かけ算をする。 用例 二つの数字をかける。
⑪ 〔生物〕種（しゅ）の交配をする。 用例 二つの品種をかけあわせる。

※教科書とは異なる用例を挙げています。

確かめよう

1 「かける」の十一の語釈と用例を参考に、それぞれの語釈に合った別の用例を考えよう。→P.22①〜⑪の用例参照。

2 多義語の語釈を、枝番号をつけて下位分類しながら作ろう。辞書は使わずに取り組もう。

「あげる（上げる、揚げる、挙げる）」
① 低い方から高い方へ移す。用例 たこをあげる。
② 上へ向ける。用例 顔を上げる。
③ 食べたものを口へもどしてはく。用例 食べすぎてあげる。
④ 船の中から陸へ移す。用例 荷をあげる。
⑤ 人を、家の外から中に入れる。用例 客を上げる。
⑥ 今までよりも上の等級や段階にする。用例 位を上げる。
⑦ 量や勢いなどを、それまでよりも高い状態にする。用例 調子を上げる。
⑧ 大きな声や音を出す。用例 悲鳴を上げる。
⑨ 望ましい結果を得る。用例 成果を上げる。
⑩ 油をたっぷりいれた鍋の中に食べ物を入れて、熱を加える。用例 フライをあげる。
⑪ 続いていたものを終わりにする。用例 つくり上げる。
⑫ 実際に示す。用例 実例をあげる。
⑬ すべてを一つの目的に向ける。用例 総力をあげる。
⑭ あることを実行する。用例 式をあげる。

「たてる（立てる）」
① 端を上にむけて位置を定める。棒のように長いものや、板のように平たいものの、端やへりを上にむけて、すえつける。用例 柱を立てる。
② 前面に出す。用例 使者を立てる。
③ 出現させる。つくりだす。目立たせる。用例 音を立てる。
④ はたらかせる。用例 聞き耳を立てる。
⑤ 役目または地位につかせる。用例 代理を立てる。
⑥ しっかり保って崩さない。用例 義理を立てる。
⑦ とがったものをつきさす。用例 つめを立てる。

「つく（付く）」
① あるものが、ほかのものにぴったりと触れて、離れない状態になる。用例 どろが付く。
② 何かに、あるものが加わる。用例 味が付く。
③ 人のそばを離れないでいる。用例 後ろを付いてくる。
④ 新しいものや状態が生まれる。用例 力がつく。
⑤ 目に見えるあとが残る。用例 傷がつく。
⑥ 今まで決まらなかったことがはっきりする。用例 かたがつく。
⑦ あることが心に浮かぶ。用例 気がつく。
⑧ 運がいい。運がむく。用例 ついている。

「つくる（作る、造る、創る）」
① 新たにこしらえる。用例 会社をつくる。
② 材料を加工して、ものをこしらえる。用例 料理を作る。
③ いろいろなものを組み合わせて、大きなものをこしらえる。用例 家を造る。
④ 育てあげる。成熟させていく。野菜や果物を生産する。用例 バラを作る。
⑤ ある形にする。形を整える。用例 列を作る。
⑥ 本当はそうでないのに、わざとこしらえる。用例 話をつくる。

話す聞く

豊かに想像する

グループディスカッション　合意形成に向けて話し合いを計画的に進める

教科書 P.34〜37

グループディスカッション

あるテーマについて、異なる立場や考えの人たちが少人数で意見を交換すること。

1 「話し合いのこつ」を見つける

テーマ　クラスの旗のデザインを決めよう

石原さんの発言の意図

◇「先にイラストを決めて、そのあとで旗に書く言葉を考えようか。」

←「話し合い」の進め方についての計画を提案している。

☆「話がずれているよ。元の話に戻そう。」

←最初に決めた「話し合い」の進め方から外れた話題を軌道修正している。

◆「じゃあ、イラストは星のマークで決定だね。」

←イラストについての意見を整理している。

★「次は、旗に書く言葉を考えよう。」

←イラストが決まったので、次の論点に話を展開するよう促している。

2 グループで話し合いをする

テーマ例

・クラスの旗のデザイン（イラスト・言葉）を決める。

・学校紹介のパンフレットのデザイン（写真・キャッチコピー）を決める。

・球技大会の種目とルールを決める。

など

ポイント

・うなずく、相づちをうつ、顔を向けるなど、相手が話しやすい聞き方を心がける。

・提案「だったら、……はどうかな」、確認「……ってどういうこと？」、質問「どうして？」、促し「○○さんはどう？」、反論「でも、……」、理由づけ「……だから」、受容「……はわかるよ」、言い換え「それって、……だよね」などの発言を活用する。

次の「話し合いのこつ」を意識して、グループで話し合う。

計画	◇最初に計画を立てる	例「話し合う順番は……」
展開	★別の論点への展開を促す	例「次は、……について話そう」
軌道修正	☆それた話題を戻す	例「話を元に戻そうよ」
整理	◆意見を整理する	例「意見をまとめると……」

発言メモをつくる

・八人一組になり、四人が話し合っている間、残りの四人は話し合いを観察する。

・話し合いの中で効果的だった発言と発言者をメモする。

例

◇の石原さんの発言（計画）……計画的に話し合えるという効果がある。

・田中さんの「うん。いいと思う。石原さんはどう?」という発言（促し）……全員の意見を引き出す効果がある。

★の石原さんの発言（展開）……話し合いの展開を促す効果がある。

発言メモについて

・「話し合いのこつ」とその効果は、話し合いがどのように進んだか、全体的に見てその発言の効果は何かを考えるため、話し合い後に記入するようにする。

・全ての発言を記入する必要はない。

・**提案、確認、質問、促し、反論、理由づけ、受容、言い換え、計画、展開、軌道修正、整理**以外にも、自分で見つけた「話し合いのこつ」があれば、書き込む。

3 話し合いでの発言を振り返る

発言メモを参考にして、具体的な発言に着目した振り返りをする。

・どのような「話し合いのこつ」が出てきたか。

→ **提案、確認、質問、促し、反論、理由づけ、受容、言い換え、計画、展開、軌道修正、整理**を参考に考える。

・話し合いを計画的に進めるための「話し合いのこつ」のうち、特に効果的だったのはどれか。

→ 「話し合いのこつ」のうち、**計画**は最初に計画を立てて、計画的に話し合いを進める効果がある。

豊かに想像する

漢字を身につけよう❶

教科書 P.38

漢字	ページ	画数	読み	用例	級
艇	38	13画	テイ	艇庫・艇身 競艇・艦艇 艇長	準2級
堤	38	12画	テイ つつみ	突堤・堤防 防波堤を造る 堤が崩(くず)れる	4級
岬	38	8画	みさき	宗谷(そうや)岬 竜飛(たっぴ)岬 岬に立つ	準2級
翻	38	18画	ホン *ひるがえる *ひるがえす	翻弄・翻意 翻案・翻訳 翻覆＝反覆	3級
弄（×「廾」）	38	7画	ロウ もてあそぶ	翻弄・愚弄 人の心を弄ぶ 愚弄＝嘲弄	2級
舷	38	11画	ゲン	舷側 左舷	2級
郭	38	11画	カク	輪郭・外郭団体 現存する城郭 胸郭を広げる	3級
峰	38	10画	ホウ みね	高峰・名峰 最高峰 峰を歩く	4級
畏（×「衣」）	38	9画	イ おそれる	畏敬・畏縮 畏怖 神を畏れる	2級
丘	38	5画	キュウ おか	丘陵を散策する 鳥取(とっとり)砂丘 丘にある石像	4級
陵（×「坴」）	38	11画	リョウ *みささぎ	丘陵 陵墓 御陵	3級
渓	38	11画	ケイ	渓流 渓谷 雪渓	準2級
滝	38	13画	たき	滝 滝つぼ コイの滝登り	3級
畔	38	10画	ハン	湖畔を散策する 河畔 畔岸	3級

注 形の似た漢字に注意しよう。

「提出」「提言」などと用いる「提」とは、左の偏が異なるよ。注意しよう。

ページ	漢字	画数	読み	用例	級
38	搾（×「扌」）	13画	＊サク／しぼ-る	乳搾り／知恵を搾る／散々搾られる	3級
38	暁（×「日」）	12画	＊ギョウ／あかつき	春暁・暁天／暁	準2級
38	呂	7画	ロ	風呂場／呂律（ろれつ）／語呂合わせ	2級
38	芯	7画	シン	替え芯／鉛筆の芯／芯のある考え方	2級
38	娯	10画	ゴ	娯楽施設／娯遊	3級
38	侶	9画	リョ	伴侶／僧侶に教えをこう	2級

新出音訓の確認

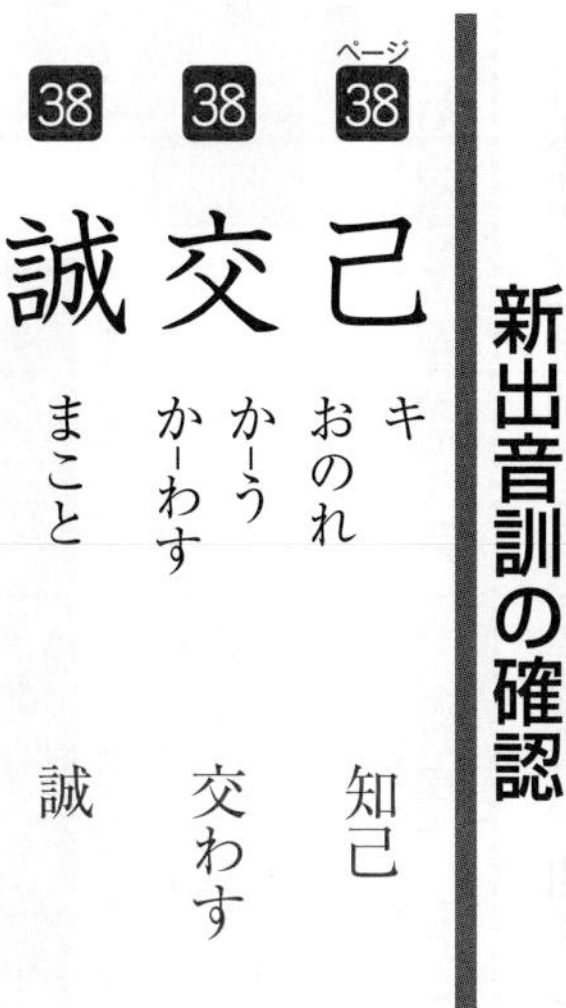

ページ	漢字	読み	用例
38	己	キ／おのれ	知己
38	交	か-う／か-わす	交わす
38	誠	まこと	誠

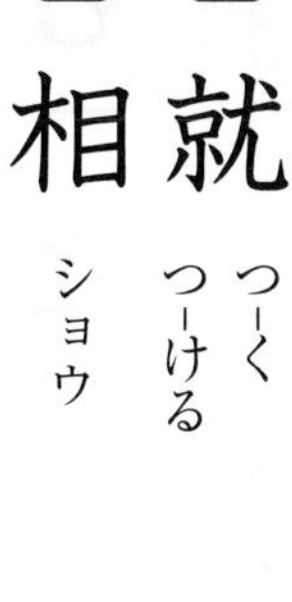

ページ	漢字	読み	用例
38	就	つ-く／つ-ける	就く
38	相	ショウ	首相

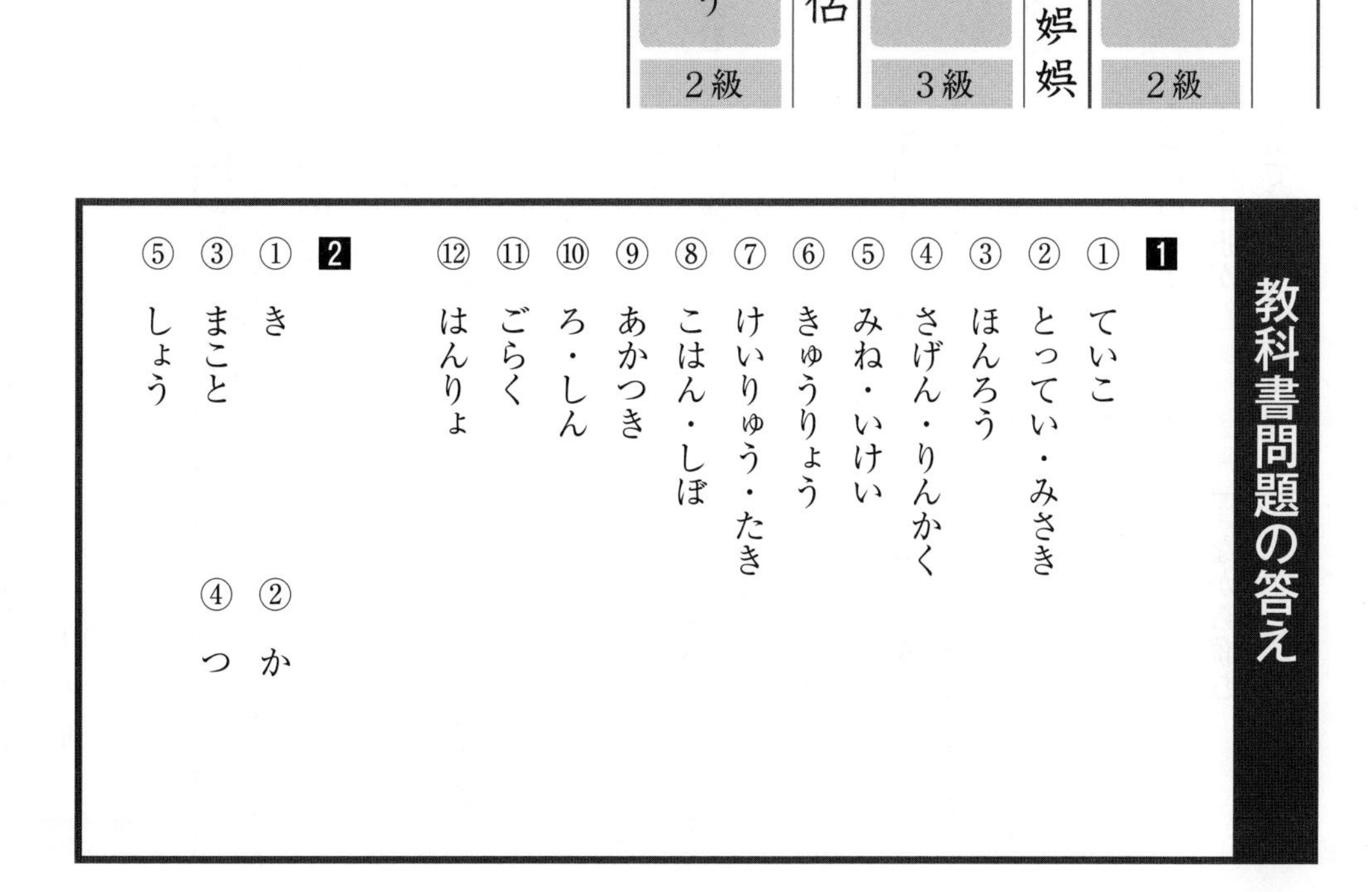

教科書問題の答え

1
① ていこ
② とってい・みさき
③ ほんろう
④ さげん・りんかく
⑤ みね・いけい
⑥ きゅうりょう
⑦ けいりゅう・たき
⑧ こはん・しぼ
⑨ あかつき
⑩ ろ・しん
⑪ ごらく
⑫ はんりょ

2
① き　② か
③ まこと　④ つ
⑤ しょう

わかりやすく伝える　評論

「批判的に読む」とは

教科書 P.40～43

吉川（きっかわ）芳則（よしのり）

内容を確認して、整理しよう

日本語の「批判」という言葉は、粗探しをする、文句を言う、というイメージがあるが、本来は、物事について冷静に考え、認めるべき点と認められない点を見分けて判断するという意味である。文章を読むときも、主張に対する根拠や理由の適切さ、筆者の考え方は偏っていないかなどを吟味、評価する見方や考え方が重要である。「批判的に読む」方法には、次のようなものがある。一つめは、「文章や本に積極的にはたらきかけながら読むこと」で、新しい知識や、共感、疑問、不思議に思ったことなどを見つけながら読むことである。二つめは、「筆者の意図や発想を推し測って読むこと」で、筆者がその話題を選んだ理由、論の展開、言葉遣いを考えながら読むことである。最も重要なのは、「自分の考えをつくるために読むこと」で、筆者の主張や意見に対して、「賛成」・「反対」、「納得できる」・「納得できない」を考えながら読むことである。このとき理由や根拠を明らかにすることが大切だ。

批判的に読むことは、ものの見方や考え方を広げ、深めるのに役立つよ。

三つのポイントを整理しよう

読み方を学ぼう　批判的な読み

はたらきかけながら読む	・新しく知ったこと ・共感したこと ・疑問をもったこと ・不思議に思ったこと	これらを見つけながら読む
推し測って読む	・話題の選択 ・論の展開 ・言葉の用い方	これらを考えながら読む。
考えをつくるために読む	・賛成か、反対か ・納得できるか、納得できないか ・論の展開がわかりやすいか ・例が不十分ではないか ・論理の飛躍はないか ・その主張が、全てにあてはまるのか	これらを、理由（なぜそのように考えたのか）、根拠（考えのもとになった言葉や事実、経験）を明らかにしながら読む。

まとまりごとの展開を確認しよう

1 「批判的に読む」とは何か　教 P.40・1行め～8行め

日本語の「批判」

- 粗探しをする
- 文句を言う

←このようなイメージ

本当の意味は、
「物事について冷静に考え、認めるべき点と認められない点を見分けて判断する」

「批判的に読む」とは？
←
「よいものはよい、よくないものはよくないと判断しながら読む」こと。

具体的には、

主張に対する根拠や理由は適切か、偏った考え方ではないか

ということを 吟味・評価 する読み方。

ポイントを確認しよう

① 「粗探し」とはどのようなことだろうか。

例 欠点をわざわざ探し出してけなすこと。
本当の「批判」の意味は、文句を言ったり欠点を探してけなしたりすることではない。表現などに感情をとらわれるのではなく、冷静に考えて判断することが重要である。

② 「よいものはよい、よくないものはよくない」とはどういう判断をすることか。

例 筆者の主張を読み取り、根拠や理由として挙げられているものが、主張を裏付けるのに適切かどうかや、筆者の考え方が偏っていないかを吟味、評価して判断すること。
感情的にならず、冷静に判断することが大切である。

③ 「吟味」とはどのようなことか。

例 細かいところまで注意を払って調べること。
多角的な視点で、検討を重ねることである。

「批判的に読む」とは、悪い評価をするという意味ではないんだね。

2 具体的に「批判的に読む」 教 P.40・9行め～P.41・14行め

◆**文章や本に積極的にはたらきかけながら読むこと**

すすんで文章に関わっていく態度をもつことで、文章の価値が変わる。

『君たちはどう生きるか』の一節では、
教 P.42・8行め「君が大人になるとわかるけれど、」
疑問 どうして「大人になるとわかる」というのか。
教 P.42・17行め「世の中の本当のこと」
教 P.42・19行め「大きな真理」
疑問 この二つはどう違うのだろうか。

◆**筆者の意図や発想を推し測って読むこと**

・話題の選択
・論の展開
・言葉の用い方
←文章の内容や表現の仕方

どんな理由で使われているのか。

筆者の意図や発想を推し測って読むこと
↓筆者が本当に伝えたいことを的確に、豊かに読み取ることにつながる。

『君たちはどう生きるか』の一節では、
教 P.42・1行め「君は、コペルニクスの地動説を知ってるね」
論の展開 地動説の例を取り上げた理由はなにか。

①「はたらきかけながら読む」とはどういうことか。

例 文章から、新たな知識や共感、疑問、理解できない内容などを見つけながら読むこと。

「どうして～だろう」、「～と～はどう違うのだろう」など、考えながら読む。

②「大人になるとわかる」というのはなぜか。

例 大人になるまでに、また、大人になってから、さまざまな人に出会うだろうが、その中に「自分中心の考え方を抜けきっている人」は滅多にいないから。

大人になったとき、どのような状態か考えると、現在よりもより多くの人と出会い、出会った人たちの中に、「自分中心の考え方を抜けきっている人」がどのくらいいるか判断できるというのである。

③「意図や発想を推し測って読む」とはどのようなことか。

例 話題の選択や論の展開、言葉の用い方から筆者の主張や考え、そのように述べた意図を知り、筆者の考えを的確に捉えることができる。

表現方法や、論の展開には、筆者が自分の主張を読み手に伝わりやすくするための工夫が含まれている。そのため、話題の選択や論の展開などから意図や発想を推し測ることができる。

教 P.42・19行め「大きな真理」

言葉の用い方 「大きな真理」といったのはなぜか。

などがある。

◆自分の考えをつくるために読むこと

文章の内容や表現
↑に対して自分の考
えをもつ。

- 賛成、反対
- 納得できる、できない
- 例や論理の展開、飛躍、全てにあてはまるのか　など

←自分の意見の表明
論についての吟味、評価

理由や根拠をはっ
↑きりさせる。

「私はこのように考える」といえるようにする。

『君たちはどう生きるか』の一節では、

教 P.42・4〜6行め「人間という……もっているためなんだ」

納得できる 地動説は内容をつかむのに効果的な具体例。

教 P.42・19行め「決して映らないのだ」

納得できない 誰にでも明らかな真理があるのではないか。

3 まとめ　教 P.41・15行め〜16行め

「批判的に読む」ことは、ものの見方や考え方を広げ、深める。

① 「考えをつくるために読む」とはどのようなことか。

例 筆者の主張や意見に対して、自分の意見を理由や根拠を明らかにして言えるように、文章を吟味、評価すること。

筆者の主張や意見に対し、どのような根拠や理由から賛成、反対し、どのような理解をしているか考えることで、自分の考えを明確にすることができる。

② 教 P.42・4〜6行め「人間……もっているためなんだ」について、どのように考えるか。

例 筆者は自分を中心にした考え方を否定するために地動説を用いているので、納得できる。

地動説に対する天動説を、「自分を中心として、ものを見たり考えたりするという性質」の例として述べている。

③ 教 P.42・19行め「決して映らないのだ」について、どのように考えるか。

例 「大きな真理」の中には、誰にとっても明らかなものもあるのではないかと思うので、納得できない。

例えば、太陽が出ているうちは明るく、太陽が沈むと暗くなることから、昼間、ものがはっきりと見えるのは太陽の光のためだとわかるというようなことなど、さまざまな真理から考えてみる。

わかりやすく伝える　評論　教科書 P.44〜51

間の文化

長谷川櫂

内容を確認して、整理しよう

日本人はあらゆる分野で「間」を使いこなしながら暮らしてきた。

まず一つは「空間的な間」である。壁や扉で密閉された西洋の家とは違って、日本の家は障子やふすまなどで仕切るので隙間だらけである。しかも、それらは移動可能なため、空間を自由自在につないだり仕切ったりすることができる。

次に「時間的な間」である。西洋音楽では作曲家が沈黙を恐れているのか息を継ぐ暇もなく音が続いているが、日本古来の音曲には、音の絶え間が至るところにあり、風やせせらぎが絶え間に聞こえてくることもある。

また、日本人は人と物、人と人のあいだにおいても「心理的な間」をとっている。これは、日本では「遠慮」が美徳だとされていることによるものだが、人間関係において間をとることによって、相手とのあいだの衝突を和らげることができ、日々の暮らしを円滑に運ぶことができる。

このように、日本人にとって間の使い方は最も基本的な「掟」であり、それは、日本人が昔から尊重し培ってきた「和」が誕生するために欠かすことのできない土台なのである。

対比されているものを中心に整理しよう

	第一段落　生活（家）（空間的な間）	第二段落　芸術（音楽）（時間的な間）	第三段落　人間関係（心理的な間）
日本文化	壁や扉で仕切らない、至るところ隙間だらけの家。	音の絶え間（沈黙）がいろいろなところにある音楽。	自分以外の人とのあいだに心理的な距離をとって暮らしている。
西洋文化	壁で仕切り、鍵のかかる扉で密閉する家。	息を継ぐ暇もなく、息苦しいほど音でうめつくされた音楽。	

対比を使うことによって筆者の主張が効果的に伝わる。

まとまりごとの展開を確認しよう

1 空間的な間（ま）　教 P.44・1行め～P.45・16行め

○空間的な間（ま）＝物と物とのあいだの何もない空間

◆西洋の家と日本の家

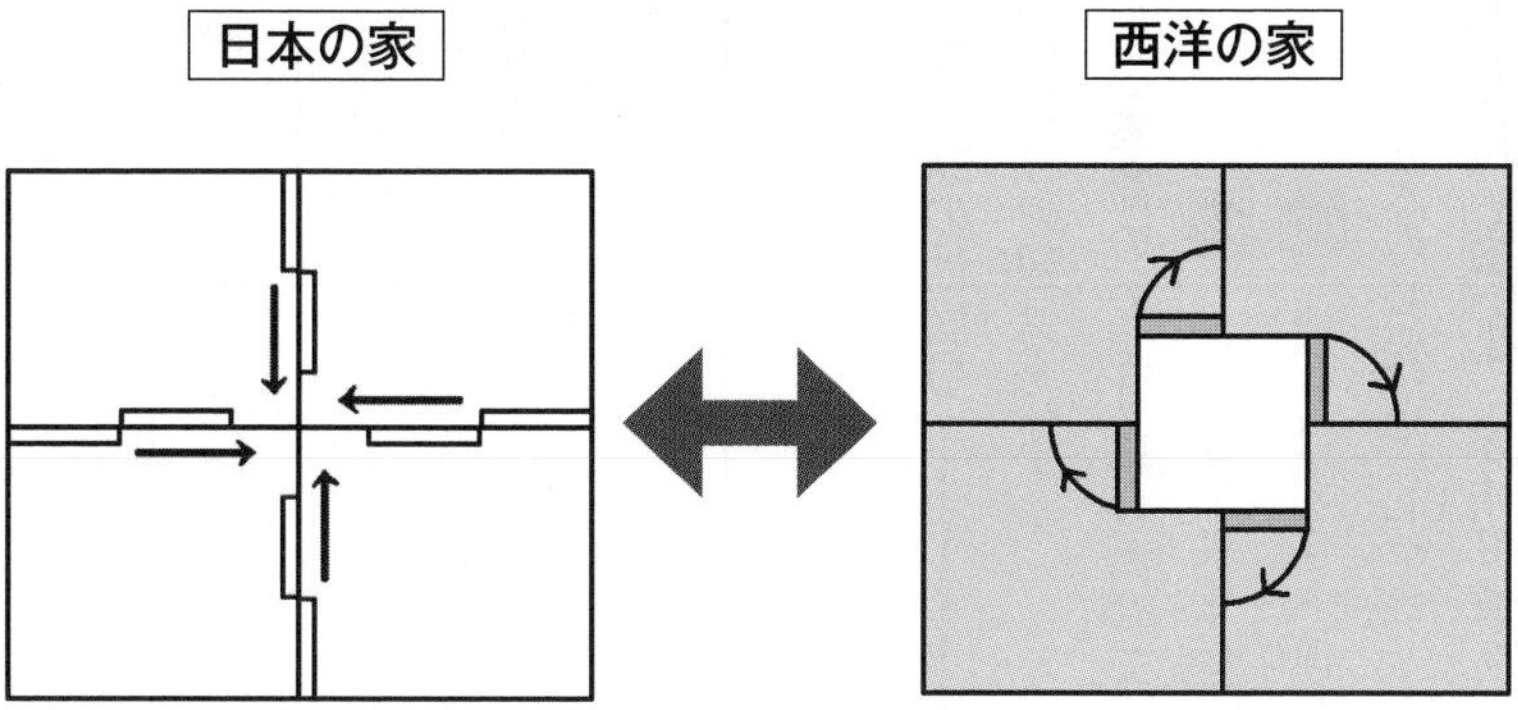

西洋の家 ⟷ 日本の家

○部屋を細かく区分けし、仕切る。
・壁（石・煉瓦（れんが）・木）
・鍵のかかる扉
→ 密閉 ⇨ 個人主義が発達

○取りはずしや移動が可能なもので仕切る。
・障子・ふすま
・戸
・板戸・蔀戸（しとみど）など
→ 隙間だらけ

ポイントを確認しよう

①筆者は、西洋の家の特徴はどんなことだと述べているだろうか。

例 部屋を細かく区分けし壁で仕切り、そのうえ鍵のかかる扉で密閉すること。
西洋の家は、個室で組み立てられていて、その区切りは壁で仕切られ、それぞれの個室に入るためには扉を通らなければならないという密閉性が高い構造となっている。

②西洋の家の特徴から個人主義が生まれてきたという話が「よくわかる」とはどういうことだろうか。

例 西洋の家の特徴は個室で組み立てられ、仕切りには密閉性の高いものが使われている。社会や集団という「全体」よりも「個人」を重視する思想がそういった特徴から生まれてきたと考えるのは不自然ではないということ。
鍵のかかる扉で密閉された個室が個人主義と結びつけられている。

③筆者は、日本の家の間仕切りには、どんな特徴があると述べているだろうか。

例 隙間だらけ。
日本の家の間仕切りには、障子やふすまや戸など間仕切りの建具（たてぐ）が使われていて、西洋の仕切りのように密閉性が高くない。取りはずしや移動も可能なものが多いので、自然に隙間ができるのである。

◆西洋と日本の家の対比

	西洋	日本
部屋	密閉されている	隙間だらけ
仕切り	壁（石・煉瓦〈れんが〉・木）← 重厚	障子やふすまや戸 ← 軽やかさ はかなさ

◆日本の家の仕切り

○間仕切りの建具〈たてぐ〉を使う。

（季節のめぐりに合わせて）

冬　立てる＝寒さを防ぐため

夏　取りはずす＝涼を得るため

（住人の必要に応じて）

ふだん　分けて使う（座敷・次の間・居間）

祝宴　つなげて使う（大広間）

家の中の空間を自由自在につないだり仕切ったりして暮らす

①筆者は、西洋と日本の家の仕切りに使われているものから、それぞれの家に対してどのような印象を持っているのだろうか。

例　西洋の家には「重厚」な印象を持ち、日本の家には「軽やかさやはかなさ」といった印象を持っている。

日本の仕切りに使われている障子やふすまや戸などの間仕切りの建具〈たてぐ〉に対する印象と、西洋の仕切りに使われている石や煉瓦〈れんが〉や木の壁に対する印象を挙げる。

②日本の家では、家の中の空間をどんなときに変化させてきたのだろうか。

例　季節のめぐりに合わせたり住人が必要だと思ったりしたとき。

日本の家の間仕切りは、冬の寒さを防ぐために立てたり、夏は涼を得るために取りはずしたりと季節に応じて動かすことができる。また、部屋の用途に応じて変えたりすることもできる。

③日本の家における「空間的な間〈ま〉」の特徴とは、どんなことだと述べているだろうか。

例　その用途に応じて、自由自在につないだり仕切ったりして利用できること。

日本人は、「空間的な間〈ま〉」をその用途に合わせて、自分の意志で変化させて生活していることが最大の特徴である。

2 時間的な間（ま）

教 P.45・17行め〜P.46・16行め

○時間的な間（ま）＝何もない時間

芝居や音楽では声や音のしない沈黙の時間

◆西洋のクラシック音楽と日本古来の音曲（おんぎょく）

クラシック音楽

♪♪♪♪♪♪♪♪♪♪♪
♪♪♪♪♪♪♪♪♪♪♪
♪♪♪♪♪♪♪♪♪♪♪
♪♪♪♪♪♪♪♪♪♪♪

↔

日本古来の音曲（おんぎょく）

♪　♪　♪　風の音
谷川のせせらぎ　♪
♪
♪♪　♪　♪

○音によってうめつくされている

例モーツァルト
交響曲二十五番
・息を継ぐ暇もない
・息苦しい

← 衝動

一瞬たりとも音のない時間を許すまい

○音の絶え間が至るところにある

例琴・笛・鼓（つづみ）で演奏される音曲（おんぎょく）
・のどか

← 途中に

（松林を吹く風の音
谷川のせせらぎ）

①西洋のクラシック音楽の特徴を表す言葉を、筆者はどのように表現しているか。本文中から抜き出しなさい。

（さまざまな音によって）うめつくされている。

筆者が、バッハやモーツァルトの音楽を評価している言葉である。西洋音楽は、次から次へと生まれては消えていくさまざまな音によってうめつくされているのである。

②筆者はモーツァルトがどんな衝動に駆られて「交響曲二十五番」を書いたと想像しているだろうか。

例（音楽家である以上）一瞬たりとも音のない時間を許すまい。

モーツァルトの音楽は音によってうめつくされていると感じている。筆者は、この状態をモーツァルト自身が「音のない時間を許すまい」という衝動に駆られたからだろうと思っている。

③日本の音曲（おんぎょく）では、至るところにある音の絶え間で、どんなことが起きると言っているだろうか。

例 松林を吹く風の音がふとよぎったり、谷川のせせらぎが聞こえてきたりすること。

日本の音曲（おんぎょく）には音の絶え間があるので、その時に音曲（おんぎょく）とは違うまわりの「風の音」や「谷川のせせらぎ」が聞こえることがある、と筆者は感じている。

◆西洋と日本の音楽の対比

音楽	西洋	日本
	・次から次に生まれては消える ← ・音のない時間を許さない	・絶え間が至るところにある ← ・絶え間に断ち切られても成り立つ

3 心理的な間

教 P.46・17行め～P.47・13行め

○心理的な間＝人や物事とのあいだにとるもの

◆人間同士の心理的な間

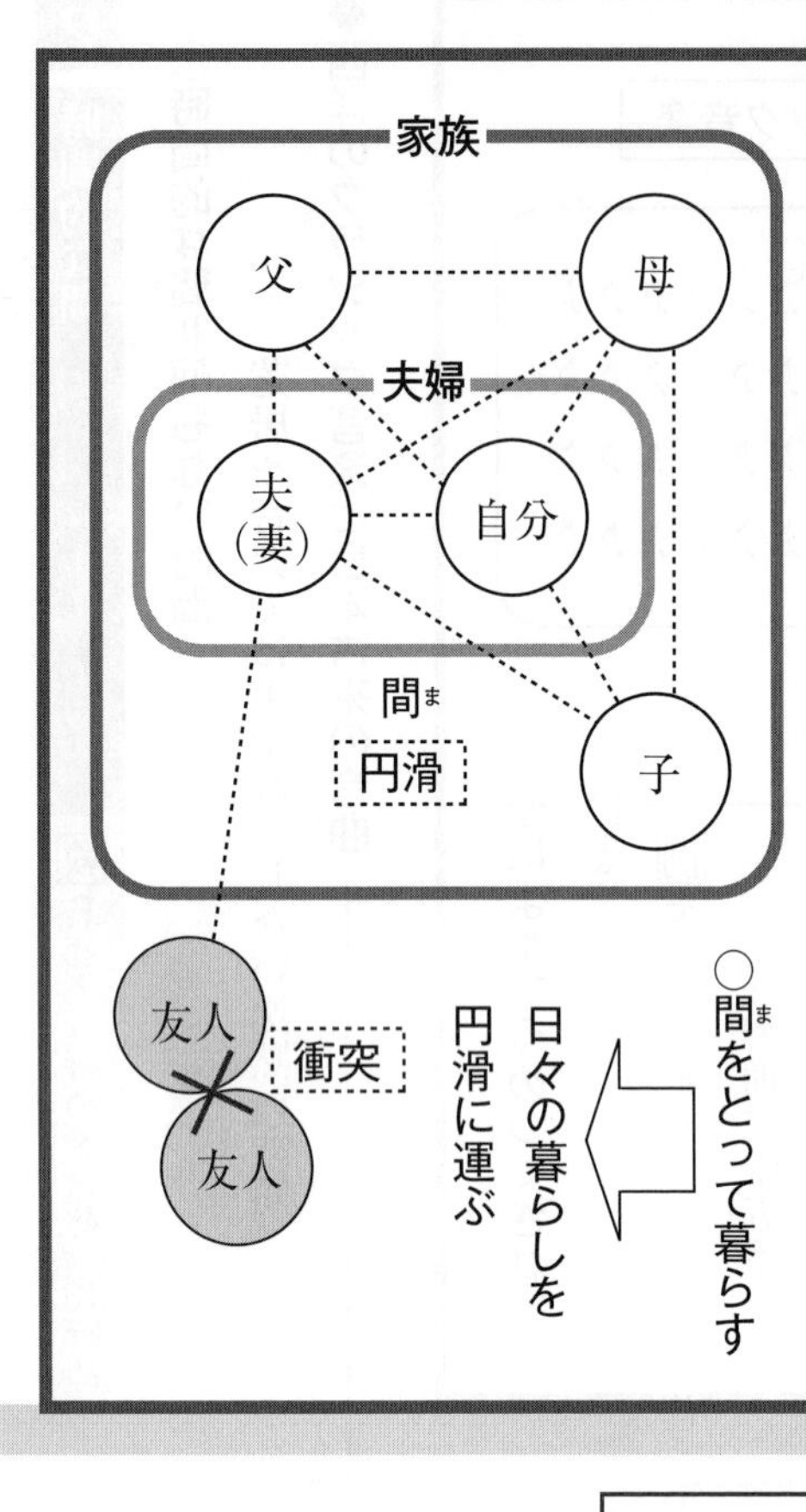

①筆者の考える、日本の音楽における「時間的な間」の特徴とは、どんなことだろうか。

例 いくつもの音の絶え間に断ち切られても、音楽が成り立つこと。

筆者は、音が次から次へと生まれては消え、音のない時間を許さない西洋の音楽とは違って、日本の音曲は「音の絶え間」が至るところにあると考えているのである。

②「心理的な間」とはどんな間のことだろうか。

例 人や物、人と人とのあいだにとる間のこと。

人は誰でも自分以外の人や物とのあいだに心理的な距離を自然にとって暮らしている。特に人間関係においては、相手によってその距離の長短はあるが、夫婦や家族、友人であっても間をとる。

③私たちが「心理的な間」をとって暮らしていくことの利点は何だろうか。

例 日々の暮らしを円滑に運ぶことができる点。

もし「間」をとらないと、相手とのあいだに衝突が起きたときにどうしようもなくなるが、「間」があることで相手との衝突を和らげることができ、日々の生活を支障なく円滑に送ることができるのである。

◆遠慮

遠慮とは、
自分のやりたいこと、利益になることを**あえて辞退すること**
＝
相手との衝突を和らげる**空白地帯を作ること**

○「遠慮」はもともと中国で生まれた言葉
中国では…「深謀遠慮」＝深く考えをめぐらす
日本では…「相手のことを考えて行動を控える」
→日本人特有の心理的な間を表す言葉に変化
・「遠慮深い」＝褒め言葉　・「遠慮」＝美徳

◆日本の人間関係における特徴

日本
・間をとる（遠慮） ↓ ・相手の気持ちを推しはかる ↓ ・衝突を回避

①日本で「遠慮」が美徳とされるのはなぜだろうか。

例　「相手のことを考えて行動を控える」ことを意味しているから。もともと「遠慮」という言葉は中国でできた言葉で、深く考えをめぐらすという意味であったが、日本に入ってきたときに、日本人特有の心理に合わせて変化し、「相手との衝突を和らげる空白地帯を作る行為」を示すようになった。

②日本の人間関係における特徴とは、どんなことだと筆者は考えているだろうか。

例　「遠慮」することで相手とのあいだに「間」をとり、衝突を回避すること。

日本人の人間関係には、「相手のことを考えて行動を控える」という日本人特有の心理である「遠慮」の気持ちが大きく作用しているのである。

筆者は本文中で、西洋と日本を対にさせながら、空間的な間、時間的な間、そして心理的な間について述べてきたね。

4 まとめ

教 P.47・14行め～P.48・15行め

◆日本人の暮らしにおける間

生活
芸術
人間関係

→ あらゆる分野で間を使いこなして暮らす

◆「間」の使い方

○間に合う
○間がいい
}＝間を上手に使う

×間違い＝間の使い方を誤る
×間延び＝間に締まりがない
×間抜け＝間を読めない

間の使い方はこの国の基本的な「掟」

○日本文化＝「間の文化」

◆「間」のはたらき

異質なものどうしの対立を和らげ、調和させ、共存させること＝「和」を実現させる

例1 互いに意見の異なる二人→狭い部屋×
→十分な間○　＝　共存

例2 狭い通路→一度におおぜいの人×
→一人ずつ間遠に通す○

①筆者が、日本文化を「間の文化」だと述べている理由はなんだろうか。

例 あらゆる分野で間を使いこなしながら生活しているから。
日本人は、生活・芸術・人間関係などあらゆる分野で「間」を上手に使っている。筆者は、この「間」の使い方こそがこの国の最も基本的な「掟」となっているといっているのである。

②日本人が「間」を上手に使いこなしていることを、本文中では何と表現しているのだろうか。二つ抜き出しなさい。

・間に合う　・間がいい
「間」を使った言葉は他にもたくさんある。例えば、「間が持たない」「間を図る」「間がある」「間をとる」「間をあける」「間が悪い」などである。

③日本人の生活の中にある「間」のはたらきにあたる例を、本文中から探して答えなさい。

例 互いに意見の異なる二人を狭い部屋に押し込めておけばけんかになるが、二人のあいだに十分な間をとってやれば、互いに共存できる。
日々の生活が、相手と衝突を和らげ円滑に送ることができるのは、「間」のはたらきによるものである。

◆「和」と「間」の関係

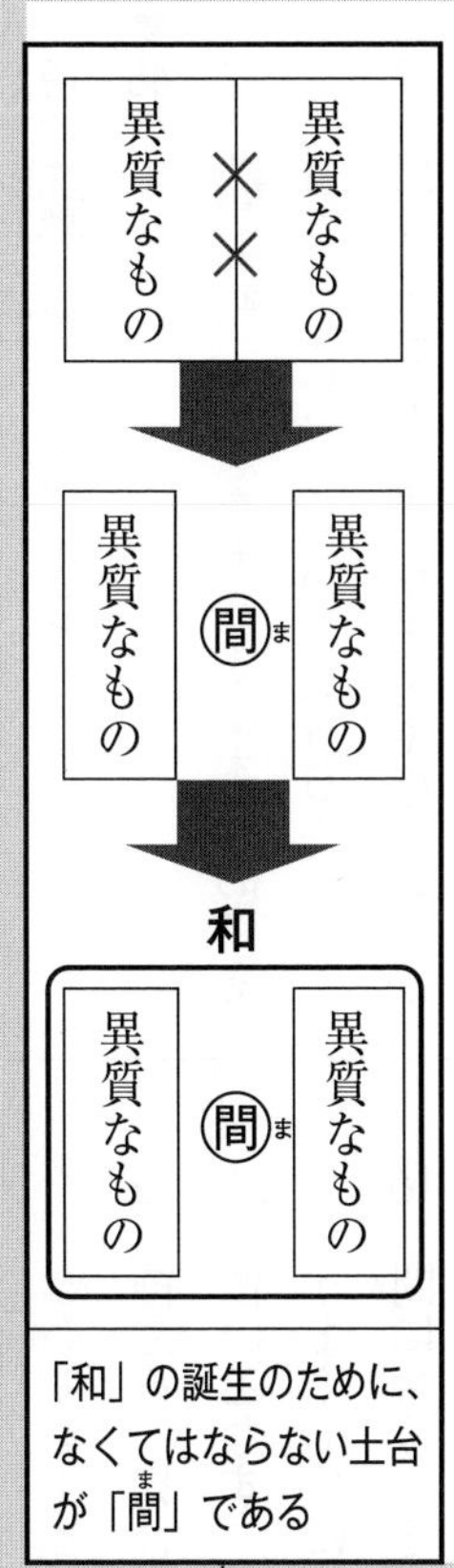

①「和」と「間」との関係を説明しなさい。

例 「和」が誕生するために、なくてはならない土台が「間」である。

「間」のはたらきは、「異質なものどうしの対立を和らげ、調和させ、共存させること」、すなわち「和」を実現させることであるから、「和」にとって「間」はなくてはならないものなのである。

学びの道しるべ

▼教科書 P.50~51

1 日本の文化における「間」について、次の観点から、それぞれの特徴をまとめよう。

① 空間的な間 →P.34③　② 時間的な間 →P.36①

③ 心理的な間 →P.37②

2 「和はこの間があって初めて成り立つということになる。」（48ページ・14行め）と筆者が述べる理由をまとめよう。 →P.39①

3 「掟」（47ページ・20行め）という言葉の意味を国語辞典で確認し、本文でこの言葉が用いられていることの効果を考えよう。

■解答例■

「掟」には「定め」などの意味がある。この言葉を用いることで、「間」が日本文化に深く根づいたものであり、「間」の存在を強く印象づける効果がある。

4 「空間的な間」「時間的な間」「心理的な間」の順序で示されていることの効果について考えよう。

■解答例■

「空間的な間」から順序立ててつなげることで説得力が増すとともに、「間」が、日本文化の土台であるという話題へと移行しやすい。

5 「間の使い方はこの国の最も基本的な『掟』であって、日本文化はまさに『間の文化』ということができるだろう。」（47ページ・19行め）とある。こうした筆者の主張について、あなたはどう考えるか。自分の意見をまとめて発表しよう。

■解答例■

筆者の主張に賛成だ。特に人間関係では、相手との関係性に応じて常に「間」を使い分けている。円滑な人間関係のために、間は欠かすことができないものだろう。

重要語句の確認

▼44ページ

2 隙間（すきま） 物と物とのわずかな空間。

3 基本的 いちばんもとになるもの。

8 密閉 ぴったりと閉じること。

9 個人主義 個人の意義と価値、権利と自由を主張し、尊重する主義。 対 全体主義

▼45ページ

5 意 重厚 おもおもしくて、どっしりしている様子。 対 軽薄（けいはく）

10 涼（りょう） すずしいこと。

11 座敷（ざしき） 畳（たたみ）をしいた部屋。特に客間。

11 次の間（ま） 座敷（ざしき）の隣（となり）にある小部屋。控（ひか）えの間（ま）。

13 祝宴（しゅくえん） めでたいことを祝うための宴会（えんかい）。

19 沈黙（ちんもく） 黙（だま）っていること。

▼46ページ

7 意 衝動（しょうどう） 善悪を考えずに本能的にある行いをしようという気持ち。

7 意 駆（か）られる 強い気持ちや感情に動かされる。

10 意 のどか おだやかで静かな様子。のんびりした様子。

11 よぎる ふと通り過ぎる。

11 せせらぎ 川の浅瀬（あさせ）などの水の流れ。水が流れる音。

14 意 やおら 落ち着いてゆっくりと始める様子。 類 おもむろ

▼47ページ

2 意 円滑（えんかつ） 物事がすらすら運ぶ様子。

4 美徳 立派な徳。よい行い。 対 悪徳

6 辞退 遠慮（えんりょ）して断ること。 対 承諾（しょうだく）

7 和らげる やさしい調子にする。穏（おだ）やかにする。

7 空白 何も書いていない部分。何も存在しない部分。

10 深謀遠慮（しんぼうえんりょ） 先々のことまで深く考えをめぐらすこと。

12 控（ひか）える 見合わせる。中止する。

15 使いこなす うまく使って役に立てる。うまく十分に使う。

16 間（ま）に合う その場の役に立つ。

16 間（ま）がいい 折り合いがいい。運がいい。

20 掟（おきて） 守らなければならないきまり。

▼48ページ

3 異質 他と性質が違（ちが）っている様子。 対 同質

3 共存 ともにそろって生きること。

7 殺到（さっとう） 一度にどっと押（お）し寄せること。

8 陥（おちい）る よくない状態になる。

11 尊重 尊（たっと）いものとして大事にすること。

11 培（つちか）う 力や性質などを養い育てる。

13 なくてはならない ないと困る。

◆「批判的に読む」とは

新出漢字のチェック ✓

ページ	漢字	画数	筆順	読み	用例	級
40	粗（×「旦」）	11画	丶 丷 䒑 半 米 米 粗 粗 粗 粗 粗	ソ／あら-い	粗末・粗野／粗雑な仕事／目が粗い	3級
40	吟	7画	丨 口 口 口' 吟 吟 吟	ギン	吟行・詩吟／吟詠／内容を吟味する	準2級

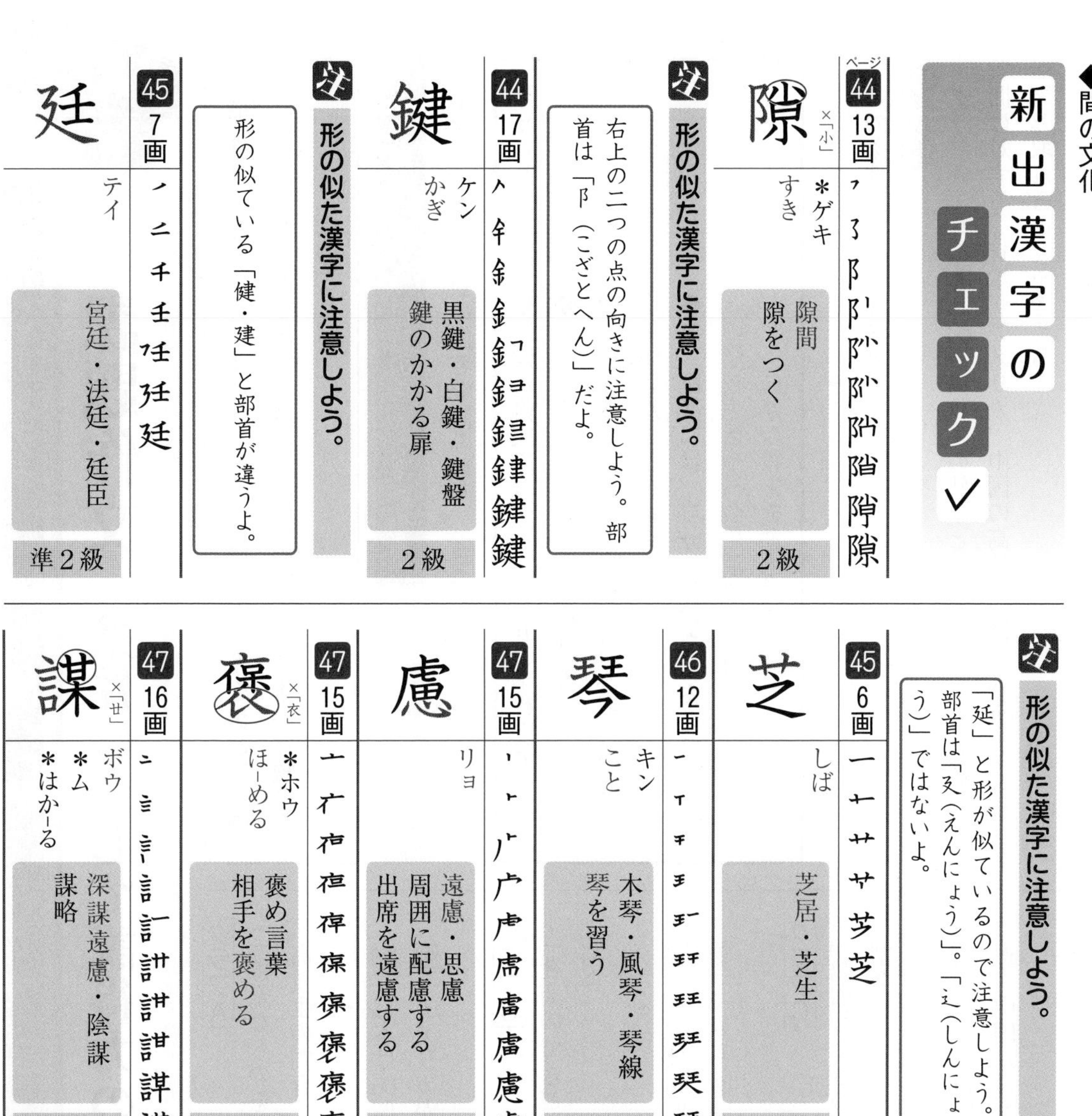
◆間の文化

新出漢字のチェック✓

44ページ　隙　13画　×「小」　＊ゲキ　すき　隙間　隙をつく　2級

注　形の似た漢字に注意しよう。
右上の二つの点の向きに注意しよう。部首は「阝（こざとへん）」だよ。

44　鍵　17画　ケン　かぎ　黒鍵・白鍵・鍵盤　鍵のかかる扉　2級

注　形の似た漢字に注意しよう。
形の似ている「健・建」と部首が違うよ。

45　廷　7画　テイ　宮廷・法廷・廷臣　準2級

注　形の似た漢字に注意しよう。
「延」と形が似ているので注意しよう。部首は「廴（えんにょう）」。「辶（しんにょう）」ではないよ。

45　芝　6画　しば　芝居・芝生　4級

46　琴　12画　キン　こと　木琴・風琴・琴線　琴を習う　準2級

47　慮　15画　リョ　遠慮・思慮　周囲に配慮する　出席を遠慮する　4級

47　褒　15画　×「衣」　＊ホウ　ほ-める　褒め言葉　相手を褒める　準2級

47　謀　16画　×「せ」　ボウ　＊ム　＊はか-る　深謀遠慮・陰謀　謀略　3級

48　狭　9画　×「犭」　＊キョウ　せま-い　せば-める　せば-まる　狭小（⇔広大）　度量が狭い　間隔を狭める　4級

注　形の似た漢字に注意しよう。
形の似ている「挟・峡」と部首が違うよ。

48　陥　10画　カン　おちい-る　＊おとしい-れる　陥落・陥没・欠陥　パニックに陥る　準2級

注　送り仮名に注意しよう。
訓読みは「おちい-る」であって、「おち-る」ではないよ。右下の部分は「旧」であって「日」ではないよ。注意しよう。

新出音訓の確認

45ページ　厚　コウ　重厚

46　断　た-つ　断ち切る

書く

わかりやすく伝える

課題作文　条件に応じて説得力のある文章を書く

教科書 P.52～57

課題作文　与えられた条件に従って、自分の考えをまとめ、読む人を説得できるように筋道を立てて書いた短い文章のこと。

1 課題について、自分の考えをまとめる

テーマ　文章や図表の内容を読み取り、考えをまとめる。

与えられた条件
◆二段落構成で、二〇〇～二五〇字程度で書く。
◆グラフA～Cから二つを取り上げる。
◆第一段落には、グラフから読み取ったこと、気づいたことを書く。
◆第二段落には、自分の体験をふまえて、今後の学校生活や社会生活で取り組みたいことなど、自分の考えを書く。

↓

この条件に従って作文を書く。

ポイント
グラフA～C（教P.53「高校生の勉強と生活に関する意識調査」の質問に対する、日本、アメリカ、中国の高校生の回答結果の一部）から読み取れることを考える。

グラフA
・「得意なものを見つけたり、磨いたりすることが大切だ」と考える高校生の割合。
↓
例 日本は66％、アメリカ72％、中国62％と同じくらいである。
例 アメリカが72％と最も高い。

グラフB
・「社会のできごとについて考えることが得意だ」と考える高校生の割合。
↓
例 日本は46％、アメリカ80％、中国59％と日本がいちばん低い。
例 アメリカが日本、中国に比べて20％以上高い値となっている。

グラフC
・「勉強したものを実際に応用することが大切だ」と考える高校生の割合。
↓
例 日本は他国の6割程度である。
例 中国が最も高い値となっている。

A～Cのうち、二つのグラフの結果を結びつけて考える。 ←
→新しい考えが生まれる。

例 グラフAの値がどの国も同じくらいなのに対し、グラフCでは日本は他国の6割程度となっている。

新しい考え ← 日本の高校生は、得意なものを見つけたり磨いたりするだけではなく、知識を生かそうとする意識が大切だ。

例 グラフBもグラフCも日本がいちばん低い値となっている。

新しい考え ← 日本の高校生は、自分の外側に目を向けることがアメリカや中国の高校生よりも得意ではないのではないか。日本の高校生は、もっと積極性をもったほうがよいのではないか。

2 課題作文を書く

ポイント

・条件に従って、各段落の内容をまとめる。
・図表に書かれていることを適切に引用し、自分の考えに説得力をもたせる。

← これらを意識して、説得力のある課題作文を書く。

グラフから読み取った内容を書くときの表現例

・○%が～と答えている。
・○%から○%に増えて（減って）いる。

} グラフの値を直接、示す。

・～という点では○○だが、一方で、～という点では○○だ。
・～という点とは対照的に○○だ。
・この中では～が圧倒的に○○だ。
・～という傾向にあるといえる。
・～よりもはるかに○○だ。
・AとBから～だと考えられる。
・この結果から、この先は～になることが予想できる。

} グラフの値から読み取れることを解釈として加えている。

3 交流をとおして、推敲する箇所を見つける

交流をとおして感想を述べ合い、自分の考えを深める。次の観点で読み合い、推敲する箇所を見つける。

・条件に従って書けているか。
・書かれている内容について、読み手は納得しているか。
・図表の解釈と、文章の内容は合っているか。
・表現は適切か。

4 交流を生かして推敲する

3の交流の内容をもとに文章を読み返す。
→推敲によって、自分の考え・根拠の説明の仕方などがわかりやすくなるように書き直す。例 文のねじれや助詞、数値の加筆など。

わかりやすく伝える

漢字のしくみ　四字熟語

教科書　P.58〜59

四字熟語とは

四字熟語　四字の漢字の決まった組み合わせからなる熟語のこと。
中国の故事などに由来する故事成語の四字熟語もある。

例　呉越同舟

意味　仲の悪い者どうしが同じところにいること。敵同士が共通の困難に対して協力し合うこと。

由来　春秋時代の中国で敵どうしだった呉と越の人も、同じ舟に乗っているときに暴風に襲われたら、助け合うだろうという故事から。（『孫子』より。）

例文　顔を合わせればけんかばかりするA君とB君が、修学旅行で同室だなんて、呉越同舟だなあ。

例文　A君とB君は仲が悪いが、クラスの優勝のためには呉越同舟という言葉にもあるように、力を合わせてがんばった。

例　五里霧中

意味　霧の中で方角がわからなくなるように、手がかりがない様子。

由来　後漢（紀元25〜220）の張楷という人は、五里四方に霧を起こして姿をくらますことができたという故事による。（『後漢書』より。）

例文　急に将来のことを問われても、自分のしたいことも、何になりたいかもわからず、五里霧中だ。

四字熟語の構成

四字熟語の組み立て方には、次の六つの種類がある。

1　似た意味の二字熟語が結びついたもの

●■≒▲◆

例　千差万別　「千差」……千の差（違い）がある。
「万別」……万の別（違い）がある。
例文　人の立場は千差万別だ。

例　温厚篤実　「温厚」……おだやかで情が厚い。
「篤実」……情にあつく、誠実だ。
例文　あの人は温厚篤実で知られる。

例　臥薪嘗胆　「臥薪」（薪の上に寝る）、「嘗胆」（苦い肝をなめる）はどちらも試練に耐えること。呉と越の王が相手に負けたことを忘れないようにしようとしてとった行動。目的のために苦労すること。
例文　優勝のために臥薪嘗胆で頑張る。

例　懇切丁寧　「懇切」……親切なこと。
「丁寧」……注意深く、行き届いていること。
例文　先輩は懇切丁寧に教えてくれる。

2 反対の意味の二字熟語が結びついたもの

●■↕○□

例 自問↕自答　例文 「生きるとはどういうことか」と自問自答する。

例 質疑↕応答　例文 発表が終わり、質疑応答に移る。

例 有名↕無実　例文 あの規則は有名無実なものとなった。

例 巧遅↕拙速　「巧遅」……巧みだが遅い。
「拙速」……速いが拙(つたな)い。
例文 考えこむより巧遅拙速で動くほうが よい。（※「巧遅」より「拙速」のほうがよいという文脈で使われることが多い。）

3 反対の意味の漢字を二つ並べた熟語が結びついたもの

●○＋■□

例 老↕若＋男↕女　例文 老若(ろうにゃく)男女に好かれるドラマ。

例 古↕今＋東↕西　例文 それは古今東西を問わぬ真理だ。

例 栄↕枯＋盛↕衰　例文 王朝の栄枯盛衰をたどる。

例 離↕合＋集↕散　例文 主義による離合集散を繰り返す。

4 上の二字が下の二字にかかるもの

●■↓▲◆

例 用意周到　意味 用意が周到（行き届いている）であること。
例文 用意周到な計画を立てる。

例 前代未聞　意味 前代まで未聞（きいたことがない）だ。
例文 前代未聞の大きな出来事だ。

例 孤軍奮闘　意味 孤軍（孤立した軍勢）が奮闘する。
例文 協力者がおらず、孤軍奮闘する。

例 首尾一貫　意味 首尾（始めから終わりまで）が一貫している。
例文 首尾一貫した態度をとる。

5 同じ漢字の繰り返しを二つ重ねたもの

●々＋■々

例 正々堂々　意味 態度などが正しい、立派であること。
例文 正々堂々とした態度で臨む。

例 時々刻々　意味 時間が過ぎるごとに。
例文 情勢は時々刻々と変わる。

例 三々五々　意味 少人数で行動する。
例文 クラスメートが三々五々やってくる。

例 唯々(いい)諾々　意味 人の意見によく考えずに従う。
例文 唯々(いい)諾々として従う。

6 四字が対等に並ぶもの

●＋■＋▲＋◆

例 喜＋怒＋哀＋楽　例文 喜怒哀楽をおもてに出す。

例 春＋夏＋秋＋冬　例文 里山の春夏秋冬を見守る。

例 花＋鳥＋風＋月　例文 花鳥風月を楽しむ。

例 東＋西＋南＋北　例文 東西南北を海に囲まれた島国。

他に、漢字四字の熟語（駐車違反・食欲旺盛・諮問会議・戸籍謄本など）を総称して四字熟語とする場合もある。

確かめよう

（カッコ内は、教 P.58〜59「四字熟語の構成」における種類の番号）

①**大器晩成**（たいきばんせい）　大人物は大成するのに時間がかかる。（4）

②**起承転結**（きしょうてんけつ）　漢詩の構成法。また、物事の順序。（6）

③**山川草木**（さんせんそうもく）　あらゆる自然。（6）

④**津々浦々**（つつうらうら）　至るところ。（5）

⑤**森羅万象**（しんらばんしょう）　あらゆる物事や現象。（1）

⑥**和洋折衷**（わようせっちゅう）　日本風と西洋風をうまく取り合わせる。（4）

⑦**深山幽谷**（しんざんゆうこく）　人が入っていない奥深く静かな自然。（1）

⑧**沈黙寡言**（ちんもくかげん）　落ち着いていて無口なこと。（1）

⑨**内憂外患**（ないゆうがいかん）　内側と外側の両方に心配事があること。（2）

⑩**鯨飲馬食**（げいいんばしょく）　大酒を飲み、大食らいをすること。（1）

⑪**明々白々**（めいめいはくはく）　明らか。はっきりしていること。（5）

⑫**換骨奪胎**（かんこつだったい）　他人の詩文を変えて自分のものにする。（1）

新出漢字のチェック ✓

呉　ページ58　7画
ゴ
呉越同舟（どうしゅう）・呉音
準2級

画数に注意しよう。
「呉」は7画です。4画目に注意しよう。

霧　58　19画　×「又」
ム　きり
噴霧器・雲散霧消
五里霧中
霧が晴れる・夜霧
4級

読み方に注意しよう。
あめかんむりの付く漢字は、「霧」「霜」「震」のように、下の部分の音で読む字が多いよ。

篤　58　16画
トク
温厚篤実・危篤
篤志家
3級

薪　58　16画
シン　たきぎ
臥薪嘗胆（がしんしょうたん）
薪になる枝
4級

部首に注意しよう。
「薪」は「くさかんむり」だよ。「たけかんむり」にしないようにしよう。

懇　58　17画　×「良」
コン　*ねんご-ろ
懇談・懇願
懇意・懇親
懇切丁寧
準2級

形の似た漢字に注意しよう。
「墾」と形が似ているので注意しよう。部首は「心（したごころ）」だよ。

巧　58　5画　×「亐」
コウ　たく-み
巧拙・技巧
巧遅拙速
巧みな手さばき
3級

形の似た漢字に注意しよう。
「巧」と字形の似た漢字には「功」がある。「成功」「功績」などと使われるよ。

ページ 58
拙 8画
一 ナ 扌 扌 扌 扌 拙 拙
セツ
つたな-い
巧拙・稚拙
拙者・巧遅拙速
拙い表現
準2級

59
孤 9画 ×「弓」
了 了 子 孑 孑 孖 孤 孤 孤
コ
孤軍奮闘・孤児
孤立
3級

形の似た漢字に注意しよう。
「弧(コ)」と形が似ているので注意しよう。部首は「子(こへん)」だよ。

59
貫 11画 ×「母」
乚 ㇺ 田 毌 毌 貫 貫 貫 貫 貫 貫
カン
つらぬ-く
貫通・突貫
首尾一貫
信念を貫く
3級

59
旺 8画 ×「玉」
丨 冂 日 日 日 旷 旷 旺
オウ
食欲旺盛
2級

59
諮 16画
丶 言 言 言 訁 訁 訁 諮 諮
シ
はか-る
諮問会議・諮議
部下に諮る
重役会に諮る
3級

59
謄 17画
月 月 肸 肸 胖 胖 謄 謄 謄
トウ
戸籍謄本
謄写版
準2級

59
津 9画
丶 冫 氵 汀 汁 汩 浔 津 津
*シン
つ
津々浦々(うらうら)・津波
準2級

59
羅 19画
罒 罒 罗 罗 罗 羅 羅 羅 羅
ラ
羅列・甲羅
羅針盤
森羅万象
準2級

59
衷 9画
一 亠 宀 亩 亩 声 衷 衷 衷
チュウ
和洋折衷・衷心
苦衷
準2級

59
幽 9画
丨 丩 幺 幺 幺 幽 幽 幽 幽
ユウ
深山幽谷・幽閉
幽霊
3級

59
寡 14画
宀 宀 宀 宀 宀 宀 宣 寊 寡
カ
多寡(=衆寡)
寡聞・寡作
沈黙寡言
準2級

同音異義語に注意しよう。
「寡作」は作品を少ししか作らないこと。
「佳作(かさく)」は出来映えのよい作品のこと。

59
憂 15画
一 丆 丙 百 百 直 惪 惪 憂 憂
ユウ
うれ-える
うれ-い
*う-い
内憂外患・憂鬱(ゆううつ)
行く末を憂える
憂いをのこさない
3級

59
患 11画
丶 冂 口 冃 吕 吕 串 串 患 患
カン
*わずら-う
内憂外患・患者
急患
準2級

形の似た漢字に注意しよう。
「忠」と形が似ているので注意しよう。部首は「心(したごころ)」だよ。

59
鯨 19画
ノ ク 夕 各 备 角 魚 魚 魠 鯨
ゲイ
くじら
鯨飲馬食・捕鯨
鯨を見る
3級

59
胎 9画
丿 刀 月 月 肀 胎 胎 胎 胎
タイ
換骨奪胎・胎児
受胎
3級

言葉

わかりやすく伝える

漢字を身につけよう②

教科書 P.60

ページ	漢字	画数	筆順	読み	用例	級
60	又	2画	フ又	また	又とない／又の名	3級
60	敢	12画	一 丁 干 干 百 百 耳 耳 耴 耴 敢 敢	カン	敢闘／勇敢に戦う／勇猛（ゆうもう）果敢	3級
60	迅（ハネ）	6画	乁 卂 卂 讯 迅 迅	ジン	疾風迅雷／奮迅／迅速に処理する	準2級
60	暫（×「目」）	15画	一 ㄇ 日 亘 車 車 斬 斬 斬 暫 暫	ザン	暫定的／暫時	3級

形の似た漢字に注意しよう。

「暫」と字形の似た漢字には「斬」がある。「斬新」「斬罪」などと使われるよ

ページ	漢字	画数	筆順	読み	用例	級
60	羨（×「氵」）	13画	丷 丷 䒑 羊 羊 羊 羔 羡 羡 羨	＊セン／うらや-む／うらや-ましい	人を羨む／羨ましく思う	2級
60	帆	6画	丨 ㄇ 巾 巾 帆 帆	ハン／ほ	順風満帆／帆船・帆布・孤帆／帆柱	3級
60	遮（×「甘」）	14画	丶 广 户 庐 庐 庐 庶 庶 遮 遮	シャ／さえぎ-る	遮断・遮音／遮二無二／言葉を遮る	準2級
60	彰	14画	亠 亠 立 立 产 音 音 音 章 章 彰	ショウ	表彰状の授与式／顕彰碑をたてる	準2級

送り仮名に注意しよう。

「さえぎる」の送り仮名は「遮ぎる」ではなくて「遮る」だよ。注意しよう。

ページ	漢字	画数	筆順	読み	用例	級
60	喝（×「日」）	11画	丨 ㄇ 口 口' 口ㄇ 口日 口曰 口曷 喝 喝	カツ	拍手喝采／威喝・一喝／恐喝	準2級
60	采	8画	一 丆 丆 亚 平 平 采 采	サイ	采配が功を奏する／喝采を浴びる／風采が上がらない	2級
60	嵐	12画	山 屵 岚 岚 嵐 嵐 嵐 嵐 嵐	あらし	砂嵐・山嵐／磁気嵐／花に嵐	2級
60	奔（×「犬」）	8画	一 ナ 大 大 本 奎 奔 奔	ホン	奔流・出奔／奔放な人生／東奔西走	準2級

形の似た漢字に注意しよう。

「渇望」「枯渇」などと用いる「渇」、「褐色（かっしょく）」などと用いる「褐（カツ）」とは、左の偏が異なるよ。注意しよう。

ページ	漢字	画数	読み	用例	級
60	却（×「卩」）	7画	キャク	却下・返却／忘却・退却／却下⇔受理	4級
60	撤（×「至」）	15画	テツ	撤去・撤収／徹底／前言を撤回する	準2級
60	頓（ハネ）	13画	トン	頓狂（とんきょう）／部屋を整頓する／計画が頓挫する	2級
60	憾	16画	カン	遺憾の意を表す／遺憾＝残念	準2級
60	傍	12画	ボウ ＊かたわら	傍聴（ぼうちょう）・傍流／傍観者／傍若無人	4級
60	剛	10画	ゴウ	金剛石／剛直・剛毛／質実剛健	準2級
60	藩	18画	ハン	廃藩置県／藩士・藩主／藩校	3級
60	畿（×「人」）	15画	キ	近畿地方／畿内	2級

新出音訓の確認

ページ	漢字	読み	用例
60	縄	ジョウ	縄文
60	宮	グウ	神宮
60	修	シュ	修行
60	夕	セキ	一朝一夕
60	率	ソツ	率先

教科書問題の答え

1

① また・かかん
② じんらい・ざんてい
③ うらや・まんぱん
④ しゃにむに
⑤ ひょうしょう・かっさい・あらし
⑥ とうほんせいそう
⑦ きゃっか・てっかい
⑧ とんざ・いかん
⑨ ぼうじゃくぶじん
⑩ ごうけん
⑪ はいはん
⑫ きんき

2

① じょう　② ぐう
③ しゅ　④ せき
⑤ そつ

ものの見方・感性を養う　解説／俳句

教科書 P.62～71

俳句の世界／俳句十句

夏井いつき／他

内容を確認して、整理しよう

中学三年生の国語の授業で、初めて俳句に出会った筆者は鮮烈な体験をする。与謝蕪村の句を音読したときに、新鮮な木の香りを感じたのだ。その後も同じような肉体反応を体験するにつれ、これは季語の力によるものだと理解する。「俳句はたった十七音で五感をなまなましく刺激する力をもった類いまれな文学」なのだ。

初めて吟行に出かけたときは、一本の木の落葉によって高浜虚子の句が記憶の底から引っぱり出され、改めて虚子の描写力に鳥肌を立てるのだった。

そして、「取り合わせ」という技法を学んでからというもの、筆者は俳句を作るのが俄然楽しくなる。俳句には、色や音や匂いをありありと再現させる力がある。

季語が伝える五感情報にほんの少し心を傾けるなら、俳句は誰にでもその豊かな世界を開いてくれるのだ。

俳句の特徴を押さえておこう。
- 五七五の十七音で表現される定型詩
- 季語を用いる
- 切れ字は句の印象を深める

句の背景を知って、より深く理解しよう

小春日や石を噛み居る赤蜻蛉　村上鬼城　（→ガP.56）

〈情景〉

- 春を思わせるような暖かい日（季節は冬）。
- 石にとまり、じっと動かない赤蜻蛉。

明るく穏やかな様子

〈背景と鑑賞の仕方〉

- 難聴に苦しみ、貧困と不遇に耐える作者。
- 季節外れの赤蜻蛉が石を噛むようにしがみつき、耐えている。

赤蜻蛉のはかない命、悲しみ

作者の状況

作者は十九歳のときに病気で難聴となり、軍人になる夢を諦めて裁判所の代書人（現在の司法書士）となった。その後、正岡子規に師事。難聴や貧困に苦しみながらも、俳句を作り続けた。自らの苦難の人生を詠んだ句、弱者への哀れみや悲しみを詠んだ句を多く残している。

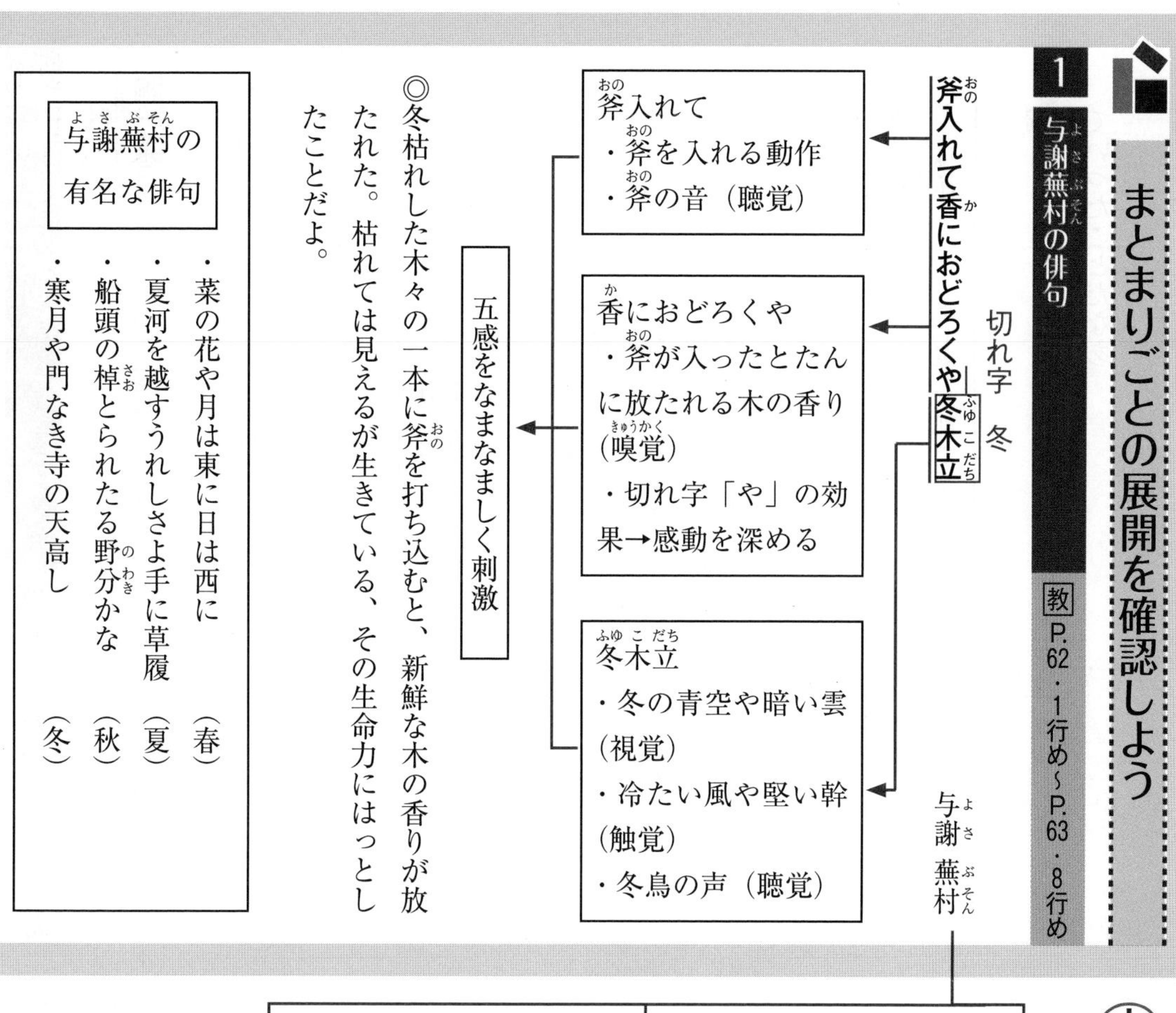

ポイントを確認しよう

① 「斧入れて〜」の句から切れ字を抜き出しなさい。

や

切れ字には、句の切れ目を明確にし、印象や感動を深めたり、調子を整えたりするはたらきがある。「香におどろくや」とあることから、木の香りにはっと驚いた、その感動が句に込められていることがわかる。

② 「斧入れて〜」の句で、作者が木の香りに驚いたのはなぜだろうか。

例 **木から放たれた香りに生命力を感じたから。**

枯れているような冬木から新鮮な木の香りが放たれたことで、その木が「生きている」ことに気づかされる。春に芽吹こうとする強い生命力に驚いたのである。

③ 「斧入れて〜」の句で、冬木立はどのような様子だと考えられるだろうか。

例 **葉も全て落ち、枯れてひっそりとした様子。**

枯れているような冬木と、新鮮な木の香りが対照的で、「香におどろくや」という感動がより引き立つのである。

2 高浜虚子の俳句

教 P.63・9行め～P.64・2行め

秋

桐一葉日当たりながら落ちにけり　高浜虚子

切れ字

※季語「桐一葉」のもつ意味
桐の葉が落ちるのを見て秋の訪れを知ること。物事の衰退していく兆しを感じることのたとえでもある。

日当たりながら落ちにけり
秋の日ざしの中、てのひらよりも大きな葉が、くるりくるりと光を揺らしながら落ちていく
⇩
美しい落葉がゆっくりと動いていく光景

俳句の技法
・一物仕立て　十七音全部で季語のことだけを描写する方法

◎桐の葉が一枚、秋の日ざしに照らされながら、ゆっくりと落ちていったことだなあ。

① 「桐一葉～」の句では、作者の感動の中心はどこにあるだろうか。句中から五音か七音で抜き出しなさい。

落ちにけり
「けり」と切れ字があることから「(桐の葉が)落ちていく」、その動きに心を揺さぶられていることがわかる。ただ「落ちた」ではなく、「落ちていったことだ」「落ちていったなあ」となる。

② 「桐一葉～」の句で、桐の葉はどのように落ちていっただろうか。

例 **秋の日ざしに照らされながら、ゆっくりと落ちていった。**
「日当たりながら」の「ながら」から、ゆっくりとした時間を感じ取ろう。葉の表や裏に日が当たりながら、くるりくるりとゆっくり落ちていったのである。この時間と動きが、深まりゆく秋を感じさせる。

③ 「桐一葉～」の句で、このときの天気はどのようなものであったと考えられるだろうか。想像して書きなさい。

例 **晴れていて、風も吹いていない。**
「日当たりながら」から、日が出ていて晴れていることがわかる。また、「落ちにけり」とゆっくり落ちているので、風も吹いていない。

3 黒田杏子(くろだももこ)の俳句

教 P.64・3行め～P.64・14行め

秋つばめ包(パオ)のひとつに赤ん坊　秋

黒田(くろだ)　杏子(ももこ)

〈句から思い浮かぶ情景〉

・モンゴルの大平原
・大陸の乾いた爽やかな風
・南へ帰っていくつばめ

⇅取り合わせ

・秋つばめが飛び交う青空の下に並ぶ包(パオ)
・その一つに赤ん坊がいる
・眠っているようにも笑っているようにも思える赤ん坊

⇩

一句の世界に人の営みが描かれ、奥行きが生まれ、動いていく季節の手触りが伝わる

俳句の技法
・**取り合わせ**　季語を描写するのではなく、季語とは関係のないフレーズと季語を取り合わせる手法

◎秋つばめが飛び交う青空の下、並んでいる包(パオ)の一つに赤ん坊がいるよ。

◆**俳句とは**
季語が伝える五感情報にほんの少し心を傾けるなら、俳句は誰にでもその豊かな世界を開いてくれる広やかな文学である。

①「秋つばめ～」の句を読んだ瞬間、筆者は何を感じたと述べているだろうか。

例　行ったこともないモンゴルの大平原にワープして、大陸の乾いた爽やかな風の中、南へ帰っていくつばめを仰ぐ自分。
長距離を旅する渡り鳥である「秋つばめ」とモンゴルの移動式住居「包(パオ)」という言葉から、一気に大平原へと情景が広がったのである。

②「秋つばめ～」の句の「赤ん坊」という言葉から、どのようなことが読み取れるだろうか。

例　人々が生活していること。
「いくつか並ぶ包(パオ)の一つに赤ん坊がいる」とすることで、人々の生活が見えてくる。眠っているようにも笑っているようにも思える赤ん坊からは、息遣いまで感じられるようである。

③「秋つばめ～」の句で、「秋つばめ」と「赤ん坊」の取り合わせにはどのような効果があるだろうか。

例　人の営みが描かれ、奥行きが生まれ、動いていく季節の手触りが伝わる。
季語とは関係のないフレーズと季語を取り合わせることで、句の情景に奥行きをもたせ、感動に導くことができる。

4 俳句十句

教 P.66・1行め～P.67・6行め

春

◆囀りをこぼさじと抱く大樹かな　星野立子

○季語（囀り）　○季節（春）　○切れ字（かな）

◎にぎやかに囀っている小鳥たちを一羽もこぼすまいと、抱くように大樹が枝を広げているよ。

春

◆菜の花がしあはせさうに黄色して　細見綾子

○季語（菜の花）　○季節（春）

◎菜の花が咲いている。その黄色い花の色を見ていると、いかにも幸福そうだなあと感じるよ。

夏

◆谺して山ホトトギスほしいまま　杉田久女

○季語（山ホトトギス〈ホトトギス〉）　○季節（夏）

◎夏の山に声を谺させながら、ホトトギスが思いのままに鳴いている。

① 「囀りを～」の句では、大樹はどのように枝を広げているだろうか。

例 小鳥たちを抱くように枝を広げている。

菜の茂る枝にとまり囀る小鳥たちを「こぼさじ」と抱くようにしている。そこに作者は深い慈しみを感じているのである。

② 「菜の花が～」の句全体から、どのような感じが伝わってくるだろうか。漢字二字で答えなさい。

例 幸福

菜の花が黄色であるのは当然のことなのだが、作者はこの句で「しあはせさうに黄色して」と菜の花が黄色であることを「幸せそう」だと表し、それが句全体のイメージになっている。

③ 「谺して～」の句で、作者が最も強調したい言葉は何だろうか。抜き出しなさい。

ほしいまま

ホトトギスが、谷から谷へと「ほしいまま」に鳴いている。作者は、その悠々とした自由さに心ひかれたのである。

夏

◆万緑（ばんりょく）の中や／吾子（あこ）の歯生え初（そ）むる

中村（なかむら）草田男（くさたお）

○季語（万緑（ばんりょく））○季節（夏）

○切れ字（や）○中間切れ

緑 ⇔ 白　対比　大 ⇔ 小

◎草木が全て緑色である中、私の子どもの白い歯が生え始めつつあるよ。

親の愛情

秋

◆芋の露連山（れんざん）影（かげ）を正しうす

飯田（いいだ）蛇笏（だこつ）

近 ⇔ 遠　対比

○季語（芋の露）○季節（秋）

◎芋の葉の上には露の玉がある。向こうには、山々の形が正しくくっきりと姿を現している。

秋

◆星空へ店より林檎（りんご）あふれをり

山積みになっている

橋本（はしもと）多佳子（たかこ）

○季語（林檎（りんご））○季節（秋）

◎店頭にある林檎（りんご）が星空に向かってあふれんばかりに山積みになっている。

① 「万緑（ばんりょく）の～」の句には、色の対比が使われている。何のどんな色が対比して使われているだろうか。

例　草木の緑色と子どもの歯の白さ。

この句にある草木と子どもの歯の対比には、「緑」と「白」という「色」の対比だけでなく、「自然」という大きなものと「人間のもつ一部分」という小さなものの対比が使われている。対比をうまく使うことで、自然と人間に共通する生命力を表し、子どもの成長を喜ぶ親の愛情を表している。

② 「芋の露～」の句には、遠近の対比が使われている。何と何が対比として使われているだろうか。

例　作者の目の前にある芋の露と遠くにある山々。

作者は芋畑にいるのであろうか。作者の目の前にある芋の葉には「露」がついており、遠くの方には「山々」がくっきりとその姿を現している。近景と遠景がたくみに配置され、情景に奥行きを出している。

③ 「星空へ～」の句では、林檎（りんご）がどのように積まれているか。

例　星空にこぼれだすかのように山積みになっている。

星空に向かってあふれんばかりという状況を想像する。満天の星空と、それに負けじと高く積まれた林檎（りんご）が対照的に配置され、美しい情景をつくっている。

冬

◆いくたびも雪の深さを尋ねけり　正岡（まさおか）子規（しき）

○季語（雪）　○季節（冬）　○切れ字（けり）

◎雪はどのくらい降り積もったのだろうと、何回も雪の深さを尋ねたことだ。

冬

◆小春日や石を噛（か）み居（い）る赤蜻蛉（あかとんぼ）　村上（むらかみ）鬼城（きじょう）

○季語（小春日）　○季節（冬）　○切れ字（や）

◎初冬の暖かで穏やかな日、道端の石に季節外れの赤蜻蛉（あかとんぼ）が、石を噛（か）んでいるかのようにじっととまっているよ。

◆分け入つても分け入つても青い山　種田（たねだ）山頭火（さんとうか）

延々と続く

○自由律俳句

◎分け入っても分け入っても、青い山が続くばかりである。

◆入れものが無い両手で受ける　尾崎（おざき）放哉（ほうさい）

感謝

○自由律俳句

◎物をいただこうとしているが受け取る入れものが無い。そのため、両手で受け取る。

①「いくたびも～」の句で、作者が雪の深さを自分で確かめず、人に尋ねているのはなぜだろうか。

例　重い病気で寝ているから。

作者はこのとき、重い病気で病床生活を送っていた。障子がさえぎり外の様子がわからないため、人に尋ねたのである。

②「分け入つても～」の句で、「分け入つても分け入つても」と繰り返していることに、どんな効果があるだろうか。

例　延々と続く感じが強調される。

短い俳句の中で言葉を繰り返すことは、その状況を強調したいからである。作者は、繰り返すことで、行けども行けども同じ景色が限りなく続いている様子を表現したかったのである。

③「入れものが無い～」の句で、片手ではなく「両手で受ける」ことから感じられる作者の気持ちを答えなさい。

例　いただけることに感謝している。

もしも片手でもらうとしたら、「もらう」ということに対してなざり感がでる。「両手で」もらうからこそ、作者がありがたみを感じて感謝していることが表現できるのである。

学びの道しるべ

▼教科書P.69

1 「俳句の世界」を読み、俳句の特徴を書き出そう。
・「斧入れて〜」→P.51　・「桐一葉〜」→P.52
・「秋つばめ〜」→P.53

2 「俳句十句」について、意味の切れめや調子に注意して、情景を想像しながら音読しよう。
・「囀りを〜」「菜の花が〜」「谺して〜」→P.54
・「万緑の〜」「芋の露〜」「星空へ〜」→P.55
・「いくたびも〜」「小春日や〜」「分け入つても〜」「入れものが〜」→P.56

3 「俳句十句」の中から、印象に残った俳句を選び、どのような情景や心情が詠まれているかをまとめよう。

■解答例■
いくたびも雪の深さを尋ねけり　正岡子規
雪が降る、寒くて静かな冬の日が想像できる。雪がどのくらい降り積もっているかを何度も聞く様子から、自分では雪を見ることができない状況にあることが読み取れるとともに、降り積もる雪が気になる子供のような無邪気さと、それを自分の目で見ることができない悲しみが感じられる。

4 選んだ俳句の魅力はどのようなところにあるか。表現の工夫や効果をふまえて、考えを伝え合おう。

■解答例■
「雪の深さを尋ねけり」という表現によって作者は、雪の深さを自分で確かめることができない状況であることがわかり、病床に伏しているときの句であると推測できる。珍しく降り積もる雪に興奮しているようにも思えるし、「いくたびも」とあるように、雪が降っていることを何度も尋ねることで、寝たきりの孤独な時間や退屈を紛らわそうとしていると捉えることもできる。

読み方を学ぼう　省略

教P.71

◆短詩では、しばしば表現上の省略が行われる。
省略の効果
・余白や間が生まれる。・奥行きが出る。・余韻が生じる。
◆場面や心情を暗示する方法でもある。

秋つばめ包のひとつに赤ん坊　黒田杏子

「秋つばめ」や「赤ん坊」に焦点化し、それ以外の要素を省略。

↓

省略されていることを想像
・包の周りはどんな天気だろうか。
・包の周りには何があるのだろうか。
・赤ん坊の周りに他の人はいるのだろうか。
・赤ん坊の家族はどんな生活をしているのだろうか。

↓

作者の感動や発見

重要語句の確認

▼62ページ

2 **季語** 俳句において、特定の季節を表現するために用いられる言葉。次に代表的な季語を挙げる。

【春の季語】
梅　うぐいす　霞　かえる　風光る　木の芽　東風　桜　潮干狩り　春愁　白魚　卒業　茶摘み　つくし　つばめ　菜種梅雨　菜の花　苗代　入学　猫の恋　花　花見　彼岸　雛祭り　ぶらんこ　遍路　柳　雪解け　若草　わかめ

【夏の季語】
青葉　朝顔　紫陽花　汗　うちわ　炎天　風薫る　金魚　行水　草刈　夏至　氷水　早苗　暑気払い　新茶　新緑　夕涼み　田植え　滝　たけのこ　端午　梅雨　登山　土用　夏休み　花火　母の日　日傘　向日葵　昼寝　ビール　蛍　水遊び　麦　夕立　夕凪　浴衣　ラムネ

【秋の季語】
十六夜　稲　居待月　馬肥ゆる　盂蘭盆会　案山子　雁　菊　啄木鳥　栗　秋桜　秋刀魚　鈴虫　台風　七夕　中秋　月　墓参り　紅葉　流星　渡り鳥

【冬の季語】
息白し　囲炉裏　うさぎ　帰り花　牡蠣　風花　風邪　枯れ木　枯野　寒稽古　クリスマス　毛糸　厳寒　氷　小春日和　時雨　霜　師走　除夜の鐘　大根　暖房　千鳥　冬眠　年越　吹雪　みかん　餅

【新年の季語】
鏡開き　書き初め　賀状　門松　元日　去年今年　手毬　独楽　仕事始め　しめ飾り　雑煮　七草　年賀　寝正月　羽子板　初荷　初詣　松の内　若菜

> 短い十七文字の中に季語を入れるのは、一見、表現を制限するように見える。しかし、季語は短い言葉でその季節の空気感や風習などを呼び起こして、短い句の中に広がりをもたらすことができる。

2 **切れ字** 教科書でも説明されているが、句中や句末に用いて、言い切ったり余韻を持たせたりするはたらきがある。「かな・もがな・し・じ・や・らむ・か・けり・よ・ぞ・つ・せ・ず・れ・ぬ・へ・け・に」の十八字が特に重要とされた。このうち、「かな」「もがな」「ぞ」「か」「や」「よ」は終助詞、「けり」「ず」「じ」「ぬ」「つ」「らむ」は助動詞、「せ」「れ」「へ」「け」は動詞の命令形の語尾、「し」は形容詞の語尾で、「に」は副詞「いかに」のこと。

4 **韻文** 一定の規則に従って書かれた文章。詩・短歌・俳句のこと。

10 意 **鮮烈** あざやかで強烈なさま。

▼63ページ

3 **五感** 目・耳・鼻・舌・皮膚を通して生じる五つの感覚。視覚・聴覚・嗅覚・味覚・触覚をいう。

5 意 **感知** 感じること。気づくこと。直感的に感じて知ること。類 察知

8 意 **類い** 同じ程度のもの。同じ種類のもの。一緒にいるもの。仲間。連中。

8 意 **まれ** 数が少なく、非常に珍しいさま。

10 意 **脳裏** 頭の中。心の中。

12 **桐** キリ科の落葉高木。

17 意 **鳥肌** 寒さや恐ろしさなどのために、皮膚が鳥の毛をむしったあとのようにぶつぶつになる現象。

▼64ページ

2 **リアリティ**　現実感。真実性。

3 意 **俄然**(がぜん)　状態などが急に変わるさま。突然。出し抜(ぬ)けであるさま。

4 **フレーズ**　句。言い回し。

10 意 **営み**　生活のためにする仕事。生業(なりわい)。用意。準備。

12 **感嘆**(かんたん)　感心してほめたたえること。嘆(なげ)き悲しむこと。

▼65ページ

上1 **せわしない**　気がせいて落ち着かない。せかせかしている。せわしい。

上5 **オリジナリティ**　独創性。誰(だれ)も思いつかなかった考え。

下1 **朽**(く)**ちる**　腐(くさ)ってぼろぼろになる。名声などが衰(おとろ)える。むなしく終わる。

下8 **重複**　物事が重なり合うこと。

▼66ページ

1 **囀**(さえず)**り**　小鳥がしきりに鳴くこと。また、その声。

2 **菜の花**　アブラナ科のアブラナの花。

3 **谺**(こだま)　山や谷などで起きる音の反響(はんきょう)。山びこ。

4 **万緑**(ばんりょく)　あたり一面が草木の緑で覆(おお)われている様子。

▼67ページ

1 **芋**(いも)　ここでは、里芋(さといも)のこと。

1 **連山**(れんざん)　並び連なっている山々。

4 **小春日**　小春の頃(ころ)の穏(おだ)やかな日。また、その日ざし。「小春」とは、初冬の、穏(おだ)やかで暖かな天気・時期のこと。陰暦(いんれき)十月の異称でもある。

新出漢字のチェック ✓

聴　ページ63　17画
チョウ／きーく
聴覚　話を傾聴する　音楽を聴く
3級

爽　64　11画
ソウ／さわーやか
気分爽快　颯爽(さっそう)と歩く　爽やかな風が吹く
2級

注 **書き方に注意しよう。**
「爽」は「亠（なべぶた）」ではなく、「人」を上から貫くよ。注意しよう。

約束ごとにとらわれない俳句

俳句の約束ごとには「五七五の十七音から成ること」「一句の中に季節を表す言葉（季語）を入れる」がある。しかし、それらの約束ごとは絶対ではない。

約束ごとにとらわれない俳句には、次のようなものがある。

・**自由律俳句**　五七五の定型にとらわれない俳句。

・**無季俳句**　五七五の定型であっても、季語を含まない俳句。

このような俳句を作る俳人としては、種田山頭火(たねださんとうか)や尾崎放哉(おざきほうさい)ら（ガ P.56）が広く知られている。

ものの見方・感性を養う

批評文　観察・分析をとおして評価する

教科書 P.72～75

批評文　ある物事を取り上げ、そのよしあしや特性、価値などについて判断し、評価を述べる文章のこと。

1　題材を決める

学校生活・社会生活の中で出会ったことや、新聞・書籍・テレビ・インターネットなどで見聞きしたことから、批評の対象となる物事を決める。

例　教科書に載っている俳句で印象に残ったものについて。
例　美術展で心をひかれた作品について。
例　ポスターを見て感じたことや、目的に対する効果について。
例　商品の宣伝に対して感じたことや、その効果について。

ポイント
自分の気に入ったものだけでなく、気になったものも取り上げてみる。観察・分析することで、自分がなぜ気になったのか理解することができる場合もある。

2　対象を観察・分析する

対象となる物事について、自分の体験や観察・調査などによって得られた情報をもとに分析をする。

○**分析の観点を明らかにする。**
例　印象に残った俳句→俳句の季語は、どのような役割を果たしているか。
例　絵画作品やポスター→作品やポスターを見て、印象が強く残る点はどこか、それはなぜか。

○**プラス面（長所・利点）とマイナス面（短所・難点）などを整理する。**
例　ポスター→プラス面　色使いが華やかで人目を引く。
　　　　　　マイナス面　色が多すぎて文字が読み取りにくい。
例　商品の宣伝→プラス面　映像と説明で機能がわかりやすい。
　　　　　　　マイナス面　商品名が記憶に残りにくい。

○ **仮定する→「もし□□でなく○○だったら」と考えてみる。**

類似のものを取り上げる→「△△と◇◇は似ているが、どのようなところが違っているだろうか」と考えてみる。

対象の特徴や効果を明らかにする。　←

例 もし、この俳句の季語が□□ではなく○○だったら、色の対比の鮮やかさが感じられなくなる。

例 △△という商品と◇◇という商品のキャッチコピーは同じ種類の菓子を扱ったものだが、△△のキャッチコピーは健康についての情報が書かれているところが違う。

3 構成を考えて批評文を書く

2で分析した結果をもとに、結論をまとめ、論理の展開を工夫して批評文を書く。

○ **次のような構成が考えられる。**

主張（分析の観点を提示した上で自分の主張を述べる。）

例 私は～という観点で●●を比べ、■■を選んだ。　←

根拠（仮定や比較を用いて、対象の魅力や特徴を明らかにする。）

例 （仮定）「もし□□でなく○○だったら～である。」

例 （比較）「◆◆と比べると、□□のほうが色彩が鮮やかだといえる。」

まとめ（読み手をより強く説得できるように、全体を捉え直して主張を述べる。）　←

例 もう一度、▲▲に注目して対象を見てみると～である。

4 交流して相互評価する

それぞれの文章や分析の仕方のよいところを見つけ、自分の表現に生かせるように批評文を読み合う。

○ **次のような観点で読み合ってみる。**

・分析の観点や方法で、「鋭い」「おもしろい」「考えさせられた」など、心を動かされたところはどこか。
・判断や評価の根拠の示され方はどうか。根拠には客観性・説得力があるか。
・論理の展開で工夫されている点はどこか。
・どのようなところを改善すると、もっとよい批評文になるか。

←

これらを意識し、相互評価をして、他の人の批評文のよい点を自分の文章に生かしたり、指摘された改善点をもとに書き改めたりする。

ものの見方・感性を養う

言葉発見② 和語・漢語・外来語

教科書 P.76〜77

和語・漢語・外来語の区別

▼日本語の語彙を成り立ちで分類すると、和語・漢語・外来語に分けられる。

○和語……・もともと日本で使われていた言葉。
・平仮名で書かれる。
・漢字の訓読みで表される。

例 山　歩く　小さい　幸せだ　など

○漢語……・漢字の音読みで使われる言葉。
・もともとは中国から入ってきた言葉。
・漢字の音を用いて日本で作られた言葉もある。

例 学問　寺院　言語　巨大　農業　など

○外来語…・中国語以外の外国語から取り入れられた言葉。
・片仮名で書かれる。

例 カルテ　ピアノ　ノート　メール　など

「語種」とは、和語・漢語・外来語の分類のことを表しているよ。

混種語

▼和語・漢語・外来語を組み合わせてできた言葉。

○和語・漢語・外来語の組み合わせ

例
・赤鉛筆→和語＋漢語
・自動ドア→漢語＋外来語
・いちごケーキ→和語＋外来語
・オリンピック競技→外来語＋漢語
・ペン先→外来語＋和語
・マッチ箱→外来語＋和語
・本棚→漢語＋和語
・鉛筆削り→漢語＋和語

○漢語や外来語＋「〜する」・「〜だ」

例
・挑戦する→漢語＋「する」
・チャレンジする→外来語＋「する」
・巨大だ→漢語＋「だ」
・ビッグだ→外来語＋「だ」
・幸福だ→漢語＋「だ」
・ハッピーだ→外来語＋「だ」

語種の使い分け

▼現代の日本語には、語種の異なる類義語が多くある。

○語種によって意味や用法、表現全体の印象が変化する。

例
・泳ぎ…動物の動作　×カエルのスイミング
・水泳…競技の名前　×泳ぎの世界大会
・スイミング…習い事の名前　×泳ぎスクール

○文章や話に微妙な感じの違いを生む。

例
・薬屋の受け取り〈和語〉…日常的。話し言葉的。
・薬局の領収書〈漢語〉…公的。書き言葉的。
・ドラッグストアのレシート〈外来語〉…スマートでおしゃれ。

▼相当する和語や漢語がないため、そのまま使われる外来語。

例
・**リテラシー**…（意味）情報や知識の活用能力。
・**シミュレーション**…（意味）模擬実験。
・**ユニバーサルデザイン**…（意味）すべての人にとって使いやすい施設、製品、情報などの設計。

確かめよう

1 身のまわりから外来語を探し、どの外国語から入ってきた言葉かを辞書を使って調べよう。

・パン、カステラ、テンプラ、カボチャ、ボタン、オルガン
……ポルトガル語
・カバン、ランドセル、レンズ、ガラス、ゴム、オルゴール
……オランダ語
・ワクチン、ガーゼ、スキー、アルバイト、グミ、ヨーグルト
……ドイツ語
・アトリエ、クレヨン、ズボン、ピーマン、グラタン、カフェ
……フランス語
・オペラ、ソプラノ、テンポ、スパゲッティ、マカロニ、ピザ
……イタリア語

2 次の二つの文は、①和語が多く使われている文と、②漢語が多く使われている文である。語種の違いによって、印象がどのように異なるか、比べよう。

①学校の行き帰りに通る道には、危ないところがあります。気をつけて学校に来ましょう。
・日常的で親しみやすい。

②通学路には危険な場所が存在します。注意して登校しましょう。
・公的で、文章に書かれていても違和感なく理解できる。

3 次の――部の外来語を、和語や漢語を使って言いかえよう。

・次の学校行事では、地域の人にサポートをお願いする。
〈和語〉手助け　〈漢語〉支援

読む

ものの見方・感性を養う　随想

希望

教科書　P.78〜83

大石芳野（おおいし よしの）

内容を確認して、整理しよう

八重桜が咲く昼間、若い男女からは、あふれんばかりの希望や夢があるように感じられた。

希望について考えるとき、筆者はポーランド人のスタシャックさんを思い出す。スタシャックさんは、霧の深い闇夜に忍び寄って逮捕するという「夜と霧作戦」で、逮捕されたユダヤ人である。スタシャックさんは、それでも希望を失わなかった。希望は人間が生きるための大きなエネルギー源といえる。

「夜と霧作戦」はヒトラーの作戦で、その結果、六百万人ともいわれるユダヤ人が殺された。僅（わず）かであるが生き延びた人がいる。筆者が会ったスタシャックさんは、アウシュビッツ絶滅強制収容所を脱出して、村人にかくまわれて自由を得た人物である。恐怖の中で、スタシャックさんは希望を持ち続けて耐えた。戦後、スタシャックさんは政治家になったが、圧力を受けて学者の道に進んだ。今は、孫娘のカロリーナさんがスタシャックさんのかけがえのないものである。スタシャックさんは、カロリーナさんには未来の希望があるという。

筆者は八重桜を写真に撮ろうとする。そのファインダーの中に、ほほえむカロリーナさんが見えたように感じるのだった。

人間にとって希望とは何か考えてみよう。

「希望」という言葉がどのように扱われているか整理しよう

八重桜のそばを通り過ぎる若い男女
→手にした本の中身を論じ合っている。

➡ あふれんばかりの希望や夢があるように感じられる。

「私が生き延びられたのは、**希望を失わなかったからです。**」
→アウシュビッツ絶滅強制収容所に収容されたが、生き延びることができたスタシャックさんの言葉。

➡ 希望は人間が生きるための大きなエネルギー源。

「私にとってかけがえのないものは、孫娘のカロリーナです。私が生還できたことの証明と、**未来の希望が彼女にはあるからです。**」

➡ カロリーナさんが存在するのは、スタシャックさんが生き延びて、未来に命をつないだからである。また、若いカロリーナさんには、夢を持って、何をしていくかを自ら決めていくことができるという**自由**＝「**希望**」がある。

まとまりごとの展開を確認しよう

1 八重桜と若者たち

教 P.78・1行め〜P.79・1行め

◆場面……八重桜の咲く場所で、若者に出会う筆者

・八重桜の濃いピンク色→まぶしいほどの色調
←「いい歳（とし）をして」胸が騒ぐ筆者。「自分を叱咤（しった）」する。
→筆者はすでに、若くはないことがわかる。

・明るい声
→二十歳そこそこの若い男女が夢中で話している。
←男女は手にした本の中身を論じ合っている。

・若い男女の様子を見て、
←「私はなんだかうれしくなった。」
←最近の若い人には夢がない、というが、
「彼らには、あふれんばかりの希望や夢があるように感じられたからだ。」

ポイントを確認しよう

①筆者が「自分を叱咤（しった）」したのは、どのような理由からだろうか。

例 筆者は自分のことを、「いい歳（とし）」の大人であると思っており、八重桜が日光に反射する色調に胸を騒がせるのは恥ずかしいと思っていたから。

教 P.78・3行め「ゆりかごのように揺れる花にじっと見入っていた」という表現からは、「いい歳（とし）をして」と思いながらも、八重桜の色調に心ひかれている筆者の様子がわかる。

②若い男女は、どのような様子だったか。

例 手にした本の中身について、夢中になって明るい声で論じ合っていた。

「明るい声」や「夢中で話し」ている、「手にした本の中身を論じ合っている」という若者たちの様子をとらえる。

③ここでいう「希望」とはどのようなものか。

例 自分たちの未来が明るいものであると考えること。

若者たちは、明るい様子で、活発に論じ合っていることから、これからの人生に前向きな気持ちをもっていることが読み取れる。

2 スタシャックさんの言葉1
教 P.79・2行め～12行め

○ 希望とは何か
← 人間が生きるための大きなエネルギー源といえるだろう。

「私が生き延びられたのは、希望を失わなかったからです。」

↓ポーランド人スタシャックさんの言葉。

○ スタシャックさんの紹介
・第二次世界大戦中の「夜と霧作戦」で逮捕されたユダヤ人
↓「霧の深い闇夜に忍び寄って逮捕する」
というヒトラーの作戦。
・ユダヤ人の六百万人ともいえる命が抹消される大量虐殺が行われた。

3 筆者のポーランド訪問
教 P.79・13行め～P.80・18行め

○ヒトラーの作戦で逮捕されたユダヤ人で生還できた人に会いたいと考え、ポーランドを訪れる筆者。
← 冷戦時代で、ソ連当局の険しい視線が注がれる中での取材。
← 諦（あきら）めることなく自由を求めて努力するポーランドの人々の張りつめた生き方に、筆者は身を引き締められる思いを感じる。

①筆者はここでは「希望」はどのようなものだと考えているだろうか。

例 人間が生きるための大きなエネルギー源となるもの。
教 P.79・5行め「私が生き延びられたのは、希望を失わなかったからです。」というスタシャックさんの言葉や、教 P.79・3行め「絶望は、死につながることが多い」という言葉から、希望が「生きるための大きなエネルギー源」と考えていることがわかる。

②スタシャックさんはどのような経歴をもつ人物だろうか。

例 ヒトラーの「夜と霧作戦」で逮捕されたユダヤ人だが、希望を失わず、生き延びた人物。
教 P.79・5行め「私が生き延びられたのは、希望を失わなかったからです。」というスタシャックさんの言葉や「夜と霧作戦」で逮捕されたことから、過酷な状況下で生き延びた人物であることを読み取る。

③筆者がポーランドを訪れたのはどのような理由からか。

例 ナチスによる大量虐殺が行われる中、生還できた人に会いたかったから。
スタシャックさんに初めて会ったとき、ポーランドはソ連当局の険しい視線が注がれているという張りつめた中での取材であった。

○スタシャックさんは、アウシュビッツ絶滅強制収容所を脱出し、村人にかくまわれて自由を得る。
・スタシャックさんの妻、エルナさんの話
→ナチスのむごい行為を見過ごせず、助ける。
←
スタシャックさんの第一印象は、目もよく見えないようで、歩き方もよたよたしていたため、五十歳くらいかと思った。
→実際は二十代だった。

4 スタシャックさんの言葉2 教 P.80・19行め～P.81・10行め

○スタシャックさんはどのようにして生き延びたか。
・スタシャックさんの言葉
「私には、希望だけが大切でした。人間は鋼鉄のように強い神経をもっている。その神経に絶えず希望という小川が流れている限り、人間は耐えられるのです。」
←
戦後、新たな希望と使命感に燃えて政治家になったが、さまざまな圧力を受けて学者になる。
・スタシャックさんの言葉（孫娘のカロリーナについて）
「私が生還できたことの証明と、未来の希望が彼女にはある。」

5 八重桜を写す筆者 教 P.81・11行め～12行め

◆花に向けたカメラのファインダーの中にカロリーナが見えたような気がした。

①実際は二十代のスタシャックさんが五十代に見えた原因はなんだろうか。

例 アウシュビッツ絶滅強制収容所で殺害、餓死、病気などの恐怖と直面していたため。

スタシャックさんは、「夜と霧作戦」で逮捕され、アウシュビッツ絶滅強制収容所に連れて行かれた。そこから脱出し、村人にかくまわれることで自由を得たが、それまでの間、大量虐殺が行われたところにいたのであり、恐怖を感じ続けていたと考えられる。

②スタシャックさんにとって「希望」とはどのようなものか。

例 生き続けるのに大切なものであり、新たな時代に自分のしたいことをするために必要なもの。

神経に「希望という小川が流れている」状態であれば、耐えられるとスタシャックさんは述べている。また、孫娘のカロリーナについて、「未来の希望」があると述べていることから、これからどう生きていくか決めるのにも希望が必要だと考えていることがわかる。

③カロリーナが見えたような気がしたのはなぜか。

例 希望にあふれた若者たちの姿に、カロリーナを重ねたから。

冒頭で見た、希望にあふれた若者たちと、カロリーナは、どちらも今後の人生について自分で考えられるという希望がある。

学びの道しるべ

▼教科書P.82

1 スタシャックさんの人生を、本文に書かれている事実に基づいて、簡潔にまとめよう。
○スタシャックさんがどの国の人で、どのような体験をしたか。↓P.66②
○スタシャックさんはどのようにしてアウシュビッツ絶滅強制収容所から逃れたか。↓P.67
○戦後、スタシャックさんはどのような生活を送っているか。↓P.67

2 スタシャックさんは、「希望」についてどのように考えているか、捉えよう。↓P.66① ↓P.67②

3 「ファインダーの中に……見えたような気がした。」（81ページ・12行め）という表現には、筆者のどのような思いが表れているか、考えよう。

■解答例■
冒頭の若者たちに感じた希望と、カロリーナに共通する希望。↓P.65②③ ↓P.67③

4 人間が生きるうえでの「希望」の意味について話し合い、考えを深めよう。

■解答例■
筆者は、若者たちがもっている、自分の将来に対する明るい思いを「希望」と述べている。同時に、スタシャックさんの言葉にあるように、生き延びるために必要なものだとも述べている。二つの「希望」があるように感じられるが、どちらも現在よりあとの、つまり、未来に対する期待や望みを表しているのではないか。今、生きていなければ明日はない。希望をもつということは、未来に期待することだけではなく、今を大切にすることにもつながるのではないだろうか。

重要語句の確認

▼78ページ

3 意 叱咤（しった）　大声で叱（しか）ったり、励（はげ）ましたりすること。

4 意 見入る　じっと見る。見つめる。
類 見つめる　視線をはずさずに、見続ける。

5 意 我に返る　気を取られていたのが、本来の心に戻（もど）る。

5 意 そこそこ　～くらい。程度（ていど）。

8 たたずむ　その場所に立ち止まっている。

12 意 ばかり　程度（ていど）が普通（ふつう）ではないくらい、その通りであること。

▼79ページ

6 しみじみ　深く心に感じ入ること。

11 すさまじい　恐(おそ)ろしさを感じるほどひどいこと。

13 僅(わず)か　少し。

17 意張りつめる　緊張(きんちょう)した状態であること。対ゆるむ

▼80ページ

4 意かくまう　追われている人などを、かくす。

8 意むごい　見ていられないほどひどい。残酷(ざんこく)であること。類無残

8 意見過ごす　見ただけで、そのままにしておく。類看過する

19 意直面　直接に向かい合うこと。類当面　現在直接に向かい合っていること。

▼81ページ

5 意左右　影響(えいきょう)されること。

9 意かけがえのない　ほかに代わりがない。

11 意たもと　そば。

新出漢字のチェック✓

ページ	漢字	画数	筆順	読み	用例	級
78	騒	18画	丨 厂 ㄏ 馬 馬 駅 騒 騒 騒 騒	ソウ さわ-ぐ	騒然・物騒 騒動が起きる 胸が騒ぐ	4級
79	逮	11画	㇕ ⺕ ⺕ 肀 肀 隶 隶 隶 逮 逮 逮	タイ	逮捕状 犯人を逮捕する	3級
79	曽	11画	丶 丷 丷 ⺍ 㕣 曽 曽 曽 曽 曽 曽	ソウ ゾ	曽祖父・曽孫 未曽有の出来事	2級
79	還（トメ）	16画	罒 罒 罒 罒 罒 睘 睘 睘 睘 還	カン	消費者に還元する 還暦・召還・生還 還付金	準2級
79	崩	11画	丶 山 山 屵 岸 岸 岸 崩 崩 崩 崩	ホウ くず-れる くず-す	崩壊・崩落 山が崩れる 貯金を崩す	3級
79	縛	16画	ㄥ 幺 糸 糸 紅 緋 縛 縛 縛 縛	バク しば-る	束縛・呪縛(じゅばく)・捕縛 古新聞を縛る	3級
80	狂	7画	ノ 犭 犭 犴 犴 狂 狂	キョウ くる-う くる-おしい	狂気・熱狂 心を狂わせる 狂おしい思い	4級
80	耐	9画	一 ア 厂 丙 而 而 而 耐 耐	タイ た-える	耐用年数・忍耐力 耐久レースに挑む 暑さに耐える	4級
80	餓（×「食」）	15画	ノ 𠆢 今 𩙿 食 食 飠 飣 餓 餓	ガ	動物が餓死する 凍餓・飢餓状態	3級
81	囚	5画	丨 冂 冂 囚 囚	シュウ	囚人 囚役 囚獄＝ろう屋	準2級

注 形の似た漢字に注意しよう。

「囚」と字形の似た漢字には「因」「困」がある。「因」は「原因」「因縁」、「困」は「困難」「貧困」などで使われるよ。

ものの見方・感性を養う

漢字を身につけよう❸

教科書 P.86

ページ・画数	漢字	筆順	読み	用例	級
86 15画	戯（忘れずに）	丨 ⺊ 虍 虍 虍 虚 虚 虚 戯 戯 戯	ギ ＊たわむ-れる	戯曲・遊戯場	4級
86 7画	抄	一 扌 扌 扌 扌 扌 抄	ショウ	抄訳・抄出・抄本 抄録を参照する	準2級
86 9画	括	一 扌 扌 扌 扌 扌 扌 括 括	カツ	括弧・一括する 包括的な見方 一年を総括する	準2級
86 9画	弧（×「爪」）	弓 弓 弓 弓 弓 弧 弧 弧 弧	コ	括弧 円弧・弧状 きれいな弧を描く	3級
86 10画	挿（ハネない）	一 扌 扌 扌 扌 扌 扌 挿 挿 挿	ソウ さ-す	挿話・挿入 挿す・挿絵 挿し木	準2級
86 11画	梗（×「更」）	一 木 木 木 木 木 梗 梗 梗 梗 梗	コウ	梗概 心筋梗塞 梗概＝概要	2級
86 13画	慄	丶 丶 忄 忄 忄 忄 忄 忄 慄 慄 慄 慄 慄	リツ	慄然 慄烈 事件に戦慄する	2級
86 13画	塑（ハラウ）	丶 丷 ⺌ 屰 屰 屰 朔 朔 朔 塑	ソ	塑像 彫塑 可塑性	準2級
86 7画	肖	丨 ⺌ ⺌ 肖 肖 肖 肖	ショウ	肖像画 不肖の身	準2級
86 8画	玩	一 丅 王 王 王 玩 玩 玩	ガン	玩具・愛玩 よく玩味する	2級
86 11画	庸（ツキヌケル）	亠 广 广 户 户 肩 肩 肩 庸	ヨウ	中庸 凡庸な作品 中庸＝適度	準2級
86 11画	逸	ノ ク ク 各 各 各 免 免 逸 逸 逸	イツ	逸脱・後逸 秀逸 チャンスを逸する	準2級

注 読み方に注意しよう。

つくりの部分に「少」のつく字には「砂」「沙（サ）」「妙」などがあるね。読みは同じではないよ。

注 形の似た漢字に注意しよう。

「生活」「活力」などと用いる「活」とは、左の偏が異なるよ。注意しよう。

注 形の似た漢字に注意しよう。

「孤独」「孤立」などと用いる「孤」とは、左の偏が異なるよ。注意しよう。

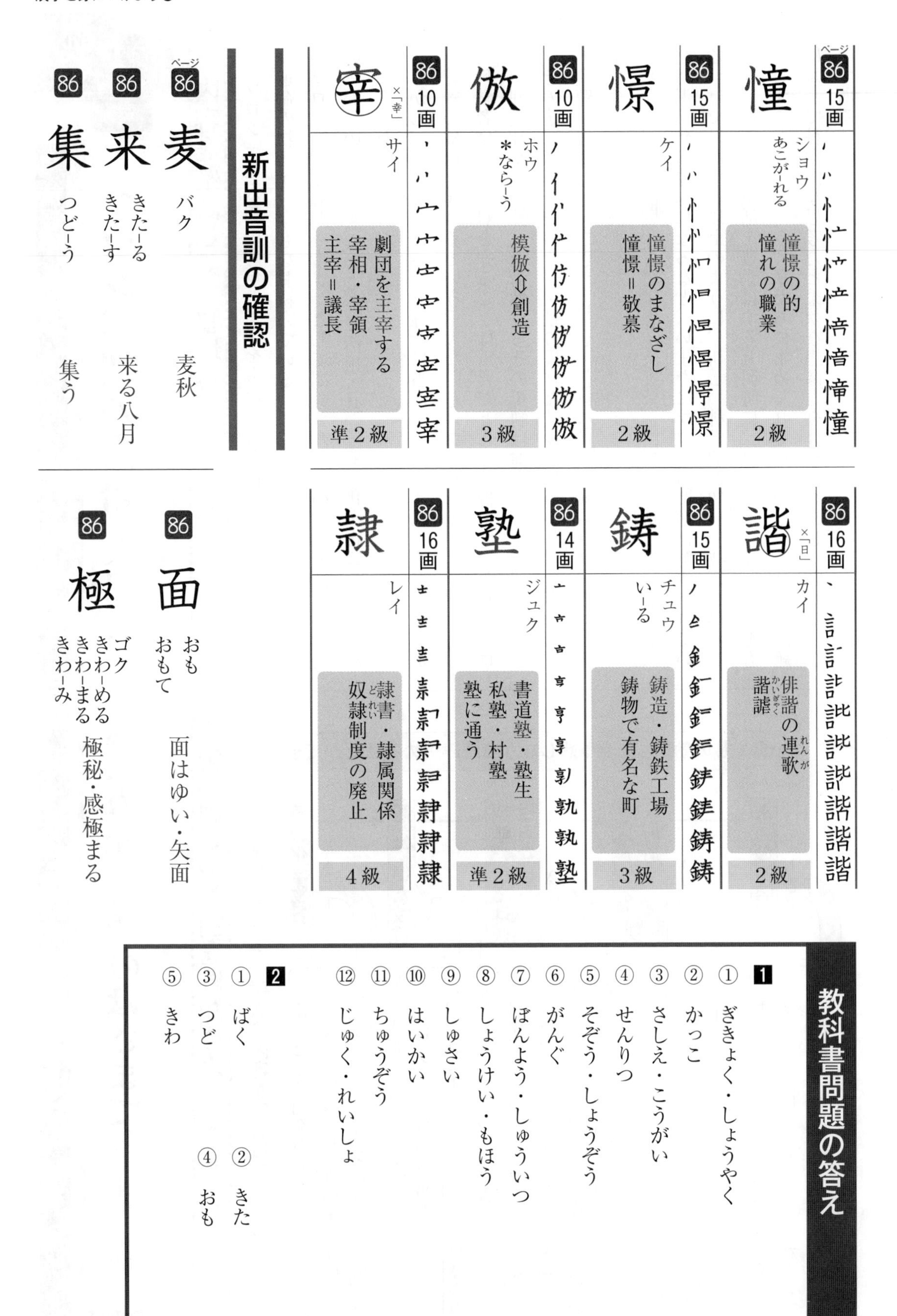

ページ	漢字	画数	読み	用例	級
86	憧	15画	ショウ / あこが-れる	憧憬の的 / 憧れの職業	2級
86	憬	15画	ケイ	憧憬のまなざし / 憧憬＝敬慕	2級
86	倣	10画	ホウ / ＊なら-う	模倣⇔創造	3級
86	宰（×「幸」）	10画	サイ	劇団を主宰する / 宰相・宰領 / 主宰＝議長	準2級
86	諧（×「日」）	16画	カイ	俳諧の連歌（れんが） / 諧謔（かいぎゃく）	2級
86	鋳	15画	チュウ / い-る	鋳造・鋳鉄工場 / 鋳物で有名な町	3級
86	塾	14画	ジュク	書道塾・塾生 / 私塾・村塾 / 塾に通う	準2級
86	隷	16画	レイ	隷書（れいしょ）・隷属関係 / 奴隷（どれい）制度の廃止	4級

新出音訓の確認

ページ	漢字	読み	用例
86	麦	バク	麦秋
86	来	きた-る / きた-す	来る八月
86	集	つど-う	集う
86	面	おも / おもて	面はゆい・矢面
86	極	ゴク / きわ-める / きわ-まる / きわ-み	極秘・感極まる

教科書問題の答え

1
① ぎきょく・しょうやく
② かっこ
③ さしえ・こうがい
④ せんりつ
⑤ そぞう・しょうぞう
⑥ がんぐ
⑦ ぼんよう・しゅういつ
⑧ しょうけい・もほう
⑨ しゅさい
⑩ はいかい
⑪ ちゅうぞう
⑫ じゅく・れいしょ

2
① ばく
② きた
③ つど
④ おも
⑤ きわ

論理的に考える　論説

フロン規制の物語―〈杞憂〉と〈転ばぬ先の杖〉のはざまで

教科書 P.88〜98

神里達博

内容を確認して、整理しよう

「フロン」は人類に利益と損失をもたらした化学物質で、その数奇な運命の物語は、今もなお続いている。

フロンはもともと「冷媒」として開発され、その優れた性質から身のまわりのさまざまなところで活用され、「夢の化学物質」と呼ばれるようになっていった。

しかし、フロンには「紫外線」に当たると分解され、そのことでオゾン層の破壊が起きるという重大な問題があった。

科学者はオゾン層を守ることは重要だとして警告を発したが、フロンの利便性や安全性、経済性からその規制は進まなかった。

その後、南極上空のオゾン量の異常な減少が見つかり、世界的にこの問題が広まって、「モントリオール議定書」が締結され、やっと特定フロンの規制が決まった。

しかし、その後開発されたより安全性の高い「代替フロン」もまた、地球温暖化の原因になるなど、いまだにフロンの問題は解決されているわけではない。以上のように、新しい科学的な知識や技術を得ることは、私たちの生活を豊かにすると同時に、思いも寄らない問題をもたらすことになる。今、私たちに求められているのは、それらの問題に対して科学的な思考力と柔軟な想像力をもって対応していくことなのである。

小見出しの役割を確かめよう

①小見出しの工夫：要点の内容がひと目でわかる。

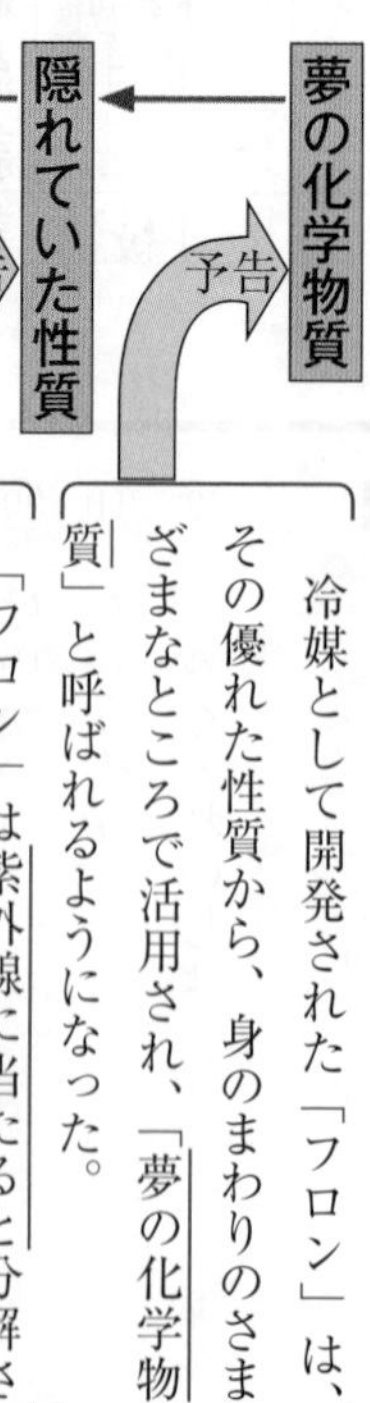

夢の化学物質 → 隠れていた性質 → 科学だけでは決まらない → モントリオールへの道 → 未完の物語

（各小見出しから下の要点へ：予告）

- 夢の化学物質：冷媒として開発された「フロン」は、その優れた性質から、身のまわりのさまざまなところで活用され、「夢の化学物質」と呼ばれるようになった。
- 隠れていた性質：「フロン」は紫外線に当たると分解され、それによって、オゾン層が破壊されるということがわかってきた。
- 科学だけでは決まらない：科学者の警告したオゾン層を守ることは、誰にとっても重要なことではあるが、フロンの利便性や安全性、経済性から規制はなかなか進まなかった。
- モントリオールへの道：南極上空のオゾン量が異常に少なくなっていることがわかって、初めて世界的にこの問題に関心がもたれ、「モントリオール議定書」が締結された。
- 未完の物語：特定フロンが禁止されたことから「代替フロン」が開発されたが、これもまた地球温暖化の原因になることがわかるなど問題は解決されないまま続いている。

②小見出しの効果：先を予想しながら読み進めることができる。

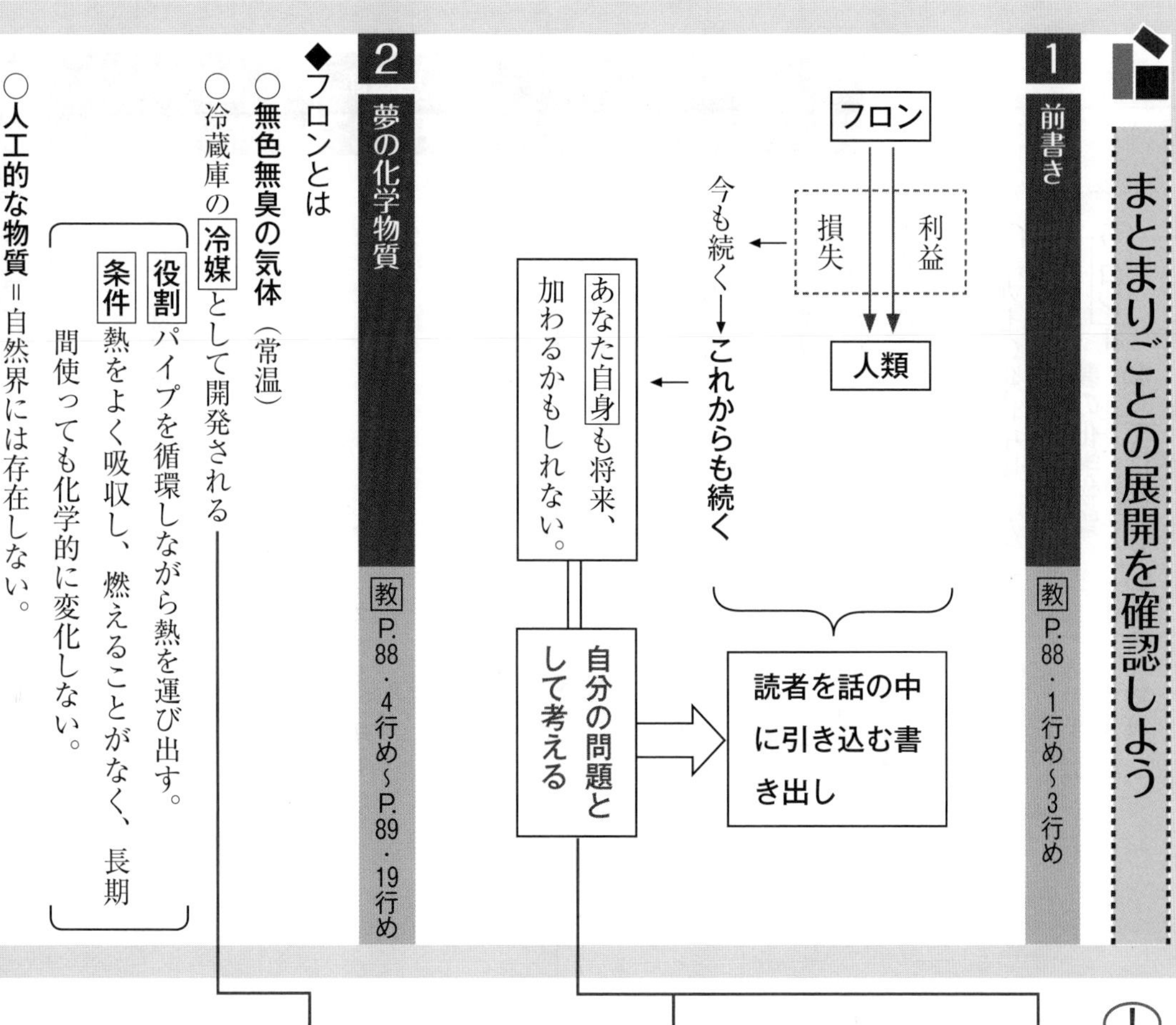

ポイントを確認しよう

①「あなた自身も将来、その物語の登場人物に加わるかもしれないのです。」と筆者が述べている理由を答えなさい。

例 これから先もこの問題が続いていくかもしれないから。

今も続いているということは、まだ解決されていないからこれから先も続くかもしれない、その時にあなた自身が当事者になるかもしれないということである。

②「あなた自身も将来、その物語の登場人物に加わるかもしれないのです。」と「あなた」と呼びかけていることには、どんな効果があるのだろうか。

例 自分のこととして考えさせ、読者を話の中に引き込む効果。

「あなた」と二人称を使うことで、人ごとではなく自分のことのように考えさせている。

③冷蔵庫に使われている「冷媒」の条件には何があるだろうか。箇条書きで書きなさい。

例 ・熱をよく吸収する。
・燃えることがない。
・長期間使っても化学的に変化しない。

箇条書きは、内容ごとに区切ってわかりやすくまとめて書くことが大切である。

◆フロンの開発と活用

初期の冷蔵庫の冷媒 ⇐ 冷蔵庫エアコン ⇐ 身のまわりのさまざまなところ

×アンモニア ← 〔発火する危険性 人体に対する毒性〕

新しい材料を模索 ←

○フロン→開発・成功…一九二八年、アメリカの自動車メーカー技術者トーマス＝ミジリーら

・塗料や化粧品などの「スプレー缶」の噴射ガス
・発泡スチロール
・マットレスや自動車の座席シート
・断熱材
・精密機械や電子部品を洗うための洗浄剤

最適な理由
・毒性がない
・燃えることがない（非常に安全）
・値段が安い ← 家庭用品として使いやすい

○年間生産量
〔一九三一年　五〇〇トン
一九七〇年代中頃　八〇万トン〕

フロン＝夢の化学物質
なくてはならない重要な物質

①なぜフロンは、開発されることになったのだろうか。

例 それまで冷蔵庫の冷媒として使われていたアンモニアには、発火する危険性や人体に対する毒性があることがわかり、新しい材料が模索されることになったから。

フロンはアンモニアの問題点を克服することができたのである。

②フロンの「優れた性質」とは何だろうか。箇条書きで書きなさい。

例 ・毒性がほとんどない。
・燃えることがない。
・値段が安い。

フロンが最適なものとして使われている「スプレー缶の噴射ガス」の性質を挙げていく。「非常に安全」「家庭用品としても使いやすい」を挙げてもよい。

③フロンの生産量の推移を、簡単に説明しなさい。

例 一九三一年には僅か五〇〇トンしか作られていなかったのが、一九七〇年代中頃には、年間八〇万トンもの量が生産されるようになり、生産量が増大した。

教 P.89のグラフも参考にしながら、生産量の推移をまとめる。グラフの説明では、大きく変化した所に注目して述べるようにする。

3 隠れていた性質

教 P.90・1行め～P.91・2行め

◆フロンの危険性

・一九七四年『ネイチャー』に載ったシャーウッド＝ローランドとマリオ＝モリーナの論文

フロンの危険性を警告

↓

世界中が狼狽（ろうばい）

フロンはそのままでは変化しない

・燃えない
・生物の餌にならない＝毒性を発揮しない
化学的にとても安定した性質＝安定かつ安全

しかし

特定の条件の下では変化

紫外線に当たる→フロンが壊れる→塩素を放出

→オゾン層破壊

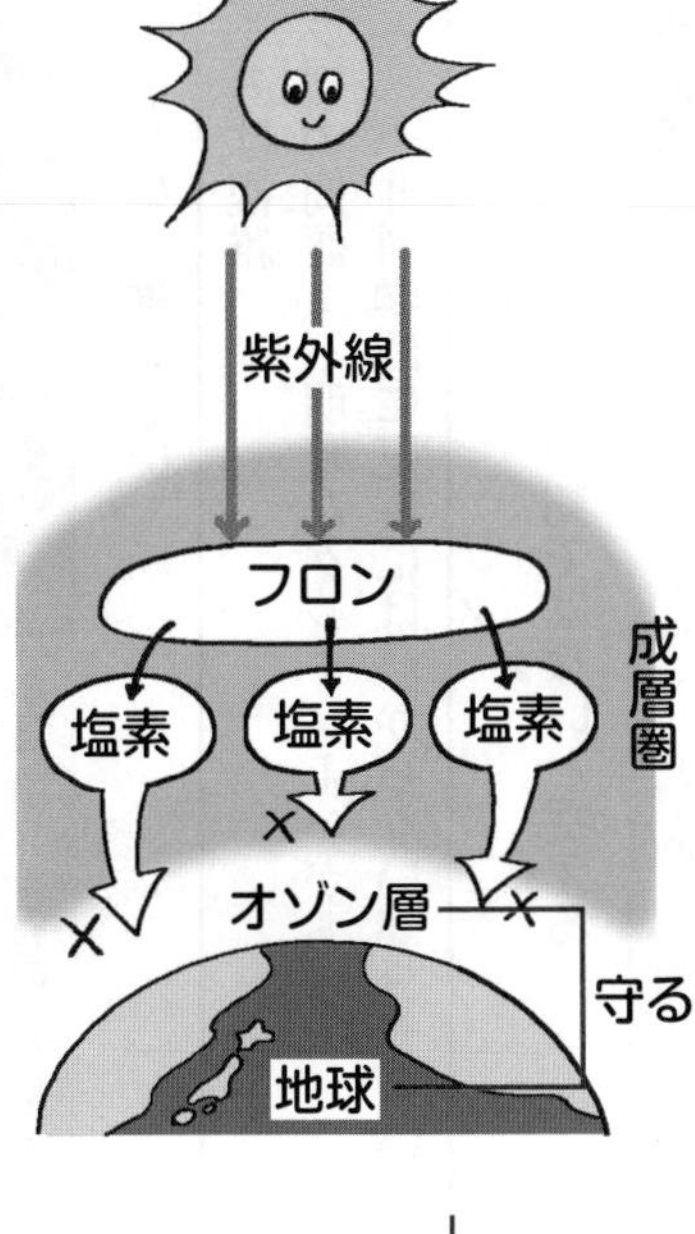

① 一九七四年に『ネイチャー』に載った論文に対する世間の人々の反応はどのようなものだっただろうか。

例 狼狽（ろうばい）した。

それまで害がないとされてきたフロンが、特定の条件の下では壊され、その影響が人類全体の存在に関わる問題にも発展していくことがわかったからうろたえたのである。

② フロンの「隠れていた性質」とは何だろうか。箇条書きで書きなさい。

例 ・紫外線に当たると壊れること。
・紫外線によって破壊されたフロンがオゾン層を破壊すること。

紫外線には化学物質を壊す力があり、フロンもその例外ではない。フロンは大気中に放出され、徐々に上昇してオゾン層のある成層圏まで変化せずに漂うが、成層圏は太陽からの紫外線が強いので、ここで分解され、オゾン層の破壊につながるのである。

③ オゾン層の働きとは、どのようなものだろうか。

例 地球を紫外線から守る働き。

オゾン層には、太陽から出る有害な紫外線を吸収する役目があるのだが、これがフロンによって壊されるので、直接地球に害が及ぶようになるのである。

4 科学だけでは決まらない

教 P.91・3行め～P.92・17行め

◆フロン規制→簡単には進まない

地球のしくみは複雑
→オゾン層の問題（不明瞭なグレーゾーンがある）
＝科学的に正確にはわからない部分が多い。

深刻に捉える
→ **オゾン層を守る** → **フロンを使わない** → **将来の紫外線のリスク**

別の不都合
・かわりのものではリスクが増える。
・製造会社や関連企業には大きな不利益がある。
・企業で働く人・消費者が間接的に影響を受ける。
→ **今そこにあるフロンの利便性や安全性・経済性**

判断は難しい

深刻ではないと捉える
→ オゾン層破壊の問題は**危険な徴候だが……**
フロンが世界中であらゆる用途に**使われている**

◆当時の論争

①フロンの制限を進める
「スプレー缶のフロンは必須のものではない。」
→**規制すべき**

②フロンの制限を抑える
〈一九七四年　製造会社〉
「オゾン層破壊に関する仮説は、具体的な**証拠が何もなく、単なる推論である。**」

科学的な議論だけでは決まらない、**全ての人々に影響がある重大事**→立場の違う人たちの議論が重要

①不明瞭なグレーゾーンとは、どのようなことを意味しているのだろうか。

例　**科学的に正確にはわからない部分。**
地球のしくみは、非常に大きく複雑であるために、科学的に正確にはわからない部分があることを、このように表現している。

②「フロンの規制」の影響を受けるのは誰だろうか。箇条書きで書きなさい。

例　**・フロンの製造会社や関連企業で働いている人々。**
・フロンを使った商品を手軽に入手できなくなる消費者。
多くの人々に影響が及ぶために簡単にフロンを規制することができないのである。

③フロンの問題を立場の違う人たちで議論をすることが重要なのはなぜだろうか。

例　**フロンの問題は、全ての人々に大いに影響がある重大事だから。**
オゾン層の破壊は未来の人類にとっての問題でもあるので、科学者だけでなくフロンの製造会社の人たちやフロンの制限を抑えようとする人たちとの議論が必要なのである。

5 モントリオールへの道

教 P.92・18行め～P.93・20行め

◆議論のすえに→フロン規制

①フロンの制限を進める	②フロンの制限を抑える
・一九七八年　アメリカ スプレー缶への使用禁止。 「被害を受ける可能性は……かなり高い。だから将来、**後悔しないために……今、行動をしよう。**」 **転ばぬ先の杖**	「**便利なフロンを、不確実な根拠でやめてしまってよいのだろうか。**」 **杞憂**

○一九八二年　日本の南極観測隊（昭和基地）
・上空のオゾン量が異常に少ないことを発見
→**オゾン層破壊の問題が世界的に広がる**
○一九八七年「モントリオール議定書」……国際ルール
→**特定フロンの製造や使用が段階的に規制**

杞憂ではなく、本当にオゾン層は破壊されていたのですね。

①フロン規制に対する「転ばぬ先の杖」と「杞憂」という二つの考え方をそれぞれ説明しなさい。

例 「転ばぬ先の杖」は、被害を受ける可能性が高いから後悔しないために今やめるという考え方。「杞憂」は、利便性の高いフロンを不確実な根拠でやめなくてもよいという考え方。

「転ばぬ先の杖」は事前に危険を回避するという考え方で、「杞憂」はさし迫って危険がないのなら対応しなくてもよいという考え方である。

言葉の意味

転ばぬ先の杖…失敗しないように、前もって用心しておくこと。
杞憂…必要のない心配をすること。

②最終的にフロンの規制が進んだのはどのような理由からか。

例 日本の南極観測隊が、上空のオゾンの量が異常に少ないことを発見し、世界的な広がりでこの問題を考えるようになったから。

世界的な広がりの結果、一九八七年に「モントリオール議定書」が採択され、国際的なルールが整備された。これにより、特定フロンの製造や使用が段階的に規制されることになったのである。

6 未完の物語

教 P.94・1行め～P.95・5行め

◆代替フロン
・二〇一二年秋　世界気象機関（WMO）
南極上空のオゾン層が回復しつつあると発表
↓フロン禁止の効果か？

問題は解決されていない

「特定フロン」の禁止
←**「代替フロン」の開発**
性能：従来のフロンに劣る
影響：オゾン層に対する悪影響少ない
←**「代替フロン」が地球温暖化の原因に**
←**「代替フロン」を更に「代替すること」**が急務
←**新しい問題が次々出る？**

小見出しは、問題が次から次へと出てくることを予告しているよ。

① 「代替フロン」は、従来のフロンよりもどのようなところが優れていたと筆者は述べているだろうか。

例　オゾン層に対する悪影響が少ないところ。
フロンの問題で最も改めなければいけないことは、オゾン層破壊に対する影響なのだから、この点が改良されて開発されたものが「代替フロン」である。

②オゾン層が回復されつつあるのに、問題は解決していないと筆者が言っているのはなぜだろうか。

例　かわりに使っていた「代替フロン」にも、地球温暖化の原因になるという問題があることがわかったから。
「代替フロン」にしても新しい問題が出てきて、今後も同じようなことが続くことが推測されたからである。

③「未完の物語」とは、どんなことを表しているのだろうか。

例　フロンの種類を変えてもまた新しい問題が現れてきて終わりなく続くこと。
「未完」は「未だ終わりが見えない」という意味。フロンをやめることでオゾン層の破壊が食い止められたかのように見えたが、結局、代替フロンを開発してもまた別の問題が起きていること、そして、今後もそれが続いていくであろうと予測できることを「小見出し」は表しているのである。

◆今、求められているもの

＝科学的な思考力

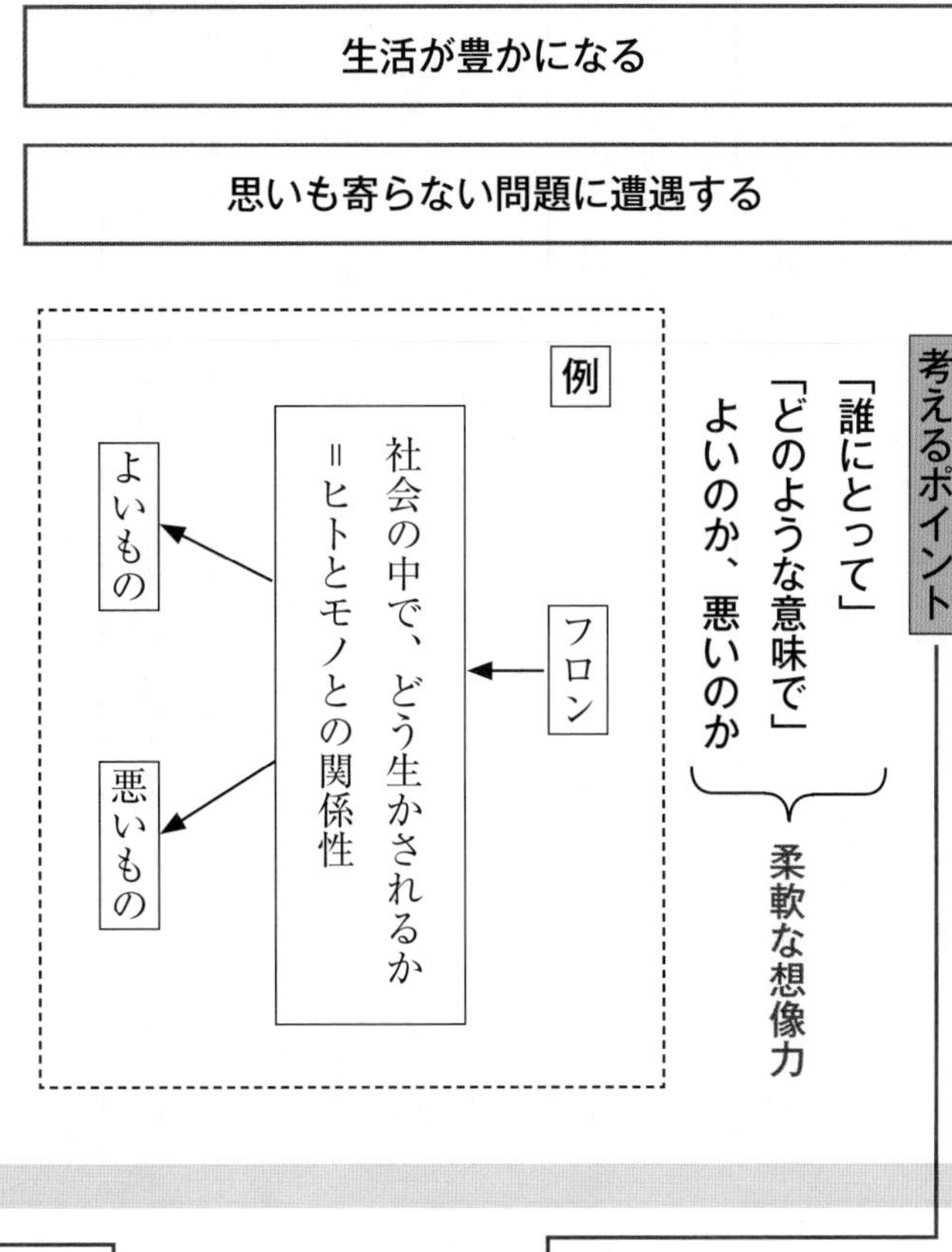

①新しい科学的な知識や技術を得ることで、私たちの生活はどうなるだろうか。

例 生活が豊かになるのと同時に、思いも寄らない問題に遭遇することがある。

フロンを例に挙げると、はじめは「夢の化学物質」と呼ばれ、私たちの生活を豊かにするものであったのだが、その後、人類の生存に関わるオゾン層を破壊するという性質をもっていることが発覚してきたことである。

②「思いも寄らない問題に遭遇」したとき、私たちはどのようなことを考えなくてはならないと筆者は言っているだろうか。

例 その問題が、「誰にとって」「どのような意味で」よいのか悪いのかということ。

同じ問題でも立場や捉え方の違いで、よくも悪くもなるのである。

③私たちに今、求められているものとはどんな力だろうか。二つ答えなさい。

例 ・科学的な思考力
・柔軟な想像力

この二つの力を使うことによって、私たちは科学的な知識や技術を学び、多方面からそのことについて考えをめぐらしていくことで、思いも寄らない問題に遭遇しても柔軟に社会で対処できるようになると、筆者は考えている。

学びの道しるべ

▼教科書 P.96～97

1 フロンの「優れた性質」（89ページ・10行め）と「隠れていた性質」（90ページ・1行め）をそれぞれ箇条書きで列挙しよう。
・優れた性質 →P.74②
・隠れていた性質 →P.75②

2 「新しい科学的な知識や技術を得ることで、私たちの生活は豊かになる」（94ページ・9行め）、「思いも寄らない問題に遭遇する」（94ページ・10行め）とはどういうことか、まとめよう。
・新しい科学的な知識や技術を得ることで、私たちの生活は豊かになる →P.74
・思いも寄らない問題に遭遇する →P.75

3 冒頭の段落において「あなた」という言葉が用いられていることの効果を考えよう。 →P.73②

4 「科学的な思考力」（95ページ・3行め）と「柔軟な想像力」（95ページ・4行め）とはどのようなものか。また、なぜそれらを「ともに」学んでいく必要があるのか、本文に即して考えよう。
・科学的な思考力 →P.79
・柔軟な想像力 →P.79
・なぜそれらを「ともに」学んでいく必要があるのか →P.76③

5 「新しい科学的な知識や技術を得ることで、私たちの生活は豊かになるのと同時に、思いも寄らない問題に遭遇する」（94ページ・9行め）という内容にあてはまる例を探し、科学と社会との関係について話し合おう。

解答例

原子力発電という技術を得ることで、二酸化炭素の排出量が少なく、安定して電力を供給することが可能になった。しかし、東日本大震災によって、原子力発電の安全神話は崩壊した。今、原子力発電が本当に必要なのか、より安全で環境に配慮した発電はできないのかなどの議論が行われている。

読み方を学ぼう　具体と抽象　教 P.98

具体…物事などを明確な形や内容で示したもの。

抽象…いくつかの事物や頭に思い浮かべたものに共通する要素を抜き出して示したもの。

○「フロン規制の物語」における具体と抽象

抽象：利益　⇅　具体：非常に安全で値段が安い
発泡スチロール、座席シート、断熱材など

抽象：損失　⇅　具体：塩素を放出
オゾン層を破壊してしまう

重要語句の確認

▼88ページ

1 意 **数奇** ①運命の変化が多いこと。②不幸な運命をたどること。

9 **アンモニア** 刺激臭のある無色の気体。

10 **模索** 手探りでさがすこと。

11 **トーマス＝ミジリー** ［1889-1944］フロンやハイオク有鉛ガソリンなどを開発した。

▼89ページ

1 意 **ほどなく** 間もなく。類 **やがて**

9 **重宝** 便利でよく使われること。役に立ち、ありがたがられること。

14 **増加** 増えること。対 **減少**

17 意 **想定** ある状況を仮に考えておくこと。予想。類 **仮定**

▼90ページ

2 **シャーウッド＝ローランド** ［1927-2012］カリフォルニア大学などで大気化学を研究。一九八九年には日本国際賞を受賞した。

3 **マリオ＝モリーナ** ［1943-2020］。メキシコ出身で、アメリカのマサチューセッツ工科大学などで研究を行った。

4 **狼狽** うろたえること。あわてふためくこと。

12 意 **特定** 特に決まっていること。対 **不特定**

15 **太古** 大昔。

16 **オゾン層** 大気の成層圏の、オゾン濃度が比較的高い層。

19 **徐々に** だんだんと。「除々」と書き誤らないように注意。

20 意 **頑健** 頑丈で強いさま。類 **頑丈** 対 **虚弱**

▼91ページ

4 **警告** よくない事態を防ぐために、前もって注意すること。

8 意 **リスク** 損害を受ける可能性。予想通りにいかない可能性。

12 意 **間接的** 間に他の物事や人を置いて接している状態。対 **直接的**

17 **精力的** 疲れを見せずに力を尽くしているさま。一生懸命に。

18 **徴候** 物事の起こる前ぶれ。何かが起こる前兆。

▼92ページ

1 **不明瞭** はっきりしないさま。よくわからないさま。対 **明瞭**

1 **グレーゾーン** 白黒つけられない中間の領域。あいまいな領域。

2 **深刻** 非常に厳しいさま。問題が大きいさま。

6 意 **天秤にかける** 比べる。類 **はかりにかける**

7 **必須** 必ず必要なこと。

10 **首脳** 組織や団体の中心人物。幹部。

10 **仮説** まだ真偽は確かめられていないが、ある現象や法則を説明するために仮に考え出された説。実験や観察によって確認されれば、法則や理論として公認される。対 **定説**

11 **推論** ある事実をもとにして、未知の事柄を推しはかった論理。

13 意 **白黒** 物事が正しいか正しくないか。類 **黒白**

▼93ページ

4 **転ばぬ先の杖** 前もって注意していれば、失敗することはないことのたとえ。失敗のないように先に準備しておくこと。

4 **杞憂**（きゆう） 心配する必要のないことを心配すること。取り越し苦労。中国古代の杞（き）の国の人が、天が落ちてくるのではないかと心配して、夜も眠（ねむ）れず、食事もできなかったという、中国の『列子（れっし）』の故事による。

8 **昭和基地** 南極にある日本の観測基地。設置されたのが昭和時代であったことからその名がつけられた。

16 **締結**（ていけつ） 条約や協定などを結ぶこと。

19 **段階的** 順序を追っているさま。

▼94ページ

4 意 **代替**（だいたい） ほかのもので代えること。
類 **代用**

6 **地球温暖化** 二酸化炭素などの温室効果ガスが原因となって、地球表面の気温が上昇（じょうしょう）すること。

11 意 **遭遇**（そうぐう） 偶然（ぐうぜん）に出会うこと。
類 **出くわす**

14 意 **峻別**（しゅんべつ） 非常に厳しく区別する。

16 **補完**（ほかん） 欠けているところを補って完全なものにすること。

▼95ページ

4 意 **柔軟**（じゅうなん） やわらかくてしなやかなさま。その場に応じた考え方ができるさま。対 **強硬**（きょうこう）

新出漢字のチェック

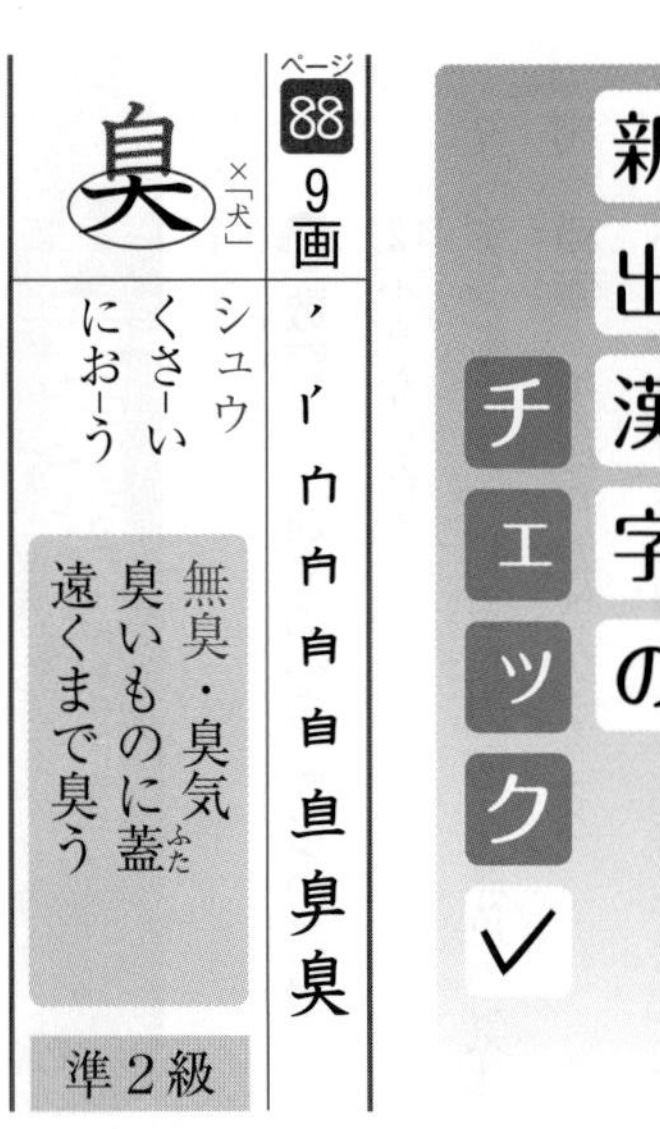

媒 88 12画 ×「せ」
バイ
冷媒・触媒
媒体・媒酌
病気を媒介する
準2級

缶 89 6画
カン
スプレー缶
アルミ缶
缶詰め
準2級

浄 89 9画 ハネ
ジョウ
空気を浄化する
極楽浄土
洗浄剤
準2級

僅 89 12画 ×「里」
キン わず-か
僅少
僅差の試合
僅かな希望
2級

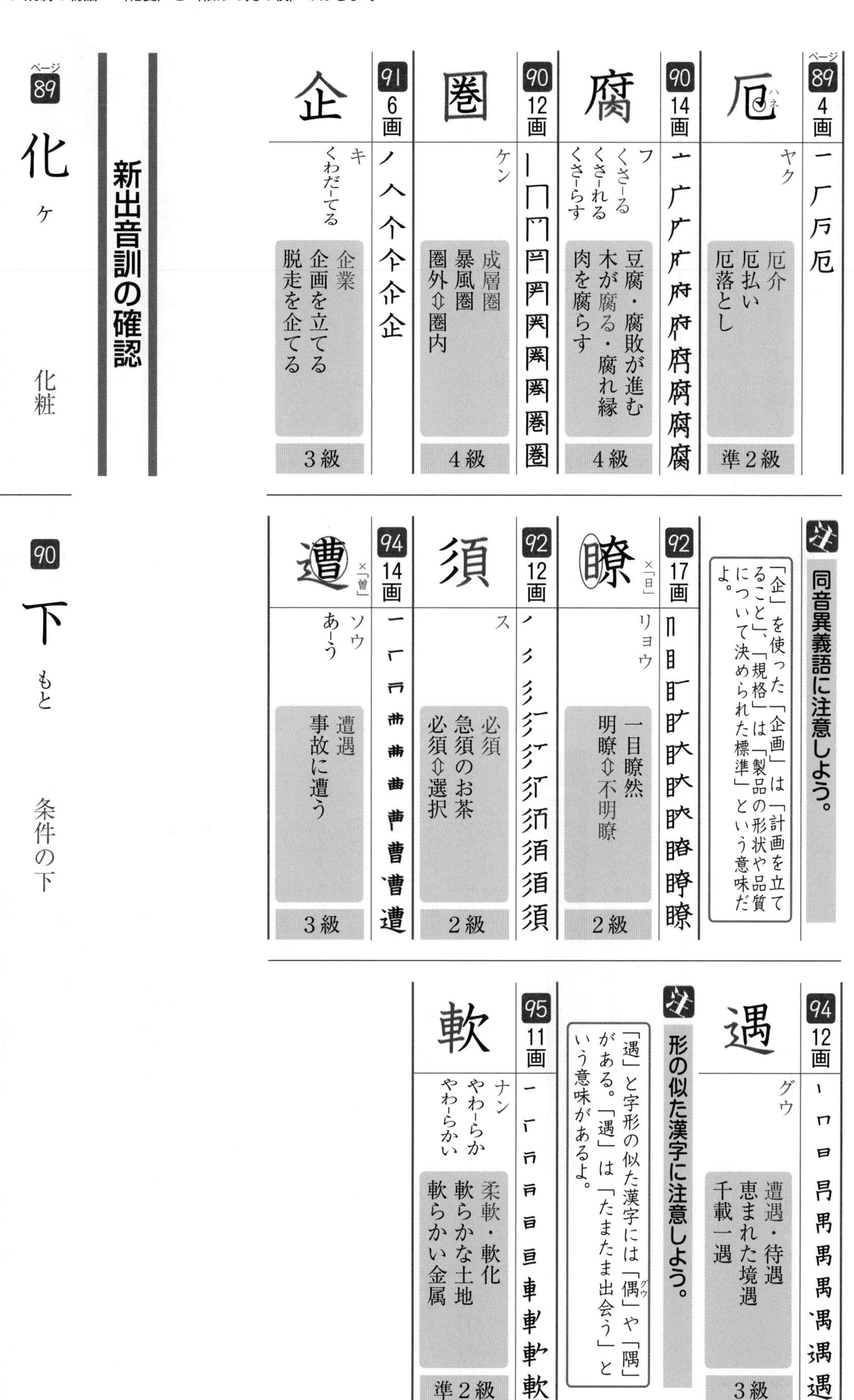

89 厄 4画 ヤク 厄介 厄払い 厄落とし 準2級

90 腐 14画 フ くさ-る くさ-れる くさ-らす 豆腐・腐敗が進む 木が腐る・腐れ縁 肉を腐らす 4級

90 圏 12画 ケン 成層圏 暴風圏 圏外⇔圏内 4級

91 企 6画 キ くわだ-てる 企業 企画を立てる 脱走を企てる 3級

同音異義語に注意しよう。

「企」を使った「企画」は「計画を立てること」、「規格」は「製品の形状や品質について決められた標準」という意味だよ。

92 瞭 17画 ×「日」 リョウ 一目瞭然 明瞭⇔不明瞭 2級

92 須 12画 ス 必須 急須のお茶 必須⇔選択 2級

94 遭 14画 ×「曽」 ソウ あ-う 遭遇 事故に遭う 3級

94 遇 12画 グウ 遭遇・待遇 恵まれた境遇 千載一遇 3級

形の似た漢字に注意しよう。

「遇」と字形の似た漢字には「偶（グウ）」や「隅」がある。「遇」は「たまたま出会う」という意味があるよ。

95 軟 11画 ナン やわ-らか やわ-らかい 柔軟・軟化 軟らかな土地 軟らかい金属 準2級

新出音訓の確認

89 化 ケ 化粧

90 下 もと 条件の下

論理的に考える

言葉発見③

慣用句・ことわざ・故事成語

教科書 P.99〜101

慣用句

・二つ以上の言葉が決まった組み合わせで結びついて、もとの言葉と別の意味を表す表現

例 肩を並べる

↓ 人と人が並んでいるという意味ではなく、対等の位置にいるという意味。

例 宙に浮く

↓ 空中にとどまるという意味ではなく、うまく解決ができず、放ったままになるという意味。

← 「肩」と「並べる」、「宙」と「浮く」のように決まった組み合わせの言葉が、特定の意味を持っている。

慣用句は、そのままの意味ではなく、二つ以上の言葉が決まった組み合わせで結びついて、もとの意味と違った、特定の意味をもっているよ。

ことわざ・故事成語

・ことわざ→古くから人々の間で伝えられてきた、教訓や知恵、行動の指針などを表す言葉。

同じ意味を表すもの、反対の意味を表すことわざもある。

例 猿も木から落ちる＝弘法(こうぼう)にも筆の誤り

（どちらも、得意なものでも失敗することがあるという意味）

例 善は急げ（よいことをするならためらうな）

↕急がば回れ（急ぐなら危険な近道より安全な道を選べ）

・故事成語→中国に昔から伝えられている話の中から生まれた短い言葉。

ことわざ・故事成語の表現効果

・適切にことわざや故事成語を引用することで、説得力を高めたり、印象を強めたりすることができる。

→主張を補強するように使う。

例 「時は金なり」というので、すぐに始めよう。

→話の前置きにする。

例 「釈迦(しゃか)に説法」かもしれませんが、話を聞いてください。

確かめよう

1　次のことわざと、似た意味のことわざや、反対の内容を表すことわざを探そう。

①猫に小判（似た意味のことわざ）
≒豚に真珠

②のれんに腕押し（似た意味のことわざ）
≒豆腐にかすがい

③三度目の正直（反対の意味のことわざ）
↔二度あることは三度ある

2　次のような場合、どのようなことわざや故事成語を使えばよいだろうか。適切な語句を使って、考えを伝えよう。

①欲張って二つのことを同時に求めると、結局はどちらもうまくいかないものだと注意する。

例　二兎を追う者は一兎をも得ず

意味　同時に二つのことをしようとすると、どちらも成功しない。

例文　二兎を追う者は一兎をも得ずというから、一つずつ確実に仕上げていこう。

②苦手な英語でも、がんばって勉強すればいつか合格できると説得する。

例　石の上にも三年

意味　何事も、我慢強くやればなんとかなるものである。

例文　石の上にも三年というから、苦手な英語でも、毎日、がんばって勉強していれば、検定に合格できるよ。

（反対の意味のことわざ）下手の横好き

意味　下手なのに熱心にすること。

③失敗しても、次にそれがよい結果を生むこともあるので、次の機会に向かってまたがんばろうと励ます。

例　失敗は成功のもと

意味　失敗したとしても、そこから反省して次の機会に生かすことで、目標を達成することができる。

例文　失敗は成功のもとというから、今回の反省を次回に生かせるように、またがんばろうと思います。

（同じ意味の言葉）失敗は成功の母

3　ことわざや故事成語を使った文を作ろう。

例　果報は寝て待てというから、あせらないでチャンスがくるのを待とう。

意味　果報は寝て待て……幸運の訪れは焦ってもどうにもならないから、静かに待っているのがよい。

例　虎穴に入らずんば虎子を得ずというから、敵陣に行って状況を見てきます。

意味　虎穴に入らずんば虎子を得ず……危険をおかさないと、大きな成果は得られない。

論理的に考える

パブリックスピーキング　状況に応じて話す力を養う

教科書 P.102～105

パブリックスピーキング　公の場で、社会的な問題などについて、提案や主張を行うこと。

1 テーマを決めて、材料を整理する

・社会生活の中から、テーマを決める。
・提案や主張のための材料を集めて整理する。

テーマ例
・私たちの住む町の魅力
・公園などの活用法
・校内緑化
・地域活性化
・外来種生物問題
・将来実現してほしい新技術
など

ポイント　多角的に見てみることで、考えを広げる。
商業施設が少なく、遊ぶところがあまりない。
⇔
自然が豊かで、四季の移り変わりや星空の美しさを感じられる。
など

2 話の構成を考える

例　私たちの住む町　自然の豊かさ

〈はじめ〉　聞き手に問いかける「～をしたことがありますか」など
↓
町の印象などについて「この町は商業施設が多くはありません」など
↓
〈中〉　地域の魅力「一方で我が町には～」など
↓
どのような自然が見られるかなどの具体例　など
↓
自然から得られることはどのようなことか　など
↓
〈終わり〉　提案・主張・行動の促し
「ぜひみなさんも～してみてください」など

ポイント
・話したいことや話す順序、表現の工夫などを、スピーチメモにまとめておくとよい。
→教 P.278

3 状況に応じた表現について考える

提案内容について、聞き手の興味をひきたい、聞き手がより理解できるようにしたいというときには、その場の状況に合わせて、表現や話し方を工夫する。

○興味をひくために、聞き手に呼びかけたり、問いかけたりする。

例「皆さんは、○○を見たことがありますか。」

例「□□なのはなぜでしょう。」

○聞き手がより理解しやすいように、例示したり、言い換えたり、補足したりする。

例「例えば、◇◇です。」

例「つまり、△△ということです。」

例「それだけでなく、■■という場合もあります。」

そのほか、

・表情や身振り
・視線（空中で「Z」を描くように、会場全体を見渡す。）
・声の大きさ、話す速度、間の取り方
・聞き手の立場や年齢にふさわしい言葉遣い
・雰囲気に合わせて身近な話題やユーモアを盛り込む

といったことに気をつける。

4 パブリックスピーキングをする

グループやクラスでパブリックスピーキングを行う。また、次の観点から、互いのパブリックスピーキングを評価し合う。

評価の観点

・状況に応じた表現をしているか

例　問いかけなどを効果的に使っているか。

例　例示、補足などを使って、わかりやすく述べているか。

・話の構成はどうか

例　はじめ・中・終わりの構成が工夫されているか。

例　提示される話題は、提案や主張に合っているか。

・話し方について

例　声の大きさ、話す速度、間の取り方、表情、身振り、視線などは適切か。

例　場の雰囲気にあった言葉遣いをしたり、身近な話題、ユーモアなどを織り交ぜたりしていたか。

・発表の内容について

例　提案や主張に説得力はあったか。

例　提案や主張がわかりやすく提示されていたか。

言葉

論理的に考える

漢字を身につけよう④

教科書 P.106

漢字	ページ	画数	読み	用例	級
槽	106	15画	ソウ	水槽・貯水槽／浄化槽／浴槽を洗う	準2級
牙	106	5画	*ガ／ゲ／きば	象牙／牙をむく	2級
顎	106	18画	ガク／あご	顎関節／上顎⇔下顎	2級
褐（×「白」）	106	13画	カツ	褐色・褐炭／茶褐色の服	準2級
駒	106	15画	こま	将棋の駒／ひょうたんから駒／若駒	2級
翼	106	17画	ヨク／つばさ	主翼・尾翼／一翼を担（にな）う／翼を広げる	4級
礁	106	17画	ショウ	サンゴ礁／岩礁・座礁／暗礁に乗り上げる	準2級
喫	106	12画	キツ	満喫・喫煙・喫緊／喫茶店に入る	3級
惧（×「具」）	106	11画	グ	前途を危惧する／絶滅危惧種／危惧＝懸念	2級
砕	106	9画	サイ／くだ-く／くだ-ける	砕氷船・砕身／野望を砕く／こなごなに砕ける	準2級
犠	106	17画	ギ	犠牲／犠打を打つ	3級
牲	106	9画	セイ	犠牲を払う／犠牲者を出す	3級
慎	106	13画	シン／つつし-む	慎重・謹慎（きんしん）／慎み深い性格／口を慎む	4級
准（×「氵」）	106	10画	ジュン	批准／准看護師／准教授	準2級

注 偏をしっかり覚えよう。

「准」の偏は「氵」（さんずい）ではなく「冫」（にすい）だよ。間違えないように注意しよう。

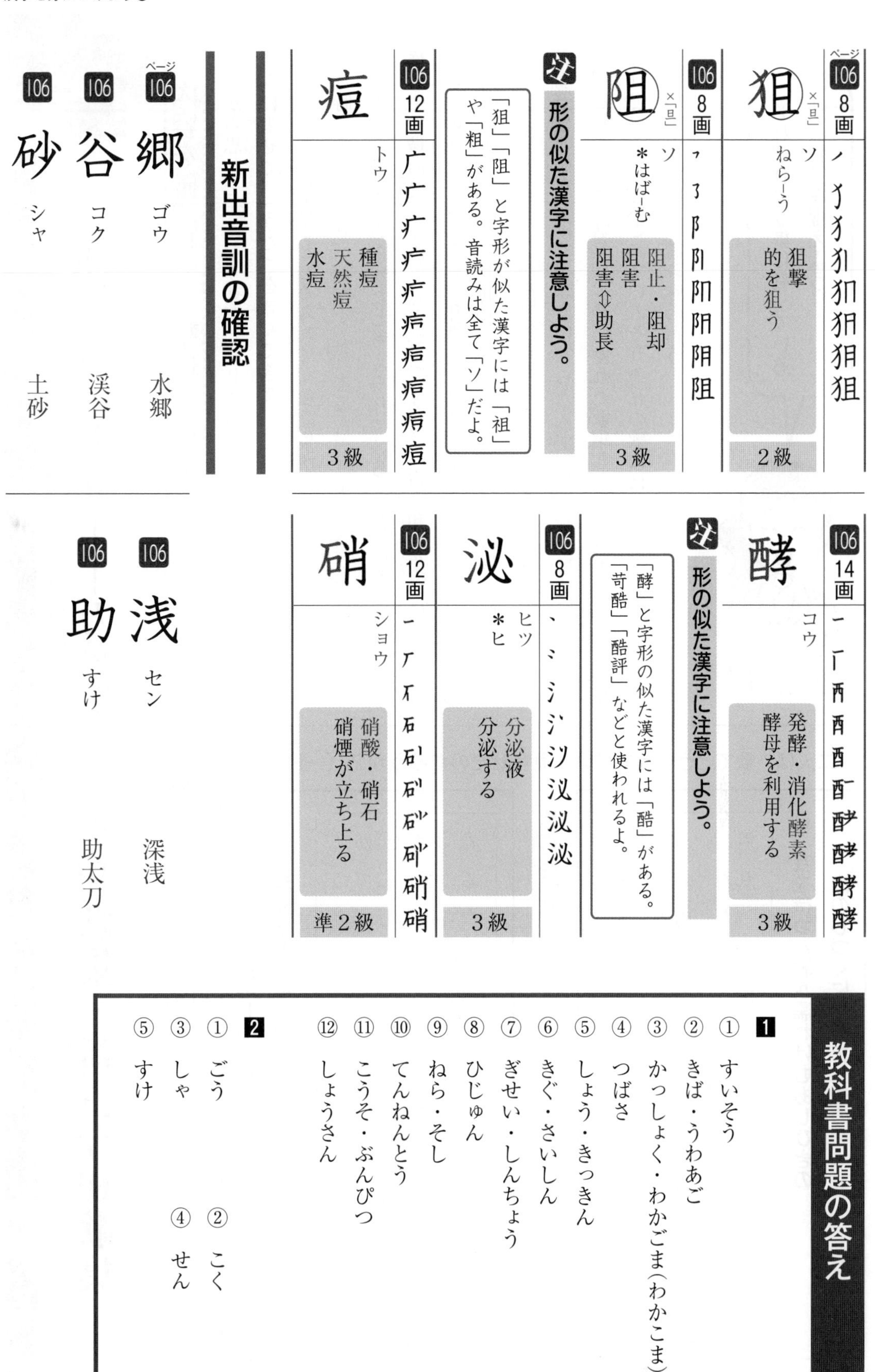

ページ	漢字	画数	筆順	読み	用例	級
106	狙（×旦）	8画	ノ 犭 犭 犭 犭 狙 狙 狙	ソ / ねら-う	狙撃 / 的を狙う	2級
106	阻（×旦）	8画	７ ３ 阝 阝 阝 阻 阻 阻	ソ / ＊はば-む	阻止・阻却 / 阻害 / 阻害⇔助長	3級
106	痘	12画	广 广 疒 疒 疒 疔 痘 痘 痘 痘 痘 痘	トウ	種痘 / 天然痘 / 水痘	3級
106	酵	14画	一 厂 西 西 酉 酉 酉 酉 酵 酵 酵 酵	コウ	発酵・消化酵素 / 酵母を利用する	3級
106	泌	8画	丶 氵 氵 氵 沙 泌 泌 泌	ヒツ / ＊ヒ	分泌液 / 分泌する	3級
106	硝	12画	一 ア 石 石 石 矿 矿 矿 矿 硝 硝 硝	ショウ	硝酸・硝石 / 硝煙が立ち上る	準2級

形の似た漢字に注意しよう。

「狙」「阻」と字形が似た漢字には「祖」や「粗」がある。音読みは全て「ソ」だよ。

形の似た漢字に注意しよう。

「酵」と字形の似た漢字には「酷」がある。「苛酷」「酷評」などと使われるよ。

新出音訓の確認

ページ	漢字	読み	用例
106	郷	ゴウ	水郷
106	谷	コク	渓谷
106	砂	シャ	土砂
106	浅	セン	深浅
106	助	すけ	助太刀

教科書問題の答え

1

① すいそう
② きば・うわあご
③ かっしょく・わかごま（わかこま）
④ つばさ
⑤ しょう・きっきん
⑥ きぐ・さいしん
⑦ ぎせい・しんちょう
⑧ ひじゅん
⑨ ねら・そし
⑩ てんねんとう
⑪ こうそ・ぶんぴつ
⑫ しょうさん

2

① ごう　② こく
③ しゃ　④ せん
⑤ すけ

読む

古典に学ぶ　古文

和歌の世界――万葉集・古今和歌集・新古今和歌集

教科書 P.108～117

内容を確認して、整理しよう

昔から思いを伝えたり共有したりする方法として人々は、言葉をリズムに乗せて、〈うた〉を詠んできた。そして、それらの歌は歌い継がれ語り継がれ書きとどめられて、和歌集が編まれた。「万葉集」は、奈良時代末期の成立。現存する日本最古の歌集。大伴家持によって、最終的な形にまとめられたと考えられている。歌数は約四千五百首。作者や地域の範囲が広い点が特徴である。「古今和歌集」は、平安時代前期の成立。最初の勅撰和歌集である。醍醐天皇の命で紀貫之・紀友則・凡河内躬恒・壬生忠岑の四人が編集した。歌数は約千百首。「新古今和歌集」は、鎌倉時代初期の成立。八番めの勅撰和歌集。後鳥羽上皇の命を受けて、藤原定家ら六人が編集。歌数は約二千首である。これら三つの歌集は、特に優れた歌集として「三大和歌集」と呼ばれている。掲載されているそれぞれの歌にはどのような思いが詠まれているかを考え、読み味わおう。

それぞれの歌集に載っている歌の特徴を捉えよう。

歌の内容を理解しよう

二人は、歌でどうやって思いを通わせたのだろうか？（→P. 93）

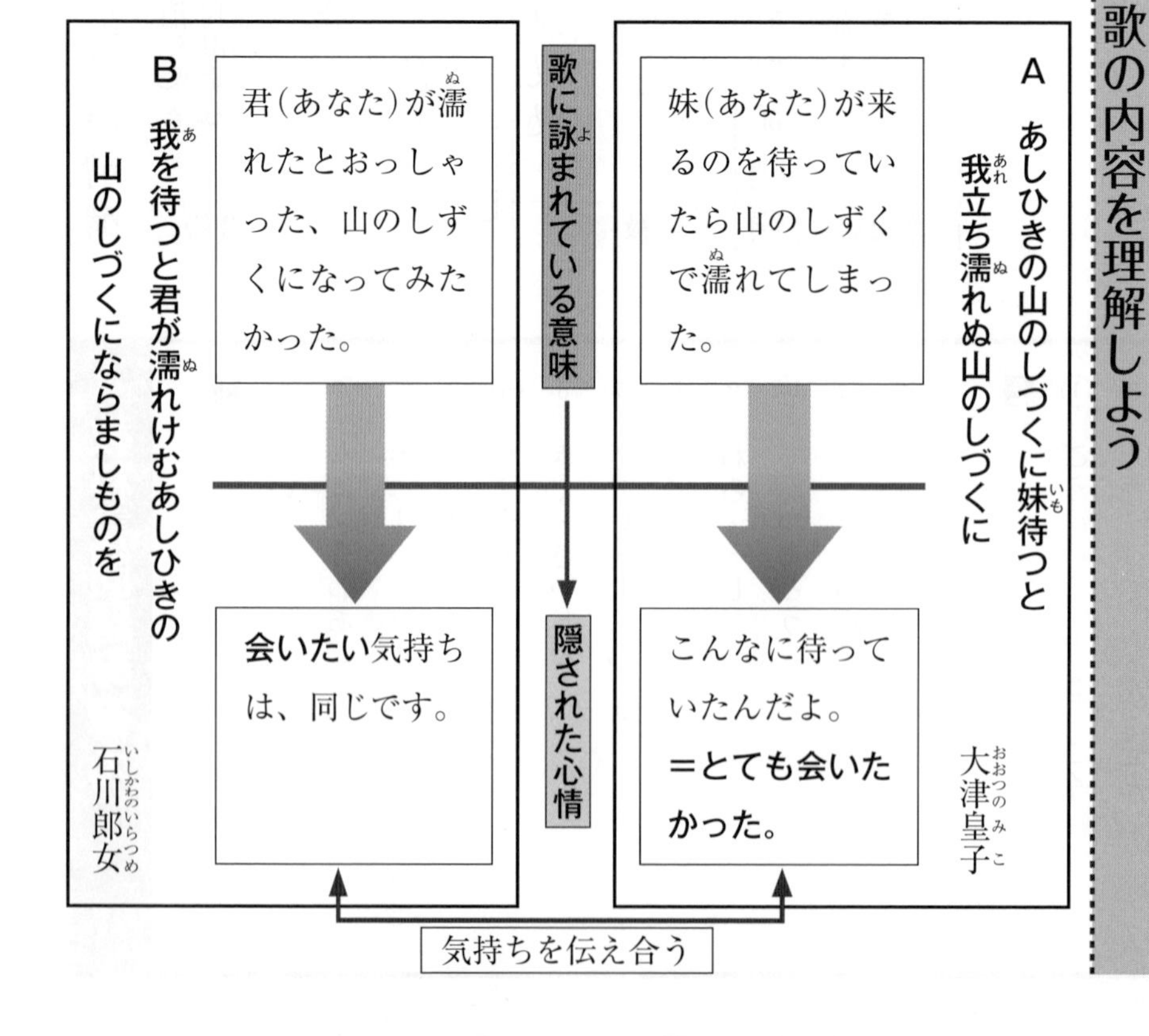

まとまりごとの展開を確認しよう

1 古今和歌集 仮名序 教 P.108・5行め～P.109・9行め

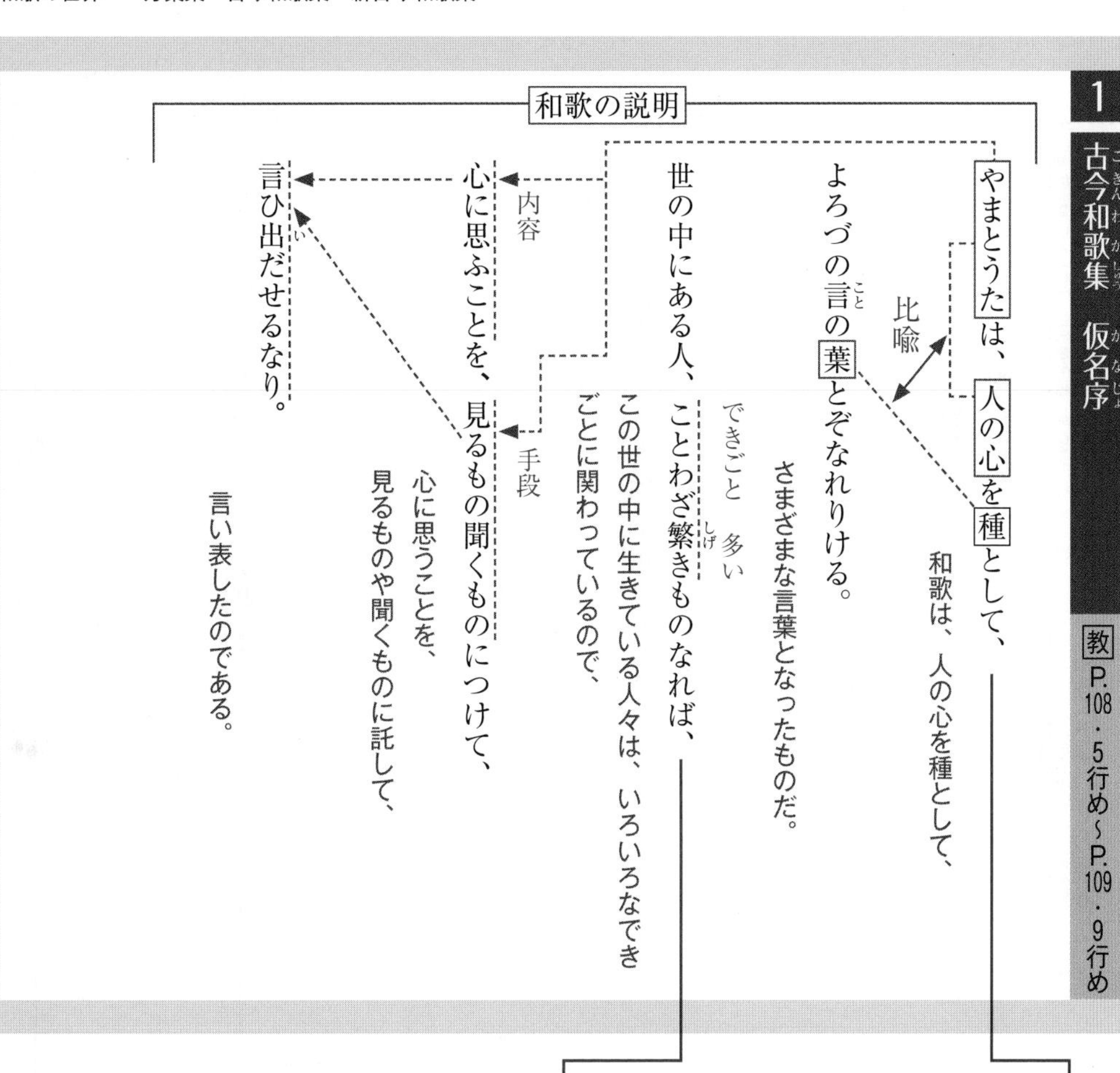

ポイントを確認しよう

① 「人の心」と「やまとうた」の関係は、何と何の関係にたとえられているだろうか。

例 植物の種と、そこから生まれ育っていく葉の関係。

「やまとうた」は「人の心を種として、よろづの言の葉とぞなれりける」の部分がたとえられているところである。

人の心	→	やまとうた（言葉）
＝		＝
（植物の）種	→	（植物の）葉

② 「ことわざ繁きもの」とはどんなことを表しているだろうか。

例 いろいろなできごとが多くあること。

「ことわざ」は「できごと」、「繁き」は頻度が多いことである。

③ 作者は和歌とはどんなものだと言っているだろうか。

例 人が関わるさまざまなできごとの中で、心に思うことを見るものや聞くものに託して言い表したもの。

「世の中に……言ひ出だせるなり」の部分が「やまとうた」つまり、「和歌」の説明である。「和歌」とは、人が「心に思ふこと」を「見るもの聞くものにつけて」という手段で表したもののことである。

和歌を詠むもの

花に鳴くうぐひす、水にすむかはづの声を聞けば、
花に鳴くうぐいす、清流にすむ河鹿の鳴く声を聞くと、

生きとし生けるもの、いづれか歌をよまざりける。
反語→強い肯定＝誰もが歌を詠む
生きているものである限り、いずれも歌を詠まないことがあるだろうか。

和歌の力

効果①
力をも入れずして天地を動かし、
力をも入れることなく天地を動かし、

効果②
目に見えぬ鬼神をもあはれと思はせ、
目に見えない精霊をも感動させ、

効果③
男女のなかをも和らげ、
男女の仲をも親しいものにし、

効果④
猛き武士の心をも慰むるは歌なり。
勇猛な武士の心をも和やかにするのは歌である。

「仮名序」＝「古今和歌集」の序文で、和歌についての撰者たちの見解を述べたもの。撰者の一人である紀貫之が平仮名で書いたものとされている。

① 「花に鳴くうぐひす、水にすむかはづの声」は何の象徴だろうか。現代語で答えなさい。

例 趣深いもの。

「かはづ」は河鹿（蛙）のこと。作者は、うぐいすや河鹿の趣深い鳴き声を聞けば、全ての「生きているもの」は感動して和歌を詠むと表現しているのである。

② 「いづれか歌をよまざりける」とは、どんな意味だろうか。わかりやすく説明しなさい。

例 誰もが歌を詠むということ。

「歌を詠まないことがあるだろうか。（いや詠まないことはない。）」という二重否定で肯定の意味を強めている。このような表現を反語という。

③ 作者が述べている和歌の持っている力を、現代語で四つ箇条書きで答えなさい。

例
・天地を動かすこと。
・精霊を感動させること。
・男女の仲を親しいものにすること。
・勇猛な武士の心を和やかにすること。

最後の部分が歌の持っている力であるから、書かれていることを内容ごとに分けて書き出す。

2 万葉集

教 P.110・1行め～P.111・12行め

◆君待つと吾が恋ひをれば我が屋戸の
すだれ動かし秋の風吹く　　額田王

願望（×風　○君）

あなたがいらっしゃるのを待って私が恋しく思っていると、家の戸のすだれを動かして秋風が吹いている。

◆近江の海夕波千鳥汝が鳴けば
心もしのに古思ほゆ　　柿本人麻呂

汝＝お前

近江の海（琵琶湖）の夕暮れの波間に飛ぶ千鳥よ。お前が鳴くと、私の心もしんみりとして昔が思われる。

◆あしひきの山のしづくに妹待つと
我立ち濡れぬ山のしづくに　　大津皇子

枕詞

約束の場所であなたの来るのを待っているうちに、山の樹木や崖の岩角などから落ちてくるしずくですっかり濡れてしまいましたよ。（ずっと待っていた）＝会いたい

◆我を待つと君が濡れけむあしひきの
山のしづくにならましものを　　石川郎女

枕詞

私を待っていてあなたが濡れたという山のしずくに、私はなれるものならなりたかった（のになあ）。＝会いたい

① 「君待つと～」の歌から読み取れる、作者の心情を書きなさい。

例 すだれを動かしているのが秋風ではなく君（あなた）だったらいいのになあ。

すだれが動いたので恋人が来たかと思ったら風だったのである。それほど「君が来てくれる」ことを心待ちにしているのだが、その気配もないことを残念に思っているのである。

② 「近江の海～」にある「汝」の意味とそれが指しているものを答えなさい。

例 ・意味―お前（あなた）　・指しているもの―千鳥

この歌は、作者が夕方の波間に飛ぶ千鳥を見て昔をしのんでいることを、千鳥に語りかけるようにして詠んだ歌である。

③ 「あしひきの～」と「我を待つと～」の歌に共通する心情を書きなさい。

例 （あなたに）会いたい。

二つの歌は相聞で唱和の形になっている。「山のしずく」になぞらえて恋心を詠んでいるものである。（→P.90）

相聞…「万葉集」の部立ての一つ。恋しい気持ちや愛情などを述べた歌。

唱和…一方が詠んだ和歌に他方がこたえて和歌を詠むこと。

長歌…五・七が繰り返され、五・七・七で結ぶ形式の歌。

山上憶良(やまのうえのおくら)

◆瓜(うり)食(は)めば子ども思ほゆ
栗(くり)食(は)めばまして偲(しぬ)はゆ ─対句
いづくより来たりしものそ
まなかひにもとなかかりて
安眠(やすい)しなさぬ

瓜(うり)を食べると子供のことを思ってしまう。
栗(くり)を食べるとなおさらしのばれる。
(子供はどのような縁で)どこから来たのだろうか。
目の前にやたらにちらついて
安らかに眠らせてくれないことよ。

反歌…長歌のあとに詠(よ)み添える歌。

◆銀(しろかね)も金(くがね)も玉も何せむに
まされる宝子にしかめやも 反語

銀も金も玉も、何になるか。どんなに優れている宝も子にどうして及ぶであろうか、及びはしない。＝子供が一番

子供を思う、親の愛情の
深さがうかがえる歌だね。

① 「瓜(うり)食(は)めば～」の歌では、何を思い、何をしのんでいるのだろうか。

例 子供

瓜(うり)を食べても栗(くり)を食べても、つまり、何をしても子供のことが思い出されるのである。

② 「瓜(うり)食(は)めば～」の歌で、作者が安らかに眠れないのはなぜだろうか。

例 子供の面影が目の前にちらつくから。

「まなかひにもとなかかりて(目の前にやたらにちらついて)」とある。子供のことが気になって、ゆっくり眠ることもできないのである。＝子供への愛情

③ 「銀(しろかね)も～」の歌では、何が一番大事なものだとしているのだろうか。

例 子

「子に及ぶものはない」ということは「子が一番」ということである。親の強い愛情を詠(よ)んだ歌である。

東歌

◆多摩川にさらす手作りさらさらに　何そこの児のここだ愛しき

序詞：多摩川にさらす手作り
掛詞：さらさらに（さらさら・更に）

多摩川にさらしている手作りの布のように更にいっそうどうしてこの子はこんなにもかわいいのだろうか。

防人歌

◆父母が頭かき撫で幸くあれて　言ひし言葉ぜ忘れかねつる

幸くあれて→出発したときに聞いた言葉

父母が頭を撫でながら「無事でいなさい」と言った言葉が忘れられない。

東歌——東国地方に住んだ無名の人々の歌。また、東国の農民の間から生まれた民謡のような歌。
防人歌——主に東国地方から派遣され、北九州地方の警備にあたった兵士（防人）の歌。

① 「銀も～」の歌のように、長歌のあとに詠み添えてその内容を要約したり補ったりする歌のことを何というだろうか。

例　反歌

この反歌は、長歌の子供への愛情の深さをふまえて、子供が何よりも大切な宝だという思いを述べている歌である。

② 「多摩川に～」の歌に使われている掛詞「さらさらに」に、掛けられている二つの意味を答えなさい。

例　手織りの布の手触りが「さらさらである」ということと、かわいい気持ちが「更にいっそう」強くなるということ。

序詞で多摩川にさらしている布の手触り感「さらさら」を導き、それに「更に」という子供への愛情の強さを掛けている。

③ 「父母が～」の歌は防人の歌であるが、この作者に父母が無事でいなさいと言ったのはどんなときだろうか。

例　作者が兵士として北九州地方へ旅立つとき。

自分が防人として行くときに、父母に言われた言葉を思い出して詠んだ歌である。

3 古今和歌集 教P.112・1行め〜6行め

◆人はいさ心も知らず／ふるさとは　花ぞ昔の香ににほひける　紀貫之

（人＝変化する　花＝変化しない）

人はさあ、昔のままの気持ちでいるかどうかわからない。しかし、昔住んでいた場所は梅の花が昔のままに美しく咲いている。

◆思ひつつ寝ればや人の見えつらむ／夢と知りせば覚めざらましを　小野小町

（疑問　→うれしい　→寂しい）

思いながら寝たから、（夢に）あの人が現れたのであろうか。夢だとわかっていたら目を覚まさなかったのに。

◆世の中は何か常なる／あすか川　昨日の淵ぞ今日は瀬になる　詠み人知らず

（反語　掛詞（明日・あすか川））

この世の中は何が永遠なものであろうか。あすか川でも昨日淵であったところが、今日は瀬になっているのに。（永遠なものなどない。）→無常

①「人はいさ〜」の歌で、変わっていないものと変わってしまったものを答えなさい。

例　変わっていないもの＝梅の花（の香り）
変わってしまったもの＝人の心
人の気持ちの移ろいやすさを変わらない自然の「花」と対比させることによって印象づけている。

②「思いつつ〜」にこめられている作者の心情を、形容詞の形で二つ答えなさい。

例　・うれしい　・寂しい
夢の中での気持ちと、目が覚めたときの気持ちである。

夢	あの人に会えた →うれしい
現実	（夢だとわかっていたら）目を覚まさなかったのに →寂しい

③「世の中は〜」の歌の主題は何だろうか。

例　世の中の無常
あすか川の状態が昨日と今日とで違っていることを例に挙げて、常に同じものはないことを詠んでいる。

4 新古今和歌集

教 P.113・1行め～6行め

◆見わたせば花も紅葉もなかりけり／浦の苫屋の秋の夕暮れ　藤原定家

（華やかさ ⇔ 対比 ⇔ 粗末さ）

あたりを見渡すと花も紅葉も何もないなあ。あるのはただ、海辺の粗末な小屋だけである。この秋の夕暮れは。

◆玉の緒よ絶えなば絶えね／ながらへば忍ぶることの弱りもぞする　式子内親王

（激しさ・理由）

私の命よ、絶えてしまうのなら絶えてしまいなさい。この世に生きながらえると、恋を人に知られないようにと耐え忍ぶ心も弱って、秘めきれなくなるから。

◆風になびく富士の煙の空に消えてゆくへも知らぬわが思ひかな　西行法師

（字余り・字余り）

風になびいて富士山の煙は空に消えていく。どこへ行くともわからない私の気持ちと同じように。

① 「見わたせば～」の歌で、はじめに花や紅葉の様子を出すことで、どんな効果があるだろうか。

例　華やかなものに先に触れることで、その後の「寂しさ」を強調する効果がある。

花や紅葉という色鮮やかで華やかなものと、「苫屋の秋の夕暮れ」という色彩もない寂しいものとを対比させることで、「苫屋の秋の夕暮れ」をよりいっそう寂しいものに感じさせることができるのである。

② 「玉の緒よ～」の歌は、命が絶えてしまってもいいという作者の激しい気持ちが表れているが、なぜ作者は命が絶えてもいいと思っているのだろうか。

例　もし生きながらえていると、恋を人に知られないようにと耐え忍んでいた私の心が弱って、秘めきれなくなるから。

作者の恋心は、それを知られてしまうくらいなら、命がなくなってもいいというぐらい激しいものなのである。

③ 「風になびく～」の歌で、作者が「ゆくへも知らぬ」としているものは何だろうか。現代語で二つ挙げなさい。

例　・富士山の煙
・私の思い

作者は流れていく富士の煙を見ながら、自分の行く末を思いはかっているのである。

和歌の技法

●**枕詞**（まくらことば）

・**特定の言葉の前に置かれる言葉。**

例　ひさかたの光のどけき春の日に　しづ心なく花の散るらむ
（紀友則・古今和歌集）

●**序詞**（じょことば）

・**特定の言葉ではないが、ある語句を導き出す言葉。**枕詞より多くの音数からなるものが多く、その歌一回限り使われるのが一般的。

例　結ぶ手の滴ににごる山の井の　あかでも人に別れぬるかな
（紀貫之・古今和歌集）

●**掛詞**（かけことば）

・**同音異義語を利用して、一つの言葉に二つ以上の意味をもたせている言葉。**

例　山里は冬ぞさびしさまさりける　人目も草もかれぬと思へば
（源宗于・古今和歌集）

「（人目が）離れる」と「（草が）枯れる」

学びの道しるべ

▼教科書 P.117

1　和歌のリズムと意味の切れめに注意して、繰り返し音読しよう。（省略）

2　和歌が詠まれた背景を想像しながら、それぞれの和歌の情景や心情を捉えよう。

・仮名序　→P.91～92
・万葉集　→P.93～95
・古今和歌集→P.96
・新古今和歌集→P.97

3　「万葉集」「古今和歌集」「新古今和歌集」の歌を比較しながら、それぞれの表現の特徴について、捉えたことを交流しよう。

■解答例■

・万葉集：日常的な景色や生活を題材に、素直に詠んだ歌が多い。

・古今和歌集：時の移り変わりや心の変化などのはかなさを表現した和歌が多い。

・新古今和歌集：読み手の気持ちをストレートに表現せず、何かに託したり、間接的に伝えたりする歌が多い。

4　好きな和歌を選び、読み取った心情や、表現の特徴、技法の効果などに自分の感想を加えて、鑑賞文にまとめよう。

■解答例■

「思ひつつ～」の上の句では、眠るときに思うほど強い恋心を抱いているのがわかる。そして、下の句では、目覚めたときに夢と知って落胆し、夢の名残を追っている。夢の中でようやく近づけたのに、目覚めとともに再び遠い存在となってしまったことへのやるせなさが感じられる。

重要語句の確認

▼110ページ

2　**屋戸**（やど）　家の戸。家の入り口。

2　**すだれ**　部屋の日よけや目隠し（めかく）などに掛（か）けて垂らすもの。

4　**夕波千鳥**　夕方に、うち寄せる波の上を飛ぶチドリ。「千鳥」はチドリ科の鳥の総称。海や湖などに群がってすむ。

▼111ページ

4　**いづく**　どこ。どちら。

8　**玉**　丸く美しい石。宝石。

10　**愛し**（かな）　いとおしい。

▼112ページ

6　**淵**（ふち）　水がよどんで深くなっているところ。

6　**瀬**（せ）　川の水が浅くなっているところ。

▼113ページ

2　**浦**（うら）　海岸。海辺。

6　**富士の煙**（けぶり）　富士山から出る噴煙（ふんえん）。当時、富士山は火山活動をしていた。

▼115ページ

下1　**勅撰**（ちょくせん）　天皇の勅命（ちょくめい）によって和歌などを編纂（へんさん）すること。

新出漢字のチェック✓

ページ 112　**瀬**　19画

せ

氵 氵 沪 涑 涑 漸 漸 瀬 瀬 瀬

瀬になる
浅瀬
立つ瀬がない

3級

113　**浦**　10画　×「甫」

うら

丶 丶 氵 氵 汀 沪 浦 浦 浦 浦

田子（たご）の浦
津々浦々

準2級

注　**形の似た漢字に注意しよう。**

「浦」と字形の似た漢字には「補」「哺」「捕」などがある。偏に注意しよう。

新出音訓の確認

ページ 108　**今**　キン　古今和歌集

111　**頭**　かしら　頭文字

古典に学ぶ　古文　教科書 P.120〜130

おくのほそ道

松尾芭蕉

内容を確認して、整理しよう

月日は

月日は永遠の旅人のようなものであり、旅を住みかとし、旅の途中で亡くなっている人もいる。私もいつの頃からか、さすらいの思いがやまず、去年の秋、旅に出たい気持ちが高まって、いてもたってもいられず、とうとう今まで住んでいた家も人に譲って旅立つことにした。

平泉

藤原氏三代の栄華ははかない夢のように消え、館の跡は田畑になってしまった。義経の館であった高館に登り、その当時に思いを馳せると、功名も一時の草むらになってしまったものだと、人の世の営みのはかなさに時の移るまで涙を落としたものだ。

立石寺

立石寺は慈覚大師が開いたもので清閑の地である。一度は行ったほうがいいと勧める人がいたので、七里先の尾花沢まで進んでいたのだが、もどって行ってみた。麓の坊に宿を借りて山の上の堂まで登り、仏閣を拝むと、そのあたり全体が佳景寂寞としていて、心が澄んでいくのを感じた。

過去と現在の情景の対比から、作者の心情を想像しよう

〈平泉〉

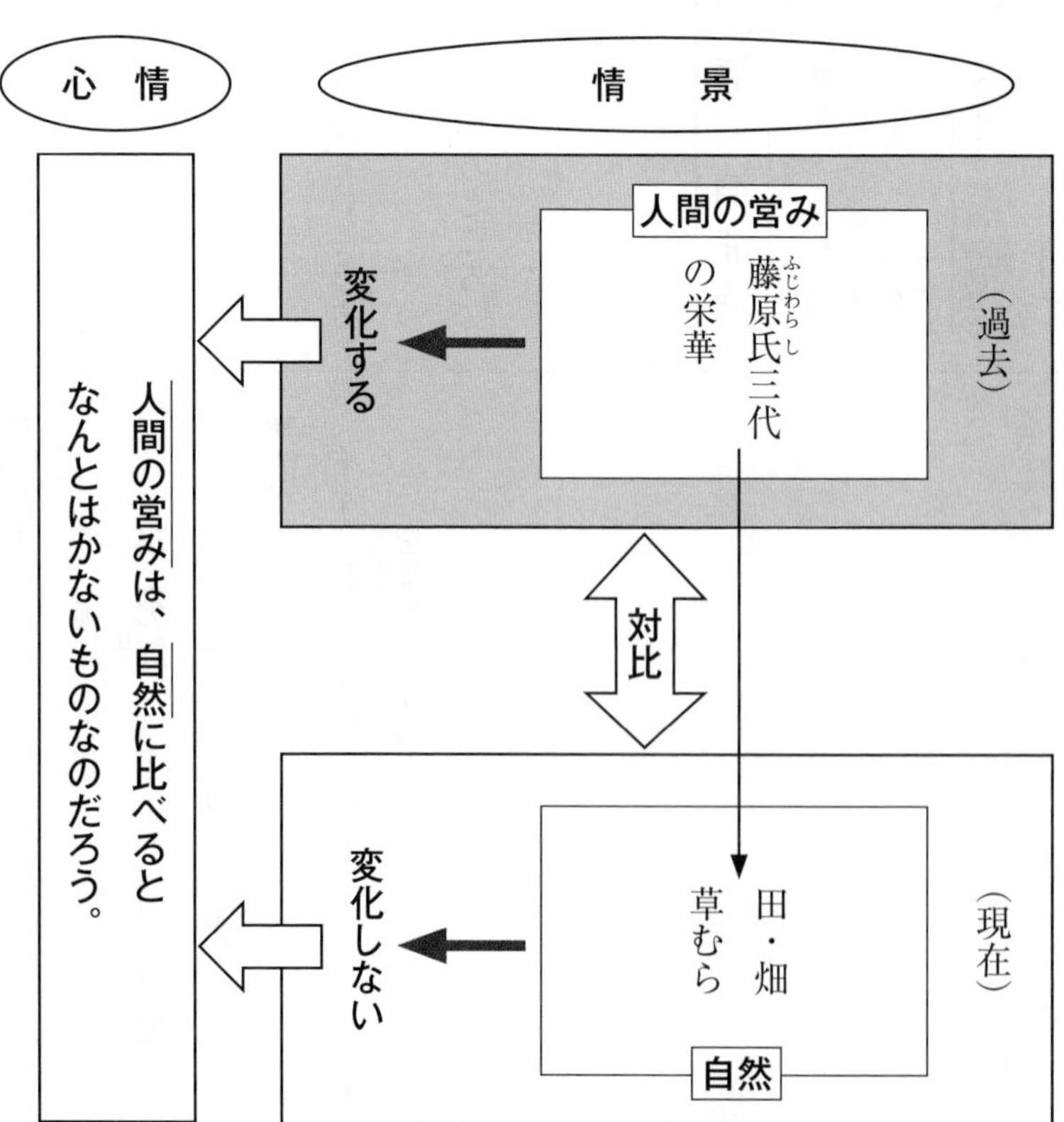

まとまりごとの展開を確認しよう

1 月日は（前半）　教 P.120・1行め～P.121・6行め

◆旅の動機
・月日は旅人のようなもの。旅＝人生、日々の生活
・旅を住まいにしている人（船頭・馬方）もいる。
・古人の中にも旅をしている間に死んでいる人もいる。

◆旅への憧れ
・旅をしたい。○人生―×楽しみ（現代）
・そわそわして何も手につかない。＝駆り立てられる

〈現代語訳〉月日は永遠の旅人のようなものであって、来ては去り、去っては来る年もまた旅人である。（船頭として）舟の上で働いて一生を送り、（馬方として）馬のくつわを引いて年をとっていく人々は、毎日が旅であり、旅を住まいとしている。昔の人の中にも、多く、旅の途中で亡くなった人がいる。私もいつの頃からか、ちぎれ雲が風に誘われていくように、さすらいの思いがやまず、（近年は）海辺の道をさまよい歩き、去年の秋、（隅田）川のほとりの粗末な家屋に（帰って、）留守中に張ったくもの巣を払って、やがて年も暮れ、春がすみの立ちこめる空のもとで、白河の関を越えたいと、そぞろ神が乗り移って心をそわそわさせ、道祖神が手招きをしているような気がして、取るものも手につかない。

ポイントを確認しよう

①芭蕉は旅をどんなものだと考えているだろうか。現代の私たちの旅と比較して、その違いを説明しなさい。

例 現代の旅は日常生活から離れて楽しみのために行くものだが、芭蕉は旅を人生そのものだと捉えている。

現代の私たちの旅は、楽しみを目的に出かけるが、芭蕉の時代は旅に出ることは、危険も多く命がけであった。芭蕉は人生そのものが旅だと考えているので旅に出るのである。

②毎日が旅のようだと芭蕉が思っている職業は、どんな職業だろうか。二つ答えなさい。

例 ・船頭　・馬方

舟の上で働いて一生を送る人と、馬のくつわを引いて年をとっていく人である。

③「月日は」の古文から、対句的な表現を二つ抜き出しなさい。

例 ・舟の上に生涯を浮かべ、馬の口とらへて老いを迎ふる
・そぞろ神の物につきて心を狂はせ、道祖神の招きにあひて、取るもの手につかず

対句とは、よく似たものなどを用いて対照的に表現する方法。

2 月日は（後半） 教 P.121・6行め〜11行め

◆旅への準備

①もも引きの破れを繕う
②笠のひもを付け替える
③三里に灸を据える（松島の月が気にかかる）
④住んでいた家を人に譲る ＝二度と帰ってこない覚悟
→ 杉風の別荘に移る

草の戸も
　住み替はる代ぞ
　　ひなの家
　　　春

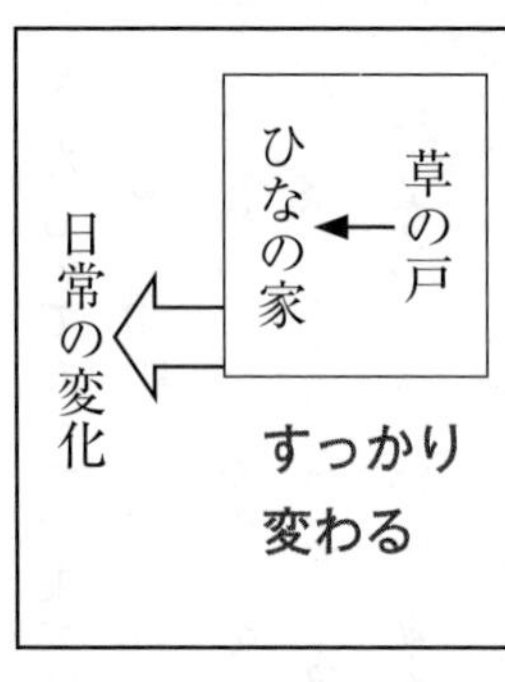

〈現代語訳〉 もも引きの破れを繕い、笠のひもを付け替えて、三里に灸を据えて（旅支度をして）いると、松島の月はどんなだろうかとまず気にかかって、今まで住んでいた家は人に譲り、杉風の別荘に移るにあたって、
　草ぶきのわびしい我が家も、主が変わるときが来たんだな。新しい主には家族がいて、ひな人形を飾るような家となっている。
（この句を発句とした）面八句を（記念として）庵の柱にかけておいた。

①芭蕉が今回の旅に出ようと思ったときに、まず気にかかったのは何だろうか。

例 松島の月
芭蕉は旅支度として、もも引きの破れを繕ったり、笠のひもを付け替えたり、三里に灸を据えることなどをしていたのだが、そのときにまず気にかかったものは、「松島の月」である。

②旅に出るときに芭蕉が住んでいた家を人に譲ったのはどんな気持ちからだろうか。

例 二度とここへは戻ってこないという強い覚悟。
昔の旅は、今と違って大変で困難が伴い、途中で命を落とすこともあったので、今までの生活の整理をして出かけたのである。

③芭蕉は「草の戸も〜」を詠んだとき、どんなことを思っていたのだろうか。

例 日々、変わりないと思っていた日常ですら変化するものなのだな。
この句は、粗末だった自分の家にひな人形が飾られていたのを見たときに詠んだ句である。住む人が変わってしまうと、家の様子もすっかり変わってしまうことから、変わらないと思っていたものでも、変わっていくということに改めて気がついたのである。

3 平泉（前半）

教 P.122・1行め～10行め

◆平泉の情景
・藤原氏の館→田畑

◆栄耀のはかなさ
・功名を立てた城→草むら　時が移るまで涙する

変わらぬ自然 ⇔ 変化のある人間の営み → はかなさ

夏草やつはものどもが夢の跡

夏
卯の花に兼房見ゆるしらがかな　曾良

〈現代語訳〉　藤原氏三代の栄耀（栄華）も夢のように消え、表門の跡は一里ほど手前にある。秀衡の館の跡は田や畑になって、金鶏山だけが残る。まず高館に登ると、北上川は南部から流れる大河である。衣川は和泉が城の周りを流れて、高館の下で（北上川に）流れ込んでいる。泰衡たちの屋敷の跡は、衣が関を隔てた所にあり、南部地方の出入りを固めて蝦夷の侵入を防いでいたと思われる。それにしても、（義経に）忠義を尽くす家臣をよりすぐってこの城にこもり功名を立てたのは一時のことで、今では草むらとなっている。「国が滅んでも山や河はある。城に春は来たがそこには青草だけが生い茂っている。」と（思って）、笠を置いて時が変わるまで涙を落とした。

かつて武士たちが功名を夢見たこの土地も今では夏草がしげるだけだ。

真っ白な卯の花を見ると義経の老臣兼房の白髪頭を見ているような気がする。　曾良

①芭蕉が、藤原氏の栄華を夢のようだと思ったのはなぜだろうか。

例　秀衡らの館のあったところが、今では田や畑になっているから。いつまでも続くと思っていた藤原氏の栄華が、今ではもうすっかりあとかたもないと、館のあとを見て思ったのである。

②芭蕉は、時が変わるまで涙を流したとあるが、そのときどんなことを思っていたのだろうか。

例　自然の変わらない様子に比べて、人間の営みはなんとはかないものだろう。
藤原氏が栄華を誇っていた場所に立ったとき、芭蕉は、自然だけは昔と変わっていないことに気づいた。その一方で、人の世はなんと移ろいやすいものなのだろうと感じてがく然としたのである。

③曾良の詠んだ「卯の花に～」の句の季語と季節は何だろうか。

例　季語…卯の花　季節…夏
この句は、「夏草や～」の句と同時に詠まれている。

④「義臣すぐつて」の「義臣」とは誰の家臣のことだろうか。

例　源義経
藤原氏のところに逃れてきていた義経と、いっしょに逃れてきていた忠義にあつい勇猛果敢な家臣（義臣）たちのことである。

平泉（後半）

教P.123・1行め～6行め

◆光堂への思い

・中尊寺の光堂

朽ち果て、廃墟の草むらとなるはずのところ…

四方を新しく囲まれ残っている

夏　　昔の面影が残っていることに感動

五月雨の降り残してや光堂

〈現代語訳〉　以前から驚嘆して聞いていた二堂が開かれていた。経堂は三将の像を残し、光堂は（その）三代の棺を納め、三尊の仏像を安置している。七宝はなくなり、宝玉をちりばめた扉は風に破れ、金箔を貼った柱も霜や雪によって朽ち果て、もう少しで廃墟の草むらとなるはずのところを、（後世の人たちが堂の）四方を新しく囲んで、屋根瓦を覆って風雨を防ぎ、しばらくの間は千年の昔をしのぶ記念を残すことになったのである。

　五月雨がここだけ降り残したからだろうか。光堂は今も美しく輝いている。

①光堂が今も昔の面影を残しているのはなぜだろうか。

例　四方を新しく囲まれ、屋根も瓦で覆われたから。朽ち果て、廃墟の草むらとなるところを、後世の人たちによって残されたのである。

②「五月雨の～」の句の季語と季節は何だろうか。

例　季語…五月雨　　季節…夏

「五月雨」は、陰暦の5月頃に降り続く長雨、梅雨のことである。

③芭蕉は、光堂のどんなところに感動しているのだろうか。

例　昔の面影を残し、今なお美しいところ。

光堂の美しさだけでなく、光堂を残した人々の努力や心にも思いをはせている。「平泉（前半）」で「人間の営みのはかなさ」を感じた中での感動である。

立石寺

教 P.124・1行め〜9行め

◆立石寺の様子と芭蕉の気持ち

・清らかで静かなところ　↑一度は見ておくべき
・山上の堂に登るのは大変
・佳景寂寞として心が澄んでいくように感じる

閑かさや岩にしみ入る蟬の声　夏

〈現代語訳〉　山形領に立石寺という山寺がある。慈覚大師が創立した寺で、ことさら清らかで静かなところである。一度は見ておくべきだと、人々が勧めるから、尾花沢から戻ってきたが、その距離は七里ほどになる。

日はまだ暮れていない。麓の宿坊に宿を借りて、山上の堂に登る。岩がたくさん重なって山になり、松や檜の木は老木が多い。土や石は古めかしく、苔が滑らかに覆っていて、岩上の院の扉は閉じられていて物の音が聞こえない。崖を巡って岩を這うようにして登って、仏閣を拝むと、美しい景色は静まりかえっていて自分の心が澄んでいくように感じる。

あたりは静まりかえっているなあ（あまりにも静かなので）蟬の声も岩にしみ入っていくようだ。

①立石寺が大変静かなことから、芭蕉はどんな気持ちになっただろうか。

例　心が澄んでいくような気持ち。

「心澄みゆくのみおぼゆ」とある。静けさの中で、心が澄んでいくように感じているのである。

②「閑かさや～」の句は、立石寺の様子を詠んだものであるが、その様子はどんなものだっただろうか。

例　蟬の声が岩にしみ入っていくように感じるほど、静まりかえっている様子。

「閑かさや」と、切れ字の「や」があることで、作者の感動の中心がここにあることがわかる。「蟬の声」だけがしている様子から、静けさが強調されるのである。

「おくのほそ道」行程図にある俳句（一部）

◎行く春や鳥啼き魚の目は泪　季語…行く春　季節…春
◎さみだれをあつめて早し最上川　季語…さみだれ　季節…夏
◎荒海や佐渡によこたふ天の河　季語…天の河　季節…秋
◎蛤のふたみにわかれ行く秋ぞ　季語…行く秋　季節…秋

学びの道しるべ

▼教科書 P.128〜129

1 対句的な表現などを意識して、リズムを味わいながら音読しよう。 ↓P.101③

2 芭蕉(ばしょう)は、「旅」に対してどのような思いを抱いていたか、冒頭部分を読んで、現代の旅と比べながらまとめよう。 ↓P.101①

3 「平泉」の部分で、「時の移るまで涙を落としはべりぬ。」（122ページ・8行め）とあるが、そのときの芭蕉の思いを想像しよう。 ↓P.103②

①芭蕉が目にしたものを捉える。
②芭蕉が想像していることを考える。
③芭蕉の思いを想像する。

4 それぞれの句について、地の文や脚注などと関連づけながら読み、そこにこめられた心情やものの見方について考えたことを交流しよう。 ↓P.107読み方を学ぼう

重要語句の確認

▼120ページ

2 **百代**(はくたい) 長い年月。永遠。
2 **過客**(かかく) 旅をする人。
6 **予** わたし。自分のことをさす。

▼121ページ

1 **漂泊**(ひょうはく) あてもなくさまよい歩くこと。
2 **やや** しだいに。だんだんと。
8 **かた** 場所。ここでは家のこと。
9 **別墅**(べっしょ) 別荘。別宅。
10 **草の戸** 質素なわび住まい。草庵(そうあん)。
11 **庵**(いおり) 粗末な小屋。

▼122ページ

1 **平泉**(ひらいずみ) 現在の岩手県平泉町(ひらいずみちょう)一帯。
2 **一里** 約四キロメートル
2 **こなた** こちら。自分に近い場所を示す。
9 **つはもの** 武士。兵士。

▼123ページ

1 **開帳** 扉(とびら)を開き、秘仏を一般の人々が拝観できるようにすること。
4 **甍**(いらか) 屋根瓦(やねがわら)。

▼124ページ

2 **清閑**(せいかん) 清らかでもの静かなさま。
3 **よし** 由緒(ゆいしょ)。いわれ。理由。ここでは「こと」くらいの意味。
6 **巌**(いわお) 大きな岩。
6 **ふる** 経る。古くなる。
8 **佳景**(かけい) よい景色。すばらしい景色。
8 **おぼゆ** 思われる。自然にそう思われる。

新出漢字のチェック✓

ページ	漢字	画数	筆順	読み	用例	級
120	舟 (×「丹」)	6画	ノ 丿 𠂊 舟 舟 舟	シュウ ふね ふな	舟行・孤舟(こしゅう) 舟で旅する 丸木舟・舟形	4級
120	涯 (×「圭」)	11画	丶 氵 汇 沥 沪 沪 沪 涯 涯 涯 涯	ガイ	生涯を捧げる 天涯孤独 生涯＝一生	準2級
120	誘	14画	丶 亠 言 言 訁 訐 訢 誘 誘 誘 誘	ユウ さそ-う	誘惑・誘導 クラブに勧誘する 映画に誘う	3級
121	泊	8画	丶 丶 氵 氵 汋 泊 泊 泊	ハク と-まる と-める	漂泊・宿泊 旅館に泊まる 親戚を泊める	4級
121	譲	20画	亠 言 言 訁 詝 詝 詝 諚 譲 譲 譲	ジョウ ゆず-る	委譲・謙譲語 交渉で譲歩する 席を譲る	3級
121	荘	9画	一 十 艹 艹 芢 芢 荘 荘 荘	ソウ	別荘(べっそう)・山荘 荘厳(そうごん)・荘重 荘厳(そうごん) 軽薄	準2級
122	巡 (形に注意)	6画	く 巛 巛 巛 巡 巡	ジュン めぐ-る	巡回・巡礼の旅 町の巡査 思いが巡る	4級
124	閑	12画	丨 冂 冂 冂 門 門 門 門 閂 閑 閑 閑	カン	清閑・閑静 閑散 閑古鳥が鳴く	準2級
124	麓	19画	木 林 埜 埜 埜 禁 禁 麓 麓 麓	ロク ふもと	山麓 山の麓	2級
124	佳	8画	ノ イ 亻 仕 仕 佳 佳 佳	カ	佳景・佳作 佳人・佳句 佳境に入る	3級

書き方に注意しよう。

「佳」の右側の部分は、たてぼうがすべて貫くのではなく、「土」が重なった形だよ。注意しよう。

読み方を学ぼう　状況・背景　教P.130

小説や随筆を読むときのポイント
・作品が書かれた時代背景や、作者の履歴などをふまえて読む。
・作品に現れる地名や人名、動植物などを具体的に理解する。
↓
より広く、深い読解が可能

○「おくのほそ道」における状況・背景

卯(う)の花に兼房(かねふさ)見ゆるしらがかな　曾良(そら)

「卯(う)の花」とはどんな花なのか。

「兼房(かねふさ)」とはどんな人物なのか。

なぜ「しらが」なのか。

↓

知ることで，句の意味をより深く味わえる。

古典に学ぶ

言葉発見④ 言葉の現在・過去・未来

教科書 P.131

◆言葉は変化する

▼言葉は、使われ方の小さな差が積み重なり、広く使われるようになると変化する。

例1 古典にも使われていた言葉の変化

①現代では使われなくなった言葉
・「いと」意味 たいそう・まことに
・「はた」意味 本当に・実際に

②現代語では形が異なる言葉
・「見ゆる」（現代では）「見える」

③現代語では意味が変わっている言葉
・「あはれなり」
（「枕草子（まくらのそうし）」での意味）しみじみと情趣（じょうしゅ）深い。
（現代語の意味）かわいそう。不憫（ふびん）だ。
・「をかし」（「枕草子（まくらのそうし）」での意味）風情（ふぜい）がある。
（現代語の意味）おもしろい。

「やがて」は古典では「すぐに」、現代語では「しばらくして」という意味。

例2 現在まさに変化が起きている言葉

「微妙」

○「竹取（たけとり）物語」での使われ方
「家の有りさま、微妙なること、王の宮に異ならず。」
→ 意味 大変すばらしい
家の様子を、王宮のようで「大変すばらしい」とほめている言葉。

○現在の使われ方の例（その一）
「まあね」と彼は微妙な言い方をした。
→ 意味 よいとも悪いとも簡単に判断できない
彼の考えがわからないような、曖昧な答え方をしたことを表している言葉。

○現在の使われ方の例（その二）
「このケーキの味、微妙だね。」
意味 どちらかというとよくない
※特に若い人たちの中で使われることがある意味。

言葉は使われていくうちに、意味や形が少しずつ変化している。古典では、教科書で紹介されたもののほかに、次のような例もある。

あからさまに
古典では→急に、ちょっと、という意味。
現在では→隠さずにはっきりしている様子という意味。

あした
古典では→朝、翌朝、という意味。
現在では→翌日、という意味。

うつくし
古典では→かわいらしい、いとしい、という意味。
現在では→きれいである、という意味。

おどろく
古典では→びっくりする、はっと気づく、目が覚める、という意味。
現在では→びっくりする、という意味。

かなし
古典では→かわいい、いとしい、すばらしい、かわいそうだ、などの意味。
現在では→心が痛む、という意味。

他にも、慣用句などで、本来とは異なる意味で用いられるようになってきた言葉もある。それらには次のような例もある。

情けは人のためならず
もともとの意味
→情けをかけておけばめぐりめぐって自分のためになる。
最近使われるようになった意味
→情けをかけるのは本人のためによくない。

確信犯
もともとの意味
→政治的な確信などに基づいて、正しいと思ってする犯罪。
最近使われるようになった意味
→悪いと知っていることをする。

煮詰まる
もともとの意味
→考えが出つくして、結果が出せる状態になる。
最近使われるようになった意味
→これ以上考えることができず、行き詰まってしまう。

また、以前は「ささいなことに執着する」という否定的な意味合いで使われることが多かった「こだわる」という言葉も、最近では、「食材にこだわった料理」というように、気配りが行き届いていることを表す言葉としても使われている。

論語

教科書 P.132〜135

内容を確認して、整理しよう

『論語（ろんご）』は二千五百年以上前の中国の思想家、孔子（こうし）とその弟子たちの言行録である。内容は真心や思いやりといった「仁（じん）」を中心とした儒教（じゅきょう）の思想であり、日本でも古くから現在に至るまで、多くの人々のものの見方や考え方に影響を与え続けている。

次の四つの孔子（こうし）の言葉についてその内容を捉え、孔子（こうし）の考え方を学ぼう。

1 孔子の生き方について。それぞれの年齢ごとでどのようなことをしてきたか。
2 師となる人に必要なこと。
3 自分の希望していないことは、他人にしてはならないということ。
4 学問のあり方と、君子になる人とはどんな人かについて。

なぜ「論語」の教えが現在の人々にも影響を及ぼしているのかを考えながら学習しよう。

年齢を手がかりに、孔子（こうし）が行ってきたことをまとめよう

孔子（こうし）の生き方

年齢	具体例
十有（いう）五（ご）ニシテ而	志ス二于学ニ一。　学問を志す
三十ニシテ而	立ツ。　一人立ちする
四十ニシテ而	不レ惑ハ。　迷いがなくなる
五十ニシテ而	知ル二天命ヲ一。　自分のつとめを知る
六十ニシテ而	耳順（したが）フ。　他人の言うことを聞き入れるようになる
七十ニシテ而	従ヘドモ二心ノ所レ欲（ほつ）スル一、不レ踰エ矩（のり）ヲ。　思うとおりに行動しても度を越すことがなくなる

↓

具体例があると理解しやすい

まとまりごとの展開を確認しよう

◆ 子曰はく、「吾十有五……」と。

〈現代語訳〉先生が言うには、「私は十五歳で学問を志し、三十歳で学問の基礎を築いた。四十歳で迷いがなくなり、五十歳で自分のつとめを知る。六十歳で他人の言うことを聞き入れるようになり、七十歳で思うとおりに行動しても度を越すことがなくなった。」と。

◆ 子曰はく、「故きを温めて新しきを知る……」と。

温故知新

〈現代語訳〉先生が言うには、「先人の述べたことを学び、そこから新しいことを発見できれば、人の師となる資格がある。」と。

◆ 子曰はく、「己の欲せざる所、人に施すこと勿かれ。」と。

禁止

〈現代語訳〉先生が言うには、「自分の望まないことは、他人にしてはならない。」と。

◆ 子曰はく、「学びて時に之を習ふ、亦説ばしからずや。朋、遠方より来たる有り、亦楽しからずや。人知らずして慍みず、亦君子ならずや。」と。

同じ文型のくり返し

〈現代語訳〉先生が言うには、「学問を究めることはうれしいことではないか。友が遠くから訪ねてくることは楽しいことではないか。他人が認めなくても不平を言わないのは君子ではないか。」と。

ポイントを確認しよう

① 「子曰はく」の「子」は「先生」のことだが、「論語」では具体的に誰のことだろうか。

孔子

「論語」は、孔子とその弟子の言行録であるのだから、「先生」にあたるのは「孔子」である。

② これからできた四字熟語を書きなさい。

温故知新

「故きを温めて新しきを知る」の部分からできた四字熟語である。

③ 「人に施すこと勿かれ」の「勿かれ」は、どんな意味だろうか。

例 してはならない。

「勿かれ」は「禁止」を表しているので、この部分は「他人にしてはならない」という意味になる。

④ 「君子」とは、どのような人だと言っているだろうか。

例 他人が自分を認めてくれなくても、不平を言わない人。

「論語」の中の「人知らずして慍みず」の部分が「君子」の条件である。孔子は認められなくても不平を言わないのが君子だと思っている。

学びの道しるべ

▼教科書P.134

1 漢文特有のリズムに注意して、音読しよう。

（省略）

2 それぞれの章句について、現代語訳を参考にしながら、述べられている内容を自分の言葉で捉え直そう。

↓P.111

漢文は、同じような文型の繰り返しなどでリズム感があって、簡潔に内容を表しているね。

3 「論語」から言葉を選んで引用し、自分の身のまわりの事柄と関連づけて、考えたことを文章にまとめよう。

■解答例1■

私の好きな本のジャンルは恋愛小説だ。友達も読書好きなので本をよく貸すのだが、なかなか読んでくれない。そのことを問いただすと、「私は推理小説が好きなの。あなたの好きな本を押しつけないで。」と言われた。そう言えば私も以前、歴史小説を押しつけられて閉口した経験があった。まさしく「己（おのれ）の欲（ほっ）せざる所、人に施すこと勿（な）かれ。」という論語の言葉通りだと思い、反省した。

■解答例2■

私はよく両親から「もっと勉強したほうがよい」とか「部屋の掃除をちゃんとしなさい」といった忠告を受ける。私のために言ってくれているとわかっていても素直にその忠告を受け止めることができない。「論語」の「六十にして耳順（したが）ふ」という部分を読んで、孔子（こうし）のような優れた人物ですら六十歳になるまで私と同じような気持ちだったのだと思うと少し安心した。六十歳になるまでには人の意見や忠告を素直に受け入れられるようになりたいと思った。

■解答例3■

テレビの討論番組で互いに意見をぶつけ合っている光景を見る。討論が白熱すると、どうにかして自分の意見を押しつけようと声を荒らげる場面もある。「人知らずして慍（うら）みず」を実践することはとても難しい。また、「己（おのれ）の欲（ほっ）せざる所、人に施すこと勿（な）かれ」という視点で見れば、理解されないのが嫌だと思うなら、自分がまず相手のことを理解しなければならない。大切なのは、理解してもらおうとするのではなく、互いに理解しようとする姿勢なのだろう。「人知らず」にならないことが理想だと思う。

重要語句の確認

▼132ページ

2 言行録　ある人物が言ったことや行ったことを記録したもの。

2 仁（じん）　儒教（じゅきょう）において最も重要とされる考え。他人に対する思いやりや優しさのこと。

2 儒教（じゅきょう）　孔子（こうし）の教えを体系化した思想。

5 子（し）　先生。学や徳のある男性への敬称として用いられた。

5 十有五（じゅうゆうご）「有」は「さらに。その上に。」という意味。「十に加えて五」ということで、十五歳のこと。

5 学　学問。

6 惑はず　迷わない。

7 矩（のり）　人としての道理。人の道。

▼133ページ

1 温めて　調べたり研究を深めたりすること。

1 以（もっ）て　それによって。

3 欲（ほっ）せざる所　してほしくないこと。

5 学びて　学問をして。学んで。

5 習ふ　繰り返し練習をする。復習する。「おそわる」という意味ではないことに注意。

6 朋（とも）　友人。友達。

7 慍（うら）みず　うらまない。不平不満を言わない。

7 君子　徳の高い人。

漢文の読み方　訓読の仕方の確認　教 P.135

●白文　もとの漢字だけの文章。

例　春　眠　不　覚　暁

●訓読文　訓点（返り点・送り仮名・句読点）がつけられたもの。漢文を日本語として読む工夫。

例　春　眠　不（ず）レ　覚（エ）レ　暁（ヲ）。

●書き下し文　訓読文を漢字仮名交じりの日本語の文章にしたもの。

例　春眠暁を覚えず。

返り点

① レ点…一字だけ上の漢字に返る。

例　我　読（ム）レ　書（ヲ）。　我書を読む。

② 一・二点…二字以上離れた上の漢字に返る。

例　青　雲　在（リ）二　目　前（ニ）一。　青雲目前に在り。

③ 上・下点…一・二点をはさんで下から上に返る。

例　有（リ）下　朋（とも）、自（より）二　遠　方一　来（タル）上。

朋、遠方より来たる有り。

古典に学ぶ 漢字を身につけよう⑤

教科書 P.138

漢字	ページ	画数	注意	読み	用例	級
轄	138	17画		カツ	管轄・所轄／分轄・統轄／一年を総轄する	準2級
僚	138	14画	×「尞」	リョウ	同僚・官僚／幕僚・僚友／閣僚	準2級
罷	138	15画		ヒ	大臣を罷免する／罷業／罷免＝免職	準2級
邸	138	8画	×「氐」	テイ	邸内／立派な邸宅／官邸⇔私邸	準2級
閥	138	14画	×「代」	バツ	派閥・党閥／学閥・財閥／門閥	準2級
韓	138	18画		カン	韓国／大韓民国／日韓親善	2級
緯	138	16画		イ	緯度／北緯・南緯／経緯を説明する	4級
墳	138	15画		フン	墳墓・円墳／古墳を調査する	3級
祥	138	10画	×「羊」	ショウ	発祥の地／祥月命日／不祥事を起こす	準2級
詮	138	13画		セン	理由を詮索する／詮無いこと／詮議	2級
弥	138	8画		や	弥生(やよい)時代／弥生(やよい)の空／弥生(やよい)式土器	2級
塚	138	12画	×「亡」	つか	貝塚・一里塚／あり塚／無縁塚	準2級
儒	138	16画		ジュ	儒教／儒学／儒者	準2級
禅	138	13画		ゼン	禅宗・禅寺／禅僧・禅問答／座禅を組む	準2級

注 形の似た漢字に注意しよう。

「噴火」の「噴」、「憤慨」の「憤」とは、左の偏が異なるよ。注意しよう。

ページ	漢字	画数	筆順	読み	用例	級
138	僧	13画	亻 亻' 亻'' 伫 伫 伶 倫 倫 僧 僧 僧	ソウ	名僧・僧院 小僧 僧門に入る	4級
138	瓦（つきでる）	5画	一 丆 丆 瓦 瓦	＊ガ かわら	瓦 瓦屋根 立派な鬼瓦	2級
138	洞	9画	丶 丶 氵 氵 汀 汩 洞 洞 洞	ドウ ほら	洞察・空洞化 洞窟内の壁画	準2級
138	窟（×「亡」）	13画	宀 穴 穴 空 穸 穽 窟 窟 窟 窟	クツ	洞窟・巣窟 岩窟・石窟 窟室	2級
138	呪	8画	丨 口 口 口' 口口 口口 吅 呪	ジュ のろ-う	呪文・呪術 呪縛を解く 呪いから逃れる	2級
138	怨（ハネ）	9画	ノ ク タ タ1 夗 夗 怨 怨 怨	＊エン オン	怨念 怨霊（おんりょう） 怨敵	2級

特別な読み方の確認

ページ	語	読み
138	海原	うなばら
138	波止場	はとば
138	早苗	さなえ
138	早乙女	さおとめ
138	白髪	しらが
138	木綿	もめん
138	芝生	しばふ
138	差し支える	さしつかえる
138	お巡りさん	おまわりさん
138	紅葉	もみじ

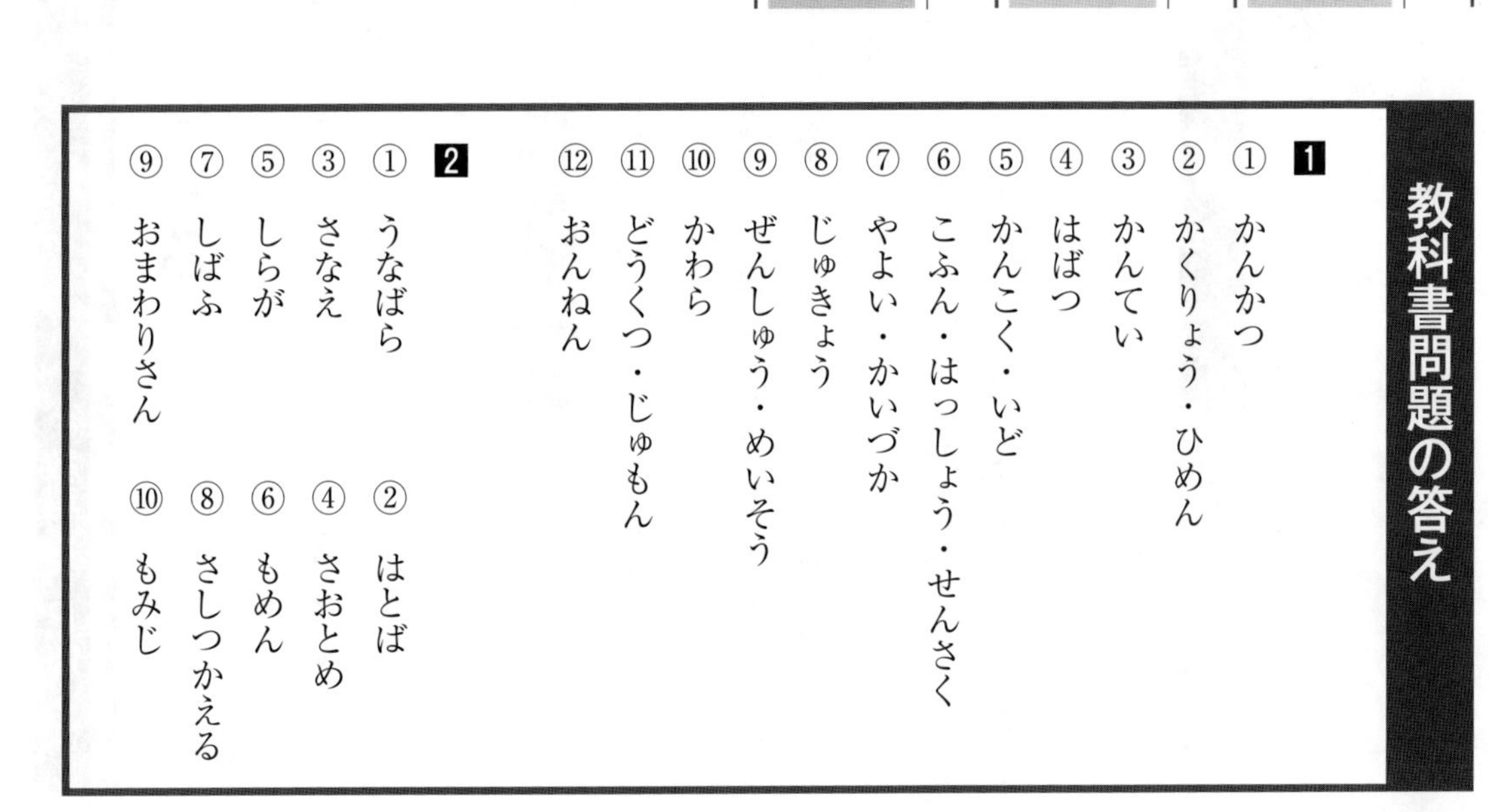

教科書問題の答え

1

① かんかつ
② かくりょう・ひめん
③ かんてい
④ はばつ
⑤ かんこく・いど
⑥ こふん・はっしょう・せんさく
⑦ やよい・かいづか
⑧ じゅきょう
⑨ ぜんしゅう・めいそう
⑩ かわら
⑪ どうくつ・じゅもん
⑫ おんねん

2

① うなばら　② はとば
③ さなえ　④ さおとめ
⑤ しらが　⑥ もめん
⑦ しばふ　⑧ さしつかえる
⑨ おまわりさん　⑩ もみじ

情報を関係づける　情報

複数の情報を関連づけて考えをまとめる

教科書 P.140～141

内容を確認して、整理しよう

テーマ　情報と適切に関わって生きるために

1 課題をつかむ

資料A「情報社会を生きる」から、メディアとの関わり方を考える。

例「情報は送り手の観点から捉えたものの見方であり、送り手の立場によって情報の切り取られ方が違うので、送り手の立場や意見を考える必要がある。」

例「メディアが伝えているのは世の中の一面でしかないため、情報をうのみにせず、多様なメディアの情報を参考にして、情報を再構成しなければならない。」

2 多様な考えにふれる

資料B「広告の読み比べ」を行い、作り手の意図を読み取り、実生活での情報の生かし方を考える。

例「それぞれの広告は、見た人に何をいちばん伝えたいと考えているか。」

例「情報の送り手は、データを示すことでどのようなことを伝えようとしているか。」

3 自分の考えをもつ

資料A・Bを関連づけて、情報と適切に関わって生きるために、大切だと思うことをまとめる。

例「データを示された場合は、信頼性がどのくらいあるか確かめるために、元のデータを調べてみたり、他に同じものを扱ったデータがないか調べたりすることが大切だ。」

例「送り手の意図を読み取り、どのような情報が切り取られたか理解するとともに、自分はどのような立場でどのように考えているか知っておくことが大切だ。」

4 考えを深める

グループで話し合って、それぞれが大切だと思うことを発表し、自分の考えを広げたり深めたりする。

読む

情報を関係づける　論説

情報社会を生きる——メディア・リテラシー

菅谷（すがや）明子（あきこ）

教科書 P.142〜147

内容を確認して、整理しよう

私たちは、まさに情報社会を生きており、人生の大半をメディアとともに過ごしている、といっても過言ではない。そして、メディアが媒介する情報は、世の中を理解するうえで中心的な役割を果たし、私たちの考え方や価値観の形成、物事の選択において、大きな影響力を発揮するようになってきている。

しかし、メディアが送り出す情報は、現実そのものではなく、メディアの種類、地域性、読者・視聴者層、商業的な判断など、さまざまな制作者の思わくや価値判断により再構成された恣意的なものでしかない。そこで、私たちはこのメディアが形づくる「現実」を批判的に読み取るとともに、メディアを使って効果的に表現していくことができるように「メディア・リテラシー」を身につける必要がある。

情報社会に生きる私たちは、それぞれのメディアの特性を理解し、自分たち自身で情報社会をつくっていかなければならない。情報社会の未来は、前向きで創造力あふれるメディア・リテラシーを身につけた私たち一人一人の存在にかかっているのである。

情報の信頼性の高め方を学び、
情報を活用しよう。

段落ごとの関係を確かめよう

大段落

1 現状 ← 2 問題点 ← 3 解決策 ← 4 まとめ

小段落（形式段落）

- 1 現状
  - 1 情報社会を生きる私たち
  - 2 人生の大半はメディアとともに
  - 3 大きな影響を与えるメディアの情報
- 2 問題点
  - 4 現実であるとは限らないメディアの情報
  - 5 事実が切り取られる観点
  - 6 客観的でないメディアの情報
- 3 解決策
  - 7 メディア・リテラシーを身につけるべき
  - 8 メディア・リテラシーとは
  - 9 メディア・リテラシーのポイント
  - 10 ニュース報道の実態
  - 11 ニュース報道におけるメディア・リテラシー
  - 12 情報を集めるときに必要なこと
  - 13 情報の受け手・送り手として必要なこと
- 4 まとめ
  - 14 今後の私たちに必要なこと

工夫：筋道を立ててわかりやすく主張を導いている。
効果：読者の理解を助ける。

まとまりごとの展開を確認しよう

1 情報社会の現状　教 P.142・1行め～13行め

1 **情報社会を生きる私たち**

◆私たちは情報社会を生きている

2 **人生の大半はメディアとともに**

テレビ
平均三時間十八分
＝日本人が一日に見る時間
〔二〇一五年 NHK「国民生活時間調査」〕
×
人生を七五年と考えると
＝
人生のうち一〇年間以上は見ているか？

新聞・**雑誌**、**映画**、**ラジオ**

インターネット
ホームページ・ブログのチェック

多くの時間メディアに触れている
＝
人生の大半をメディアとともに過ごしている

ポイントを確認しよう

①私たちはどんな社会に生きていると筆者は述べているだろうか。

情報社会

筆者は人生の大半をメディアとともに暮らしていて、そのメディアから情報を取り入れる社会に生きていると考えている。

②「メディア」とは、具体的にはどのようなものだろうか。

例 テレビ・新聞・雑誌・映画・ラジオ・インターネットなど。
メディアとは情報を伝えるための仲立ちとなるものである。

二〇一〇年に比べて、二〇一五年ではテレビの利用時間が減り、インターネットの利用時間が増えているといえるね。

③筆者は、私たちが「人生の大半をメディアとともに過ごしている」と述べているが、それはなぜだろうか。

例 日本人の場合、一生のうち一〇年間以上はテレビを見ている計算になるし、日々の生活においてはテレビ以外のメディアにも多くの時間触れているから。
「メディアとともに過ごしている」という表現は、それだけ私たちが「メディア」に触れている時間が長いことを表している。

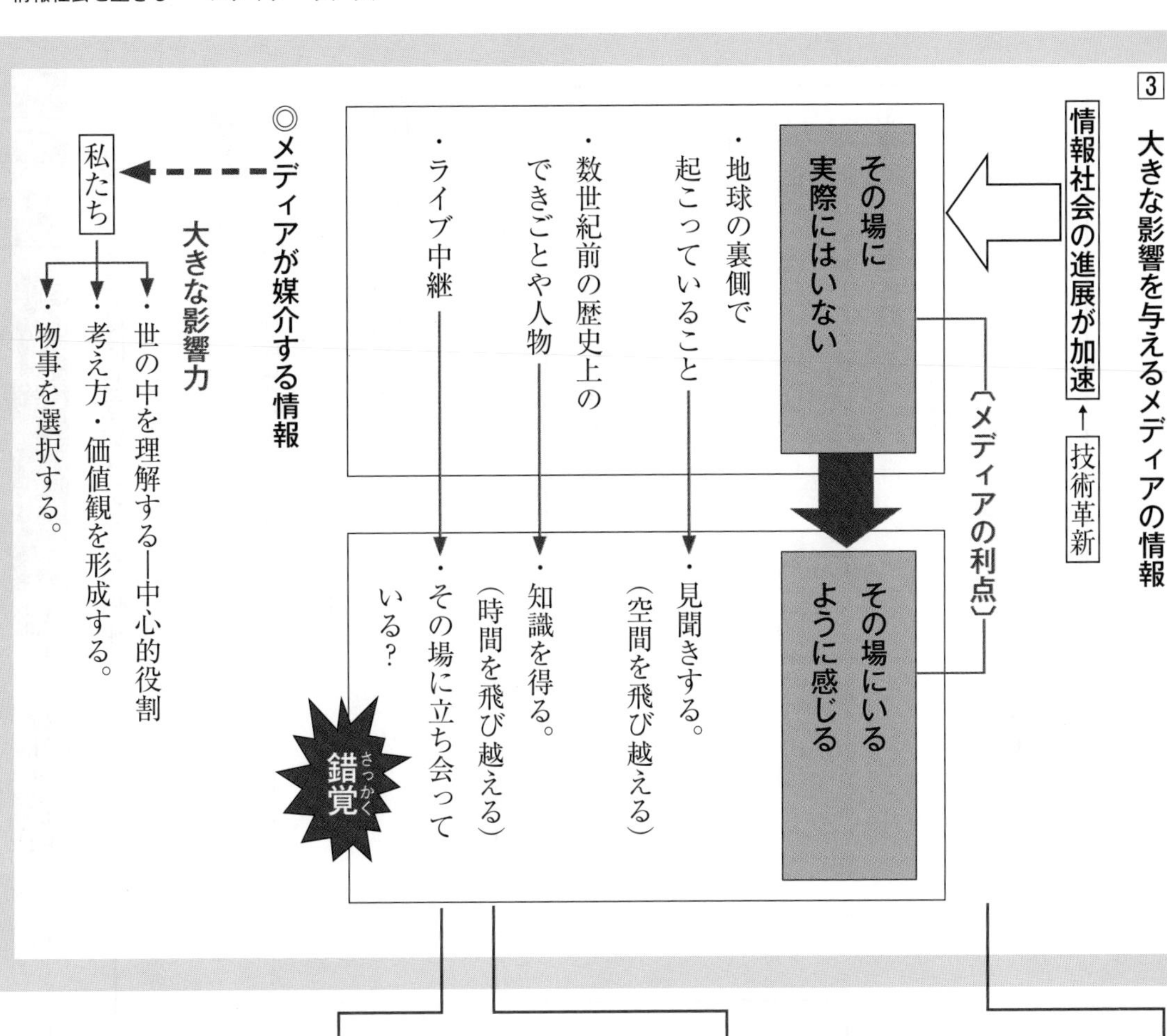

①筆者はメディアのもたらす利点をどんなことだと考えているだろうか。

例 実際にはその場にいない場合でも、あたかもその場にいるように感じられること。

「利点」とはよいところという意味。筆者は、メディアを通せば、その場にいなくても知ったり見たりすることができ、臨場感を味わえると述べている。

②筆者は、私たちが空間や時間を軽々と飛び越えていると表現しているが、具体的にはどんなことだろうか。

例 地球の裏側で起こっていることを見聞きしたり、数世紀前の歴史上のできごとや人物についての知識を得たりすること。

メディアの情報に触れていると、あたかもその情報が目の前で起こっているように錯覚してしまうと考えている。

③ライブ中継であたかもそこにいるように感じることを、筆者はなんと表現しているだろうか。漢字二字で答えなさい。

錯覚

「錯覚」の意味は、本当のことではないのに本当のことのように思ってしまうこと。目の前で起こっていないのに起こっていると思ってしまうことをこのように表現しているのである。

2 メディア情報の問題点

教 P.142・14行め～P.144・2行め

4 **現実であるとは限らないメディアの情報**

現実 → **送り手が自らの主観で選び取る**
＝切り取る

⟷ **メディアが送り出す情報**

5 **事実が切り取られる観点**

①**メディアの種類による特性**
・テレビ、新聞、インターネットなどの違い
→伝えられること、伝えられないこと

②**地域性**
・話題の選択――地域ごと
・同じ話題でも、地域にとってどれくらい関わりが深いか

③**読者・視聴者層**
・子供向けか？　高齢者向けか？
→どの部分を詳しく示し、どの部分を省くか

④**商業的な判断**

---

①筆者は、メディアの情報をどんなものだと捉えているのだろうか。

例 **送り手が自らの主観で選び取ったもの。**

現実に起こったできごとを、全てそのまま伝えることができない以上、メディアの情報はその情報を送る人がその人の観点に基づいて、事実を切り取って伝えたものでしかないと言っている。

②筆者は事実を「選び取」ることを、他の言葉でどのように表現しているのだろうか。

切り取る

文章の流れを捉えて、同じ内容を表している部分を抜き出す。教P.142・14行め「情報は、……送り手が（事実を）選び取ったもの」と、P.143・2行め「（送り手が）事実を切り取らなければならない」を比較する。

③事実が切り取られるときの観点を、四つ答えなさい。

例 ・メディアの種類による特性
・地域性
・読者・視聴者層
・商業的な判断

第5段落にある、「一つには」「二つには」「三つには」「その他にも」という言葉に注目する。

6 客観的でないメディアの情報

◆メディアの伝える情報

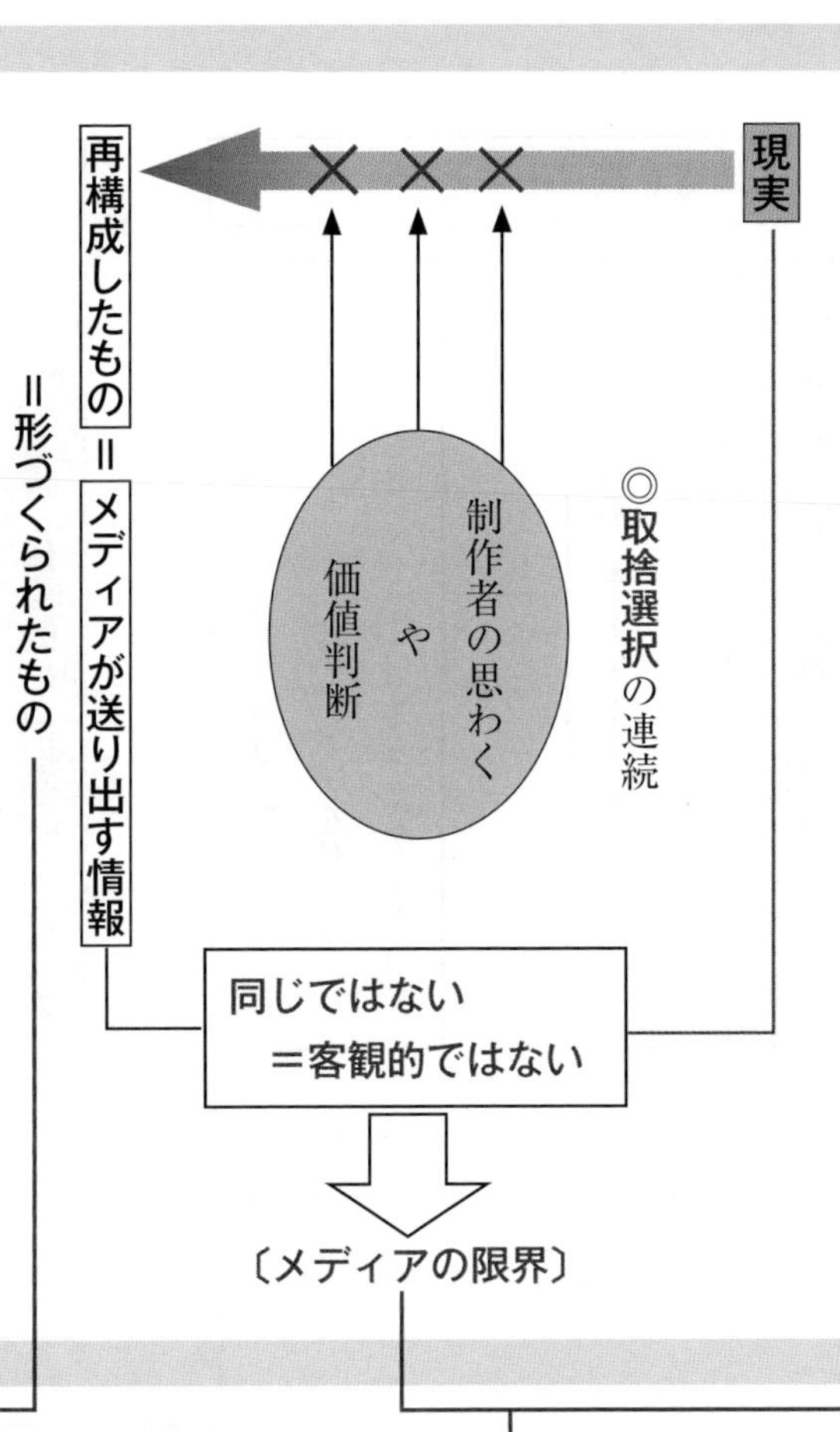

3 問題点の解決策 教P.144・3行め～P.147・3行め

7 メディア・リテラシーを身につけるべき

メディア・リテラシーを身につける必要性 ← メディアがもたらす利点と限界を冷静に把握するため。

①筆者が考えるメディアの限界とはどんなことだろうか。

例 現実を客観的に伝えることはできないこと。

筆者は、メディアとは、現実を伝えるための仲立ちとなるものであるから、それが作り出す情報は、この世の全てをそのまま伝えていることにはならず、恣意的になるのは仕方がないと主張している。

②「メディアの情報」が客観的ではないのはなぜだろうか。

例 情報は、価値判断や制作者の思わくなど、送り手の取捨選択の連続で、現実とは違ったものに形づくられるものだから。

筆者は、どんなに客観的にしようと思っても、現実を全て伝えるわけにはいかない以上、送り手の主観が入らないわけにはいかないと言っている。

③筆者は、「情報を形づくる」ことを、他の言葉でどのように表現しているだろうか。

例 再構成する

文章の流れを捉えて、同じ内容を表している部分を抜き出す。教P.143・17行め「(事実が切り取られる観点によって、)メディアの情報は形づくられている」と、教P.143・19行め「情報は、取捨選択の連続によって現実を再構成した恣意的なものである」を比較する。

8 メディア・リテラシーとは

情報を受け取るとき			情報を送り出すとき		
メディアの特性・社会的意味→理解	メディアの情報＝「構成されたもの」←建設的に「批判」	メディアが形づくる「現実」を建設的に「批判」する能力	自分の考え→表現（メディアを使って）コミュニケーション	メディア社会←積極的につき合う	メディアを使って効果的に表現していく総合的な能力

総合的な能力

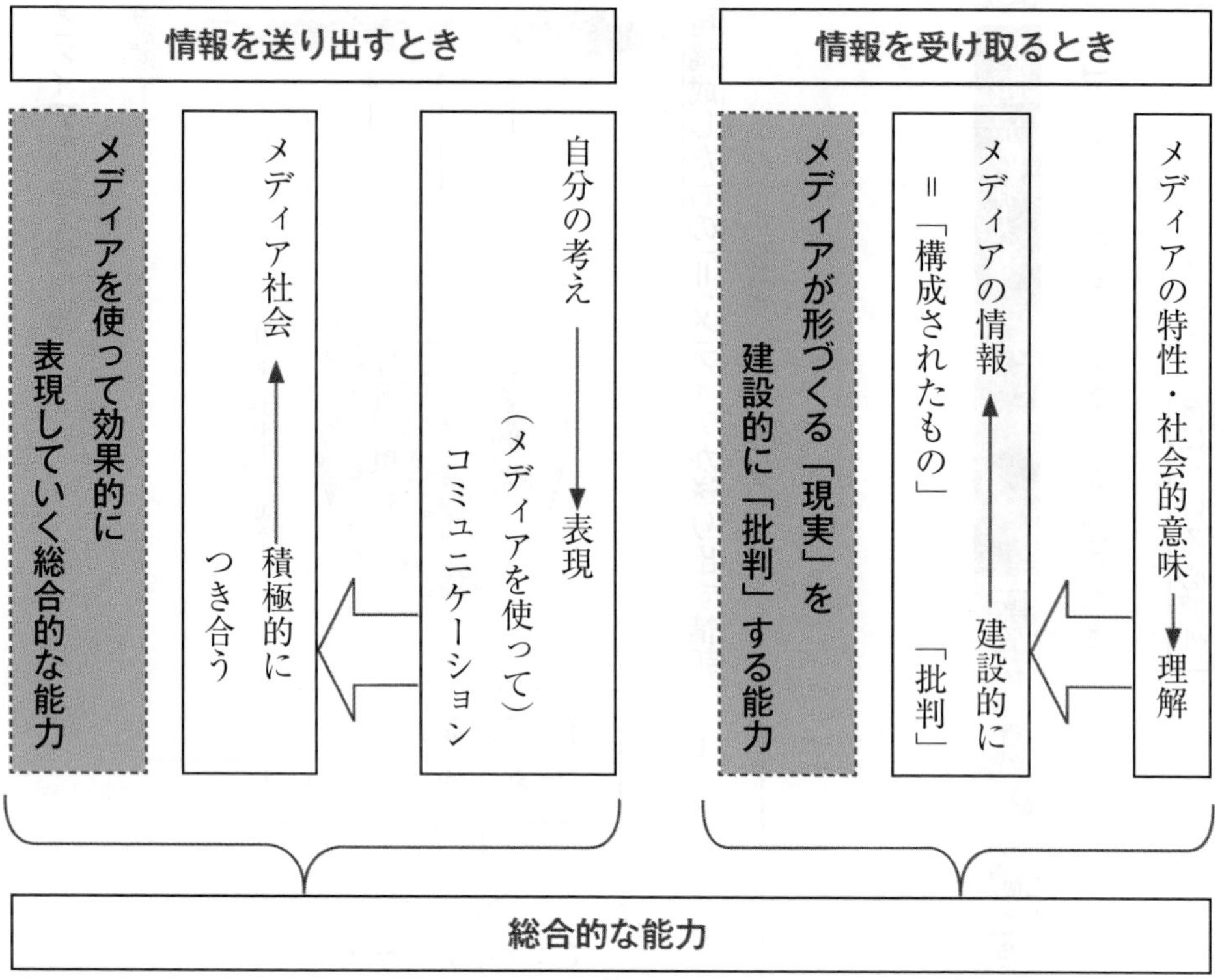

①メディア・リテラシーの考え方では、メディアの情報を受け取るとき、その情報をどんなものとして捉えるべきだと言っているだろうか。第8段落から抜き出しなさい。

構成されたもの

メディアの情報は、取捨選択の連続によって、現実を再構成した恣意的なもの、つまり「構成されたもの」と捉えている。

②メディア・リテラシーとはどんな能力だろうか。

例 情報の受け手の時にはメディアが形づくる「現実」を批判的に読み取ることができ、情報の送り手の時にはメディアを使って効果的に表現していくことができる能力。

メディア・リテラシーは、情報を受け取るときにも発信するときにも発揮できる能力のことである。どちらの場合にもメディアがもたらす「利点」と「限界」をふまえた上で、メディアに対して建設的に、積極的に関わっていくことができるようになるために必要な能力なのである。

メディア・リテラシー	
①情報の受け手として	メディアが形づくる「現実」を建設的に「批判」する能力。
②情報の送り手として	メディアを使って効果的に表現していく能力。
総合的な能力	

9 **メディア・リテラシーのポイント**

メディアから送り出された情報は**現実そのものではない**

↓

送り手の観点から捉えたものの見方

10 **ニュース報道の実態**

例 ニュース報道

ニュース → 私たちが、政治・経済の動きや海外の動向をチェックする役割

×社会をそのまま映し出したものではない

・どんなテーマ
・どんな視点
・誰に取材
・コメントのどんな部分をどう使ってどのように構成するのか

情報を切り取る観点

→ **受け手にとっての見え方が変わる**
＝送り手の観点の違いによって、受け手には違うものに見える。

①筆者は、メディア・リテラシーを発揮してメディアから送り出される情報を扱うとき、どんなことに注意しなければならないと言っているのだろうか。

例 メディアから送り出された情報は現実そのものではなく、送り手の観点から捉えたものの見方であるということを認識すること。メディア・リテラシーを発揮するためには、メディア情報の特徴を、常に忘れないようにすることがポイントである。

②ニュース報道の場合、情報を切り取る観点には具体的にどんなものがあるのだろうか。

例 どんなテーマをどんな視点から取り上げ、誰に取材し、コメントのどんな部分をどう使ってどのように構成するのかという観点。ニュース報道の送り手が、実際にどんなことを基準にしているかを具体的に挙げる。

③ニュース報道でも「受け手にとっての見え方」が変わるのはなぜだろうか。

例 ニュースといえども送り手の観点の違いが反映されてしまうから。
ニュースという一見、客観性を重視しているものであっても、メディアの情報である以上、どんなものであっても送り手の主観が入ってしまうものなのである。

11 ニュース報道におけるメディア・リテラシー

◆ニュース報道を見る時

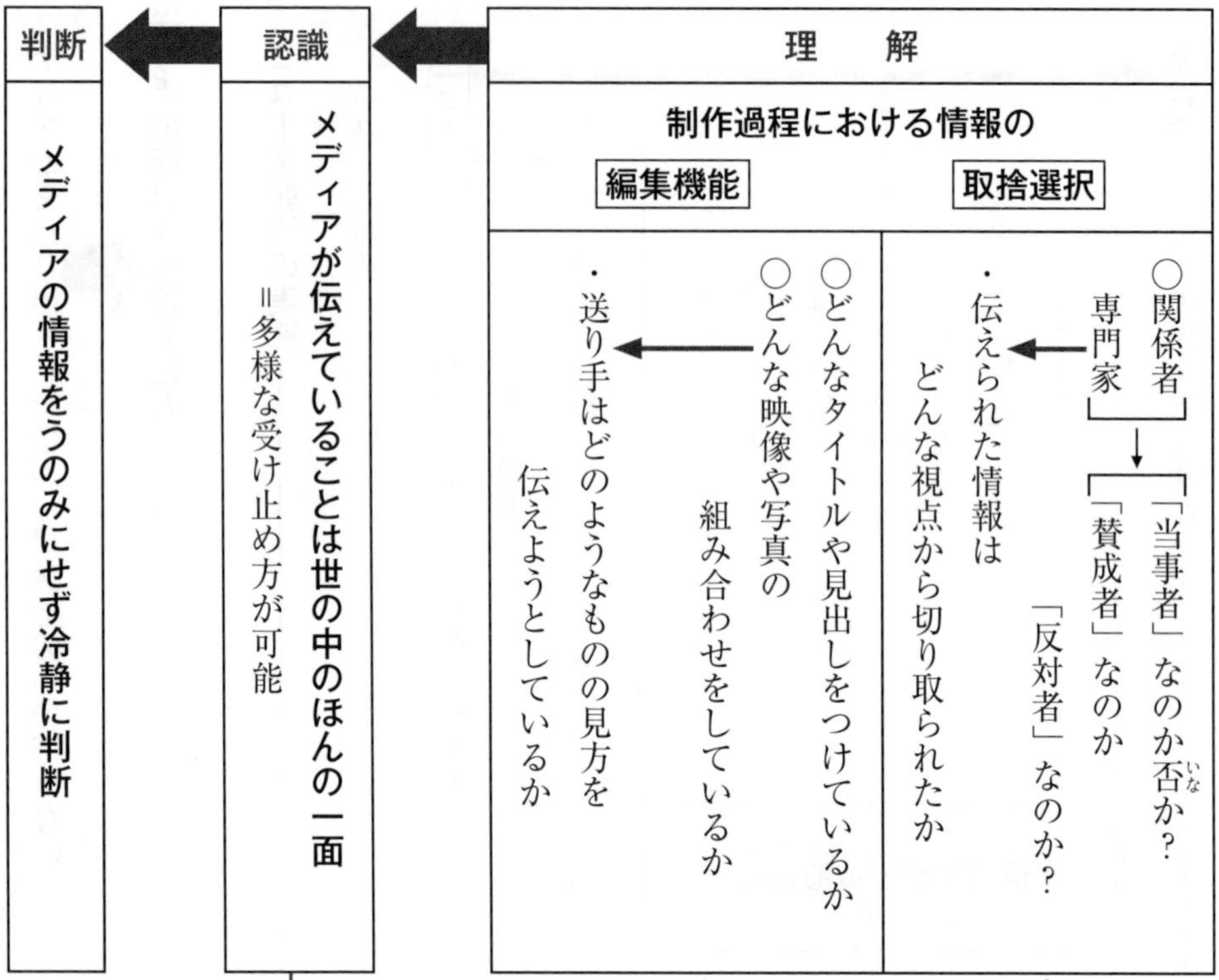

理解		認識	判断
制作過程における情報の 取捨選択	編集機能		
○関係者・専門家 → 「当事者」なのか否（いな）か？ 「賛成者」なのか「反対者」なのか？ →・伝えられた情報はどんな視点から切り取られたか	○どんなタイトルや見出しをつけているか ○どんな映像や写真の組み合わせをしているか →・送り手はどのようなものの見方を伝えようとしているか	メディアが伝えていることは世の中のほんの一面 ＝多様な受け止め方が可能	メディアの情報をうのみにせず冷静に判断

理解 → 認識 → 判断

①制作過程における情報の取捨選択を理解するとは、具体的にどんなことをすることだろうか。

例 ニュースに対して、関係者や専門家が「当事者」なのか否（いな）かや、「賛成者」なのか「反対者」なのかを知り、その情報がどんな視点で切り取られたかを考えること。

伝えられた情報が、誰のどんな視点をもとに切り取られたものなのかを考えることである。

②制作過程における情報の編集機能を理解するとは、具体的にどんなことをすることだろうか。

例 タイトルや見出し、映像や写真の組み合わせに目を向け、送り手がどのようなものの見方を伝えようとしているかを考えること。

送り手が編集するときに、どのような意図をもっていたのかを考えることである。

③筆者は、情報をうのみにせず冷静に判断するために、私たちがするべきなのはどんなことだと言っているのだろうか。

例 制作過程の中の情報の取捨選択や編集機能がどのように行われているかを理解し、メディアが伝えていることは世の中の一面にしか過ぎないということを認識すること。

メディアの情報の特性を理解し、それを認識することが情報を冷静に判断できるようになるための鍵である。

12 情報を集めるときに必要なこと

新しいことを知る・疑問を解決する・考える材料を得る

積極的に読み解くことが重要

［・どんな立場、情報源、なぜそうしているのか］

← 多様なメディアの活用

多様な情報の収集・分析・吟味

← 主体的に情報を再構成

＝自分なりの視点で情報を形づくること

13 情報の受け手・送り手として必要なこと

情報の受け手として

・あらゆるタイプの情報と前向きにつき合う

情報の送り手として

・効果的にメッセージを送り出す＝発信する

→ メディア・リテラシーが必要

4 まとめ

教 P.147・4行め〜6行め

14 今後の私たちに必要なこと

◆筆者の主張

情報社会に生きる 私たち → 必要

｛前向きで創造力あふれるメディア・リテラシーを身につけること｝

→ メディアの特性を理解し、未来の情報社会をつくっていかなければならない

①筆者は、私たちが自分にとって必要な情報を集めるときにどんなことが必要だと言っているだろうか。

例 多様なメディアの情報から、自分なりの視点で情報を収集し、分析・吟味して形づくること。

筆者は、メディアの情報は、送り手の観点で切り取られたものである以上、現実そのままではないから、自分にとって必要な情報は、自分なりの観点をもっていなければ集めることはできないと主張している。

②「あらゆるタイプの情報と前向きにつき合う」の「前向きにつき合う」と同じ意味を表している言葉を第12段落から抜き出しなさい。

積極的に読み解いていく

メディアの情報を受け取るときは、その情報に対して自分から動くことが大切なのである。

③筆者は、情報社会に生きる私たちが、それぞれのメディアの特性を理解し、私たち自身で情報社会をつくるためには、何を身につける必要があると言っているだろうか。

例 前向きで創造力あふれるメディア・リテラシー。

未来の情報社会は、私たち一人一人の存在にかかっており、その私たち一人一人は「前向きで創造力あふれるメディア・リテラシー」を身につけておかなければならないというのが筆者の主張である。

重要語句の確認

▼142ページ

6 **過言ではない** 言いすぎではない。

7 **革新** 新しい考えにもとづいて、これまでの制度や方法などを変えること。

9 **臨場感** まるでその場にいるかのような感じ。

10 **あたかも** さながら。まるで。

11 **媒介**（ばいかい） 二つのものの間で仲立ちをすること。

12 **価値観** 何をよいとし、何を悪いとするかを判断するときの、その人の物の見方。

▼143ページ

2 **観点** 物事を考えるときの立場。

2 **主観** 自分一人だけの考え、見方。 対 客観

3 **裏返せば** 物事の見方を逆にすると。

6 **特性** そのものだけがもつ性質。

19 **取捨選択**（せんたく） 悪いものを捨てて、よいものを選び取ること。

▼144ページ

1 **恣意的**（しい） 勝手なこと。誰もが納得（なっとく）する理由のないこと。

1 **思わく** あらかじめ考えていたこと。考え。

3 **利点** よい点。 類 長所 対 欠点・短所

3 **把握**（はあく） 事情や内容などを、正しくしっかりと理解すること。

6 **建設的** さらによくしていこうと積極的な態度でのぞむ様子。

18 **当事者** そのことに直接関わっている人。

▼145ページ

9 **うのみ** 他人の考えを批判せずに受け入れること。「う」は「鵜（う）」で、魚を丸呑（まるの）みすることから。

19 **分析**（ぶんせき） 物事を要素にわけて、どのように成立しているかを明らかにすること。

19 **吟味**（ぎんみ） 念入りに調べること。

19 **主体的** 自分の考えや判断で行うこと。

19 **再構成** すでにあるものを要素に分解して、もう一度組み立てること。

新出漢字のチェック✓

恣 ページ144 10画 シ 筆順：冫 冫 冫 次 次 次 次 恣 恣 恣

恣意 / 放恣 / 恣意的な言葉 — 2級

書き誤りに注意しよう。 「恣」は「次」の部分を「次」としないように注意しよう。

把 144 7画 ハ 筆順：一 寸 扌 打 扣 扣 把

把持 / 一把・十把 / 論旨を把握する — 準2級

形の似た漢字に注意しよう。 「把」と字形の似た漢字には「握」がある。「握手」などと使われるよ。

情報を関係づける　実用文　教科書 P.148〜149

広告の読み比べ

「カカオ72％　プレミアムチョコレート」という商品の広告について読み比べる。

広告1
特徴
○商品と商品名が大きく表示されている。
○キャッチコピー「あなたを夢の世界へといざなう大人のビタースイート」について
↓
・大きな文字で、おいしさの表現として「夢の世界へといざなう」を使い、味について「大人のビタースイート」と述べている。

広告2
特徴
○高カカオチョコレートを食べることで、脳にどのような影響があるかグラフを用いて示している。
○カカオポリフェノールの体への効果を、グラフを用いて示している。
○カカオ豆に含まれる脂肪について「体脂肪として蓄えられにくい」というメリットを示している。
↓健康に興味がある人を対象にしている広告といえる。

比較の観点
商品名
▼どのような商品名か。どのように示しているか。
キャッチコピー
▼どのような内容、体裁か（書体・大きさ・色などにも注意する）。
写真
▼どのような写真を、どのように使っているか。
データ
▼どのようなデータを用いており、信頼性はどうか。
対象
▼どのような立場、考えの人に向けて作られたものだといえるか。
全体の印象
▼どのような印象をもったか。魅力的だと思うのはどちらか。
↓

例　広告1は、商品の味を取り上げており、広告2は商品に含まれる成分の効果に注目して作られている。そのため、広告1は、味にこだわる人が興味をもちやすく、広告2は健康に興味のある人が興味をもちやすいと考えられる。

例　広告2のデータは、「※当社調べ」となっている。悪玉コレステロールなど、健康的であるためにはどのくらいの値がふさわしいのかなどを調べた上で、健康効果については評価したい。

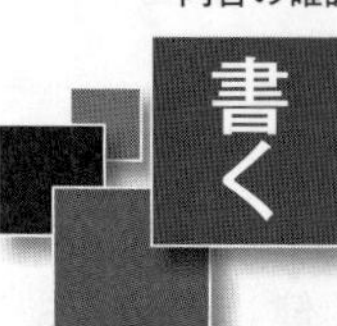

情報を関係づける

ポスター　情報の信頼性を確かめて考えを発信する

教科書 P.150～152

ポスター 広告や宣伝用の掲示物。文字や図表、グラフ、イラストなどで構成され、要点を簡潔にまとめたもの。

1 題材を決める

学校生活・社会生活の中で、「○○を知ってもらいたい」「△△について考えてほしい」と感じる事柄などを見つけ、どのような種類の文章を用いるのが効果的か考える。

例 五七五の標語にする。
例 絵を中心にして、言葉は短くする。
例 論理的な説明をする。
例 データと重要性を伝える言葉を使う。

ポイント
自分が好きなものだけでなく、「なぜ○○があるのだろう」「△△について、このようになっているとは知らなかった」という疑問や驚きなどを感じたものについても取り上げてみる。ポスターを書くことで、自分の考えをまとめることができる場合もある。

2 構成を考えて下書きする

1の内容について、ポスターの中で提示する順序や配置を考える。説得力を高める資料はどれか検討し、どの資料を使うか考える。

ポイント
情報を発信するときには、次のようなことを考える。

◎不特定多数の多様な読み手がいることを想定する。
↓
自分と異なる考えの人が、説得力がある内容だと受け取ることができるか考えてみる。

◎資料を引用する際には、その資料の客観性や信頼性が保たれているかを確かめる。また、自分の考えの根拠として提示するのにふさわしい内容かどうかも検討する。
↓
引用する場合は、教科書P.268の「引用と著作権」を読み、他者の権利を侵害しないように気をつける。

3 推敲して、ポスターを書く

下書きが完成したら、推敲し、清書する。

○次のような観点で推敲してみる。

・図表やグラフ、イラストなどの配置は工夫されているか。
・資料の引用は適切か（出典が示されているか）。
・誤字脱字はないか。

↓

推敲することで、より伝わりやすいポスターを目指す。

↓

推敲が終わったら、清書する。

ポイント

グラフなどを入れる場合、たくさんのデータを示すことで、説得力をもたせようとする場合がある。しかし、ポスターは一枚の紙なので、重要なデータのみに絞り込むと、データを示した理由が相手に伝わりやすい。また、一つ一つのグラフが小さくなりすぎないことで、たくさんのグラフを書き込んだ場合より目立ちやすいポスターになる。データなどは示して終わりにしないで、ポスターで伝えたい内容につながるように、主張や標語などを文字で示すとよい。

また色遣いについても、何を目立たせたいかなどを考えて、使うようにするとよい。

4 交流する

完成したポスターを互いに読み合い、感想や意見を伝え合う。

○次のような観点で読み合ってみる。

・不特定多数の多様な読み手を想定しているか。
・引用されているデータは客観性があるか、また、データが示されることで、どのような効果があるか。
・文章やグラフなどのデータの組み合わせは適切か。内容が伝わりやすくなっているか。
・ポスターで書き手が伝えたかったことは何か。的確に読み手に伝わっているか。
・色の組み合わせは適切か。データが読みにくくなったり、標語が伝わりにくくなったりしていないか。
・ポスターからどのような印象を受けるか。
・ポスターの内容から、どのようなことを感じ、どのようなことに関心をもったか。

↓

これらを意識し、互いのポスターを読むことで、自分の主張の適切な伝え方や、色やデータの効果を考える。

言葉

情報を関係づける

文法の窓

表現につながる文法

教科書 P.153・P.208～211

▼助詞や助動詞に相当する語句（→教P.209）

○助詞に相当する語句

について　に関して　に対して　において　として
によって　につれて　に際し　に応じて

○助動詞に相当する語句

かもしれない　にちがいない　ものだ　わけです
べきだ　ことはない　てもよい　ところだ　ざるをえない

▼視点と表現＝話し手の意識や立場による視点の違い

○自動詞と他動詞

・ぬれた靴が乾いた。（自動詞―乾く）→「ぬれた靴」に視点
・妹がぬれた靴を乾かした。（他動詞―乾かす）→「妹」に視点

○受け身の表現と使役の表現

・猫が犬に追いかけられた。（受け身）→「追いかけられた猫」に視点
・猿が犬に猫を追いかけさせた。（使役）→「追いかけさせた猿」に視点

○やりもらいの表現

・私が友達に本をもらった。→「もらったこと」に視点
・私が友達に本をあげた。→「あげたこと」に視点

○「～ていく」と「～てくる」

・母が弟を学校に連れていく。→「話し手から遠ざかること」に視点
・母が弟を学校に連れてくる。→「話し手に近づくこと」に視点

▼「で」と「において」（「物事の行われる場所」を表す）

次の各文の□に入る言葉は、「で」と「において」のどちらのほうが自然に感じるだろうか。

①
・先週、体育館［で］市民音楽祭が開催されました。
・先週、体育館［において］市民音楽祭が開催されました。

②
・さっき、体育館［で］バレーの大会があったんだ。
・さっき、体育館［において］バレーの大会があったんだ。

③
・昨日午前十時より、本校体育館［で］卒業式が執り行われた。
・昨日午前十時より、本校体育館［において］卒業式が執り行われた。

【解説】

②「さっき」「バレー」「あったんだ」＝くだけた表現を使っている。

←「において」は表現のねらいに合っていない。

③「昨日」「本校」「執り行われた」＝硬い印象を与える表現を使っている。

←「で」は表現のねらいに合っていない。

確認しよう（→教P.210〜211）

※設問文は省略しています。

1 ❶ とともに　❷ にしたがって、（に基づいて）
❸ にもかかわらず　❹ に応じて
❺ にあたり（に向けて）　❻ を問わず

2 ❶ で　❷ により
❸ だけでなく　❹ だけでなく・のみならず

3 ❶ 例・二〇〇〇年初めの時点における携帯電話の普及率は、まだ四〇パーセント程度であった。
❷ 例・対抗戦の前に、校内の各部のスケジュールについて確認をいたします。
❸ 例・調査の過程において気候変動で生態系に変化が生じていることが明らかになった。
・調査の過程で気候変動によって生態系に変化が生じていることが明らかになった。

4 ❶ ホタルを見るには、町外れの川に行くとよい・（行か）ざるをえない・ほうがよい。
❷ 電車が止まっているので、引き返す（引き返さ）ざるをえない・（引き返さ）ないわけにはいかない。
❸ 顔色がよくないね。無理をする（し）てはだめだ・（し）てはいけない。
❹ 雑誌に小説を投稿して、新人賞をとったんだってね。どうりでうれしそうだ（うれしそうな）わけだ・（うれしそうな）はずだ。
❺ この時間に訪ねてきてくれてよかった。今買い物から戻ってきたところだよ。

---

5 ❶ 例ア　可能性が高いと思っている。
イ　何らかの根拠をもとにそうではないかと考えている。
ウ　可能性があまり高くないがあると思っている。
❷ 例ア　練習が絶対に必要だ。
イ　練習するのが妥当だ。
ウ　練習するのが望ましい。
❸ 例ア　親しい人に命令口調で直接的に注意している。
イ　一般的な通念として、許可できないと注意している。
ウ　一般大衆に向けてお願いする感じで注意している。
❹ 例ア　親しい間柄の人にお願いしている。
イ　話し手の希望を述べて、間接的にお願いしている。
ウ　話し手に利益となる行為を受け取ることができるか質問することでお願いしている。

6 ❶ 壊れ　❷ 染め　❸ 入れ　❹ 割っ

7 ❶ 例ア　自分のためにしてくれたと感謝している。
イ　迷惑だと思っている。
❷ 例ア　父が作ったことを客観的に述べている。
イ　父が自分のためにしたことだと感謝している。

8 ❶ 例ア　他のものはともかく、はさみがあれば。
イ　他のものに加えて、はさみもあれば。
❷ 例ア　お茶を飲むようにすすめている。
イ　お茶のような飲み物を飲むようにすすめている。
❸ 例ア　むくことは簡単なことだから、当然自分でもむける。
イ　他のはむけないけど、リンゴの皮だったらむける。

言葉

情報を関係づける

漢字を身につけよう❻

教科書 P.154

漢字	ページ	画数	筆順	読み	用例	級
稼	154	15画	二千禾秆秤秤秤秤稼稼	*カ／かせ-ぐ	時間を稼ぐ 金を稼ぐ 点数を稼ぐ	準2級
賦	154	15画	目貝貝貝貝貝貝貝賦賦	フ	割賦・賦与 賦役 天賦の才能	4級
款（×「款」）	154	12画	士士圭圭圭圭圭款款	カン	約款・借款 定款を定める 落款印	準2級
蔽（×「尚」）	154	15画	艹艹艹艹艹艹艹蔽蔽	ヘイ	日光を遮蔽する 隠蔽 隠蔽⇔露見	2級
妨	154	7画	く女女女女妨妨	ボウ／さまた-げる	業務を妨害する 妨げる	3級
唆	154	10画	｜口口口口口口口唆唆	サ／*そそのか-す	示唆に富む 悪事を唆す	準2級
墜	154	15画	７３阝阝阝阝隊隊隊墜	ツイ	失墜・撃墜 墜落	3級
毀	154	13画	ノイ臼臼臼皇皇毀毀	キ	名誉を毀損する 毀壊 毀言	2級
賠	154	15画	｜目貝貝貝貝貝賠賠	バイ	賠償を要求する 国家賠償 賠償金	準2級

注 形の似た漢字に注意しよう。

「賠」と字形の似た漢字には「貼」がある。「賠」には「つぐないをする」という意味があるよ。

漢字	ページ	画数	筆順	読み	用例	級
訴（×「斥」）	154	12画	二言言言言訂訂訴訴	ソ／うった-える	訴訟・起訴 主張を訴える 勝訴⇔敗訴	4級
訟	154	11画	丶言言言言言訟訟	ショウ	訟務・争訟 内訟 訴訟を起こす	準2級
曹	154	11画	一厂冂曲曲曲曹曹曹	ソウ	軍曹 重曹 法曹	準2級
鎮	154	18画	人ノ全金金金釘鎮鎮鎮	チン／*しず-める／*しず-まる	鎮痛剤・重鎮 鎮圧・鎮火 鎮静化	3級
赦	154	11画	一十土赤赤赤赤赦赦	シャ	恩赦・赦免 特赦 容赦のない意見	3級

154ページ 6画	刑
筆順	一 二 チ 开 刑 刑
音訓	ケイ
用例	刑罰・求刑 刑法 刑務所
級	3級

154 12画	猶（×「酋」）
筆順	ノ 犭 犭 犭 犷 犷 犹 犹 犹 猶
音訓	ユウ
用例	猶予がない 執行猶予 猶予＝延期
級	準2級

154 11画	猟
筆順	ノ 犭 犭 犭 犭 犭 犭 犭 犭 犭 猟
音訓	リョウ
用例	密猟者・猟師小屋 禁猟区の管理者 猟銃を保持する
級	3級

154 14画	銃
筆順	ノ 𠆢 全 牟 金 金 金 金 金 銃
音訓	ジュウ
用例	拳銃・猟銃 銃弾 銃声が聞こえた
級	準2級

154 15画	賭
筆順	丨 冂 目 貝 貝 貝 貝 賭 賭 賭
音訓	＊ト か-ける
用例	賭場 将来を賭ける
級	2級

154 16画	骸（×「亥」）
筆順	丨 冂 冂 冂 冎 骨 骨 骨 骸 骸
音訓	ガイ
用例	形骸化 骸骨・残骸 遺骸・死骸
級	2級

新出音訓の確認

ページ	漢字	音訓	用例
154	専	もっぱ-ら	専ら
154	歩	ブ	歩がいい
154	著	あらわ-す いちじる-しい	著しい
154	貴	たっと-い とうと-い たっと-ぶ とうと-ぶ	貴い
154	客	カク	旅客機

教科書問題の答え

1

① かせ・かっぷ
② やっかん
③ いんぺい・さまた
④ しさ
⑤ しっつい
⑥ きそん・ばいしょうそしょう
⑦ ほうそう・じゅうちん
⑧ おんしゃ・けいばつ
⑨ ゆうよ
⑩ りょうじゅう
⑪ か
⑫ けいがい

2

① もっぱ　② ぶ
③ いちじる
④ たっと（とうと）
⑤ かく

読みを深め合う　詩

初恋

島崎藤村

教科書 P.156〜159

内容を確認して、整理しよう

林檎畠で少女と知り合い、恋に落ち、その恋心が満たされたことへの喜びを歌った詩である。

まとまりごとの展開を確認しよう

第一連 教 P.156・1行め〜4行め	第二連 教 P.156・5行め〜8行め
○少女との出会いと憧れ 少女＝まだあげ初めし前髪 →少女から大人になりたて ＝ （花ある君）……花のように美しい われ→の目に映る様子	○恋をした初めての体験 君　やさしく白き手をのべて 林檎（薄紅の秋の実）をあたえた （白き・薄紅……色の対比） →「初恋」を表現→甘ずっぱい われ←君 やさしい君に恋をした

重要語句の確認

▼156ページ

1　あげ初めし前髪　あげ始めたばかりの前髪。子どもの髪型から娘らしい髪型に変わった様子を表している。

3　前　前髪。

8　人こひ初めし　人に恋し始めた。

▼157ページ

1　こころなきためいき　思わず出てしまったためいき。

ポイントを確認しよう

①この詩では「林檎」を用いて初恋を表現していると考えられるが、林檎の何と初恋の何とが似ているのだろうか。

例　林檎の「甘ずっぱさ」と、初恋のときに感じる「甘く切ない気持ち」が似ている。

君と出会い、君から恋心を与えられ、恋する気持ちで君に会うために何度も通ったという「われ」の「恋心」は、林檎の木の下で出会い、君から林檎を与えられ、林檎の木の下に自然に道ができるほど通ったという「林檎」に関わる「われ」の行動に連動しているのである。

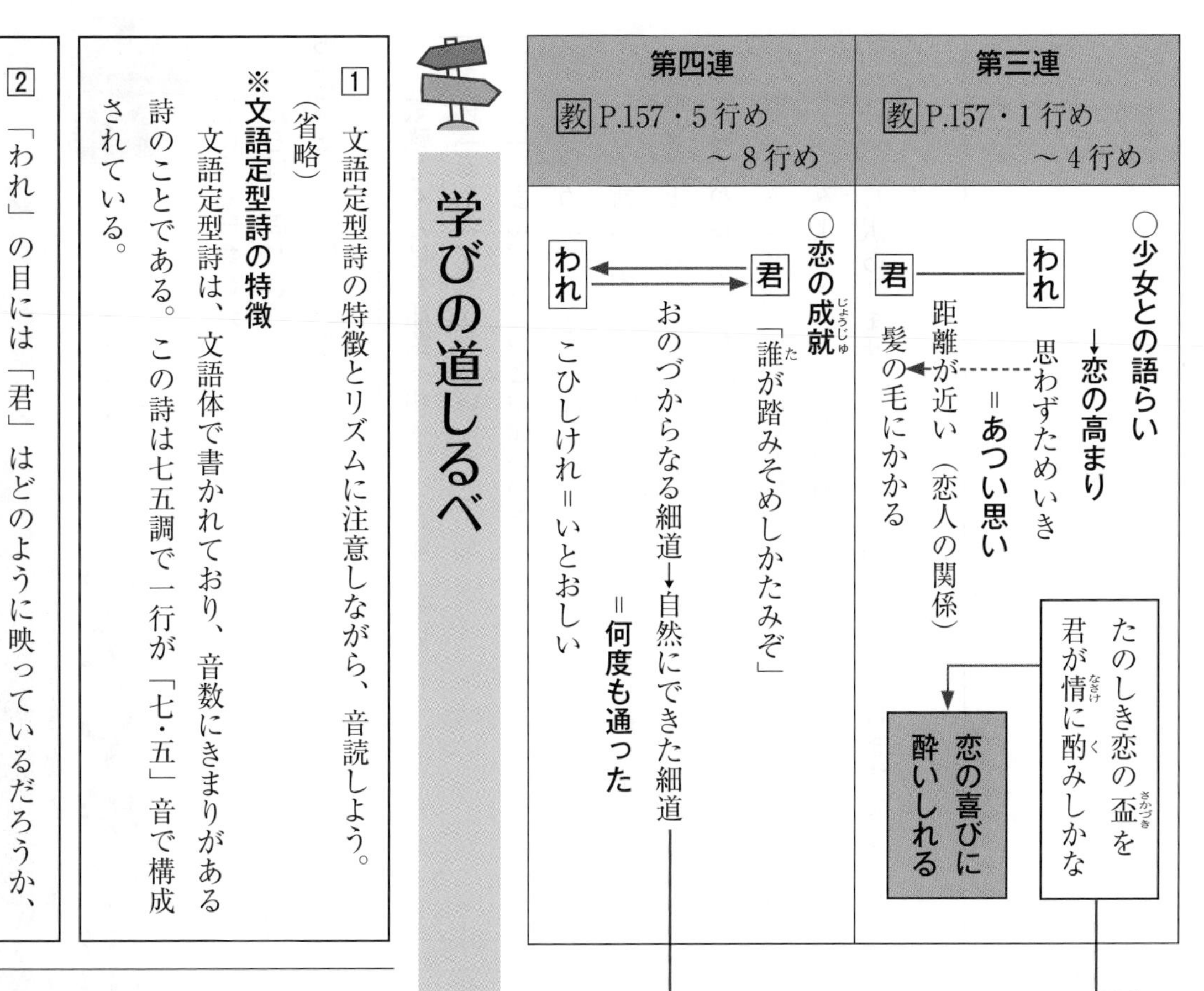

学びの道しるべ

▼教科書 P.158

1 文語定型詩の特徴とリズムに注意しながら、音読しよう。

（省略）

※文語定型詩の特徴

文語定型詩は、文語体で書かれており、音数にきまりがある詩のことである。この詩は七五調で一行が「七・五」音で構成されている。

2 「われ」の目には「君」はどのように映っているだろうか、それぞれの連ごとに捉えよう。

第一連・第二連 →P.134

第三連・第四連 →P.135

①「たのしき恋の盃を／君が情に酌みしかな」の部分は、「われ」のどんな気持ちを表しているのだろうか。

例 君との恋を得た喜び。

恋の喜びを酒にたとえている。「君が情に酌みしかな」は「君」が「われ」の気持ちを受け入れてくれたことを表し、恋をしているという状況に酔いしれているのである。

②「おのづからなる細道」の部分は何を表しているだろうか。

例 「われ」と君が、会うために何度も通ったこと。

二人が会うために何度も通ったことから道ができたのである。

3 「おのづからなる細道」はどのようなことを表しているか、考えよう。 →P.135②

4 「林檎」を用いて初恋を表現していることの効果について、考えたことを書こう。 →P.134①

読みを深め合う

言葉発見⑤ 相手や場に配慮した言葉遣い

教科書 P.160～161

▼表現による印象の違い

私たちは、同じような事柄を伝えるときでも、状況に合わせて言葉や表現を使い分けている。

○**気軽でくだけた印象**＝相手との距離が近い

例「おーい、ちょっといいか。」

「すまん、ちょっとお願いがあるんじゃけど。」

「ごめん、ちょっとだけ時間ある？」

※方言は、家族や親しい友人と話すとき、気軽な会話をするときなどに使うことが多い。

○**丁寧でかしこまった印象**＝相手との距離が遠い

例「すみません、少しよろしいでしょうか。」

「すみません、ちょっとお願いがあるのですが。」

「申し訳ありません、少しお時間をいただけますでしょうか。」

1 敬語のさまざまなはたらき

①**相手に対して尊敬の気持ちを伝えたり、失礼にならないよう相手を尊重していることを伝えたりする。**

例 先日いただいた（謙譲語）クッキーはおいしかったです（丁寧語）。

②**初対面の人やよく知らない人に話す。**

例 隣の席はあいていますか（丁寧語：ます）。

③**あらたまった場面で大勢の人に話す。**

例 皆様に（尊敬語）お尋ねし（謙譲語）ます（丁寧語）。

④**相手に頼みごとをする・謝る。**

例 よろしくお願いいたし（謙譲語）ます（丁寧語）。

⑤**相手と少し距離をおいていることを示す。**

例 あなたを責めているわけではありません（丁寧語）。

2 敬語を使わずに気配りを表す方法

▼敬語は使わないが相手に対する気配りが感じられる表現。

○相手に迷惑をかけることに対する遠慮の言葉

例「悪いんだけど」「よろしければ」「すみません」「あいにく」　など

○相手の気持ちを尋ねる言葉

例「〜してくれない?」「〜していいかな?」「〜してもらえる?」　など

○挨拶やお礼の言葉

例「おはよう」「ありがとう」　など

○表情や身振り手振り

例　にっこりする。おじぎをする。など

確かめよう

1　＊設問文は省略しています。

例　①　長い間お借りして申し訳ありませんでした。知りたいことが書いてあり、大変役に立ちました。ありがとうございました。

②　長いこと借りててごめんね。知りたいことが書いてあって、すごく役立った。ありがとう。

③　長い間借りていてすみませんでした。知りたいことが書いてあって、とても役に立ちました。ありがとうございました。

2　あなたは生活の中のどのような場面で敬語を使うだろうか。それは、「敬語のさまざまなはたらき」のどの用法か考えよう。

例　先生に勉強でわからないところを聞く場面

先生、わからないところを教えていただきたいのですが、今よろしいでしょうか。（P.136①の用法）

3　「あざーす（ありがとうございます）」や「そうすか（そうですか）」は敬語だろうか。考えを話し合おう。

例　「あざーす」「そうすか」は元の言葉を雑に略した言葉なので、相手に対する尊敬や尊重の気持ちが感じられない。だから、敬語とは言えないと思う。

故郷

魯迅（竹内好訳）

教科書 P.162～178

内容を確認して、整理しよう

別れて二十年にもなる故郷に「私」が帰ってきたのは、もう真冬の候であった。寂寥の感が胸にこみあげてくるのだが、それは、今回の帰郷が故郷に別れを告げるためのものだからであろう。家に着いて母と話していると、幼いときに兄弟のように接していた閏土との思い出がよみがえり、やっと美しい故郷を見た思いがした。

しかし、かつて「豆腐屋小町」と呼ばれていた楊おばさんや、「私」にさまざまなことを教えてくれて、自分にとっては「すいか畑の銀の首輪の小英雄」であった閏土と再会し、彼らが厳しい現実生活のためにうちひしがれ、すさんでしまって、自分との距離がすっかり遠くなってしまっていることを実感する。

失意の中、故郷を去る船に乗りながら、自分や故郷の人々の生活に思いを巡らせていると、おいの「宏児」と閏土の五男の「水生」との間に、かつての自分と閏土の間で生まれた友情が育まれていることを知った。「私」は、はっと胸を突かれたが、それと同時に、彼らには自分と閏土のように互いに隔絶した人生ではなく、自分たちがなしえなかった「新しい生活」を送ってほしいと、切に「希望」したのである。

人物設定の効果を考えよう

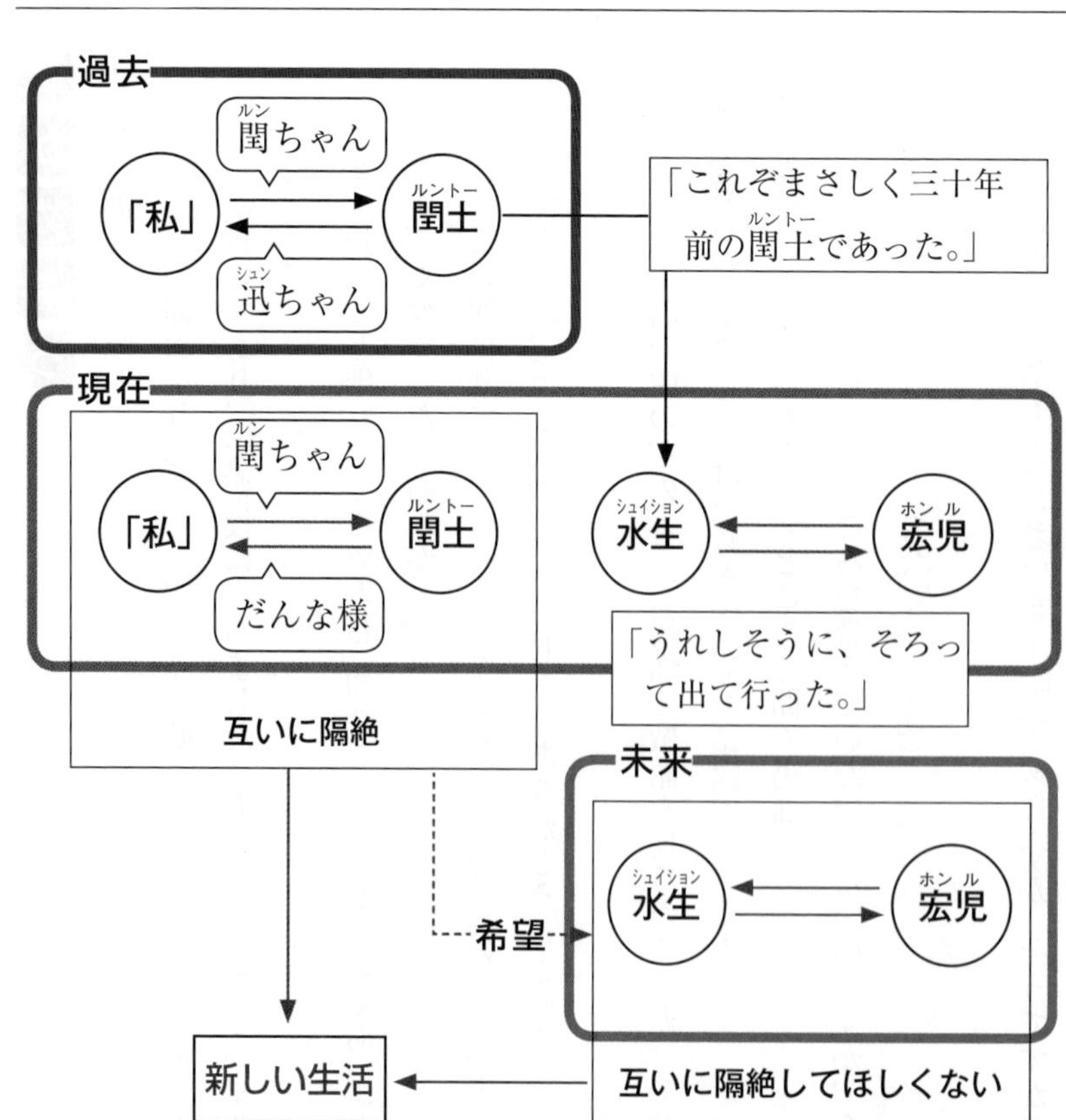

まとまりごとの展開を確認しよう

1 故郷に帰る（現在）

教 P.162・1行め～P.163・20行め

◆故郷の様子

○厳しい寒さ
○冷たい風
○鉛色の空
→ 真冬の候

○わびしい村々
（今）わびしい村々が
いささかの活気もなく
あちこちに横たわる
もともとこんなふうなのだ

故郷の寂しさ
寂寥（せきりょう）の感
（故郷に別れを告げるために来ている）

（二十年前）ずっとよい ↔ もともとこんなふうなのだ

情景描写から風景を想像しよう。

○わが家
・屋根には一面に枯れ草のやれ茎が、風になびく
＝手入れができない→お金がない？
この古い家が持ち主を変えるほかなかった理由を暗示

○母
・機嫌がよい………（理由）息子の帰郷
・やるせない表情…（理由）引っ越し

ポイントを確認しよう

① 二十年前と今とでは、「私」の故郷に対する感じ方はどのように変化しているだろうか。

例 活気もなくわびしい故郷に対して、二十年前はずっとよかったと思っていたが、今はもともとこんなふうだと思っている。

「私」の感じ方が変化したのは、今回の帰郷の目的が故郷に別れを告げるためのものであったからである。

故郷	わびしい村々が、いささかの活気もなく横たわっている
二十年前	ずっとよかった
今	もともとこんなふう

② 「この古い家が持ち主を変えるほかなかった理由」とは何だろうか。

例 住んでいた母が家の手入れができないほどお金に困っていたから。

母やおいが住んでいるにもかかわらず、「屋根には一面に枯れ草のやれ茎が、おりからの風になびいて」いるという状況は、母が、屋根を直そうと思ってもできない経済状況であったことを思わせる。今回の帰郷の目的は、この家を処分して「私」が住んでいる地に母とおいを引き取ることであった。

2 幼い頃の閏土の思い出（過去）

教 P.164・1行め〜P.167・7行め

◆幼い頃の閏土と「私」

○閏土（十一、二歳）
・「私」の家で働く雇い人の息子
・祭器の番をするために来た
・小鳥を捕るのがうまい
・艶のいい丸顔
・小さな毛織りの帽子
・銀の首輪（息子が死なないようにという父の願かけ）
・人見知りだが、「私」にだけはよく口をきく

↔ すぐ仲良くなる

○「私」（十歳そこそこ）
・坊ちゃん……父も生きていて暮らし向きも楽だったから

私と閏土は、兄弟のように心を通わせていたんだね。

◆閏土の話

○小鳥の捕獲　「私」「鳥を捕ってくれ」
　閏土「大雪が降ってから」
○海の貝殻…赤いの、青いの、「鬼おどし」、「観音様の手」
○すいかの番
　「穴熊・針ねずみ・猹」を「さすまた」で撃退
　＝すいかの危険な経歴
○「跳ね魚」（かえるみたいな二本の足）

「私」の知らないこと
触れたことがないこと
⇩
魅力的
閏土の心＝神秘の宝庫

① 「銀の首輪」は、父親の閏土に対するどんな願いを表しているものだろうか。

例 息子が死なないようにと、息子を大切に思う気持ち。
「銀の首輪」は、父親の息子に対する溺愛ぶりの象徴でもある。

② 「すいかの危険な経歴」とは、どのようなことを意味しているのだろうか。

例 畑のすいかは、穴熊や針ねずみや猹が取りに来るかもしれないので、夜通し見張り、来たときには「さすまた」を使って撃退する必要があるということ。
すいか一つを育てあげるのに、動物とそれを守る人間との間に毎晩戦いが繰り広げられていることを、たとえてこのように表現している。

③ 閏土の心を「神秘の宝庫」と表現していることから、「私」は閏土のことをどう思っていることがわかるだろうか。

例 閏土は、自分の知らない珍しいことを多く知っていて、そのことが「私」にとって「神秘の宝庫」と表現できるぐらいとても魅力的であるということ。
閏土の話すことは、今まで「私」が触れたことのないような世界のできごとばかりであり、次から次へと出てくる閏土の心が、「私」にとって魅力的なものがたくさんつまっている宝庫のように感じられたのである。

3 楊おばさんとの再会（現在）

教 P.167・8行め～P.169・11行め

◆楊おばさん

今の楊おばさん	記憶にある楊おばさん
・甲高い声 ・頬骨が出ている ・唇が薄い ・製図用の脚の細いコンパスそっくり	・豆腐屋小町 ・おしろいを塗っている ・頬骨は出ていない ・唇も薄くない ・一日中座っていた

◆楊おばさんとの会話

私―金持ち	楊おばさん―貧乏
・見忘れた＝覚えていない どぎまぎ ・返事のしようがない ・口を閉じたまま	・親しげな態度 ・不服・蔑む・冷笑 ・ふくれっ面 ・ぶつぶつ言う ・母の手袋をズボンの下へねじ込んで出ていく ・ねたみ ・これぐらい許される

①昔の記憶と今とでは、楊おばさんに対する「私」の感じ方はどのように変化しているだろうか。

例 昔は「豆腐屋小町」といわれるほどきれいな人だったらしいが、今では見るかげがなく「製図用の脚の細いコンパス」のように見える。

「～小町」というのはきれいな女の人のことで、楊おばさんが、かつては美人だったことを表している。

②楊おばさんは「私」のどんな行為に対して不服だったのだろうか。

例 自分のことを覚えていなかったこと。

楊おばさんは、特別に美しかった自分を「私」がすっかり見忘れてしまっていたことが気に入らなかったのである。

③楊おばさんは、帰り際に母の手袋をズボンの下にねじ込んで出て行ったが、なぜそんなことをしたのだろうか。

例 「私」が金持ちであると勘違いし、貧乏な自分に何もくれないなら、これぐらいのことをしても許されるだろうと思ったから。

「私」が金持ちになっていると思い込んでいることや、自分を見忘れてしまっていたことに対する「はらいせ」でやってしまったのだと考えられる。

4 閏土(ルントー)との再会（現在）

教 P.169・12行め～P.172・16行め

◆閏土(ルントー)

今の閏土(ルントー)	記憶にある閏土(ルントー)
・背丈は倍 ・顔―黄ばんだ色・深いしわ ・目―周りが赤く腫れている ・頭―古ぼけた毛織りの帽子 ・身―薄手の綿入れ一枚 ・手―太い、節くれだった、ひび割れた、松の幹のような手 （暮らし向きがよくない）	・艶のいい丸顔 ・血色のいい丸々した手

◆閏土(ルントー)との会話

私

・感激で胸がいっぱい
「ああ閏(ルン)ちゃんよく来たね…。」

・身震いした
・口がきけない

悲しむべき厚い壁
＝心が通わない

閏土(ルントー)

・顔には喜びと寂しさ
・恭(うやうや)しい態度
（他人行儀）

「だんな様！」

①閏土(ルントー)の様子から、今の閏土(ルントー)の生活はどんな状況だと考えられるだろうか。

例 暮らし向きは決してよくはない状況。
記憶にある閏土(ルントー)は、艶のいい丸顔で、血色のいい丸々した手をしていたが、今の閏土(ルントー)は、顔は黄ばんだ色で深いしわがあり、手も太く節くれだち、ひび割れてしまっていることから、よい生活を送っているとは言えないのである。

②閏土(ルントー)に「だんな様！」と言われたとき、「私」が身震いしたのはなぜだろうか。

例 久しぶりの再会で、うれしく思っていたのに閏土(ルントー)が他人行儀な態度をとったから。
「私」は閏土(ルントー)と、もとの兄弟のような関係が続いていると思っていたのに、その考えを「だんな様！」のひと言で打ち消されてしまったからである。

③「悲しむべき厚い壁」とは、「私」と閏土(ルントー)のどんな状態をたとえた表現だろうか。

例 「私」と閏土(ルントー)の心が通わなくなってしまった状態。
「私」は、閏土(ルントー)の「だんな様！」という言葉で、この壁を強く意識した。身分の違いだけでなく、心も通わなくなってしまっていることを悲しんでいるのである。

◆水生（閏土の五番めの子ども）

・痩せて、顔色が悪く銀の首輪はしていないが……

→まさしく三十年前の閏土

◆閏土の「私」に対する呼び方の変化

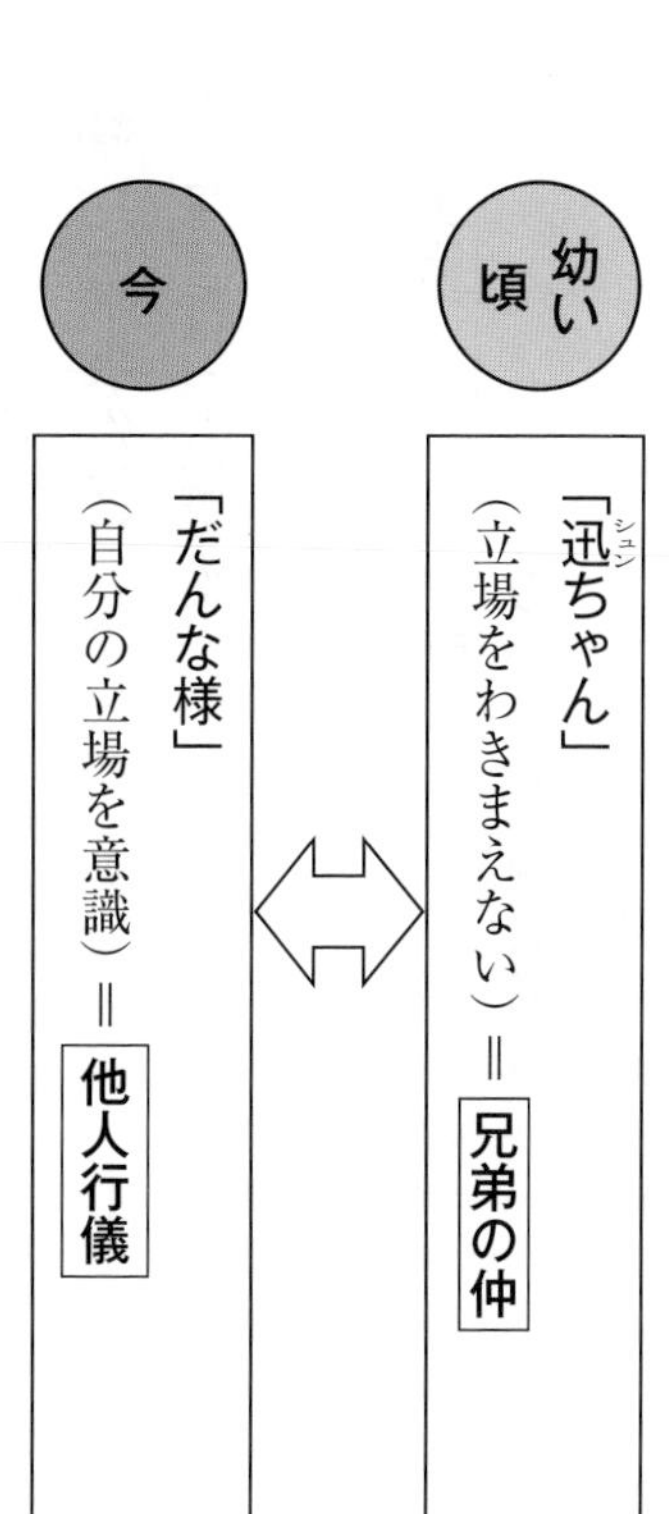

◆閏土の暮らし向き

・世間は物騒
・金は取られほうだい
・作柄もよくない
・税金も取られる

苦しい
つらい

↓

言い表す
すべがない

・首を振りどおし
・顔のしわは動かない
＝石像

今の閏土
でくのぼうみたいな人間

⇔

昔の閏土
すいか畑の銀の首輪の小英雄

①なぜ閏土は「私」のことを、「迅ちゃん」ではなく、「だんな様」と呼んだのだろうか。

例　自分の置かれている立場をわきまえないといけないと思ったから。

「迅ちゃん」と呼んでいた頃は子どもで、ただ親しい友達というくらいにしか考えていなかったのだが、大人になった今は、身分の上下の認識ができているので、ひとりでに「だんな様」と呼んだのである。

②顔にたたまれた、石像のように動かないしわは、閏土のどんな様子を表しているだろうか。

例　日々の生活が、苦しくてつらいという様子。

あまりにもつらいことが多すぎ、困窮してしまっていて、苦しみやつらさを言い表すことができないばかりでなく、顔の表情さえも消えてしまっているのである。

③思い出の中の閏土と、今の閏土に対する「私」の感じ方はどのように変化しただろうか。

例　昔はすいか畑の銀の首輪の小英雄だと思っていたが、今ではでくのぼうみたいな人間になってしまったと感じている。

今の閏土には、かつて「私」の知らないことを語ってくれていた小英雄のおもかげは見受けられないのである。

5 船の中（現在→未来の希望）

教 P.172・17行め～P.174・19行め

◆故郷を去る船の様子

船はひたすら前進する。両岸の緑の山々は、たそがれの中で薄墨色に変わる。
→（風景は）次々と船尾に消えた
（「私」の気持ちを暗示）

故郷から離れる ＝ 故郷から離れる → 故郷のおもかげが消える

◆宏児（ホンル）と「私」の会話

宏児（ホンル）「おじさん、僕たち、いつ帰ってくるの？」
私「行きもしないうちに、帰るなんて考えたんだい？」
宏児（ホンル）「水生（シュイション）が僕に、家へ遊びに来いって。」
私・母 はっと胸を突かれた。
→ 気づく
宏児（ホンル）と水生（シュイション）の関係 ＝ 昔の「私」と閏土（ルントー）の関係
⇒ 友情

◆故郷が遠くなったとき

○「私」の気持ち
・名残惜しい気はしない（今回の帰郷は楽しくない）
・気がめいる（取り残されたよう）
・悲しい（小英雄のおもかげ→ぼんやり）

①帰りの船から見える風景の描写は、何を暗示しているのだろうか。

例 もう二度と戻ることがない故郷を離れる「私」の気持ち。
よく見えていた緑色の山々が、薄墨色に変わり見えにくくなって、船尾に消えていくように、「私」の心の中にあった美しい故郷のおもかげは、今回の帰郷ですっかり影をひそめ、なくなってしまうことを暗示している。

②宏児（ホンル）の発言に、「私」がはっと胸を突かれたのはなぜだろうか。

例 かつての自分と閏土（ルントー）との間にあった関係が、宏児（ホンル）と水生（シュイション）の間に育まれているのがわかったから。
かつての自分と閏土（ルントー）との関係が、まさしく今の宏児（ホンル）と水生（シュイション）の関係であることを知り、彼らの間には身分の差や社会的なしがらみもなく、ただ純粋な友情があるだけということに気がついたのである。

③故郷が遠くなっていったのに「名残（なごり）惜しい気はしない」のはなぜだろうか。

例 今回の帰郷は楽しいものではなかったし、故郷でのよい思い出も色あせてしまったから。
「私」にとって「楽しい故郷」の象徴でもあった「すいか畑の……小英雄（閏土（ルントー））のおもかげ」さえも、ぼんやりしてしまったのである。

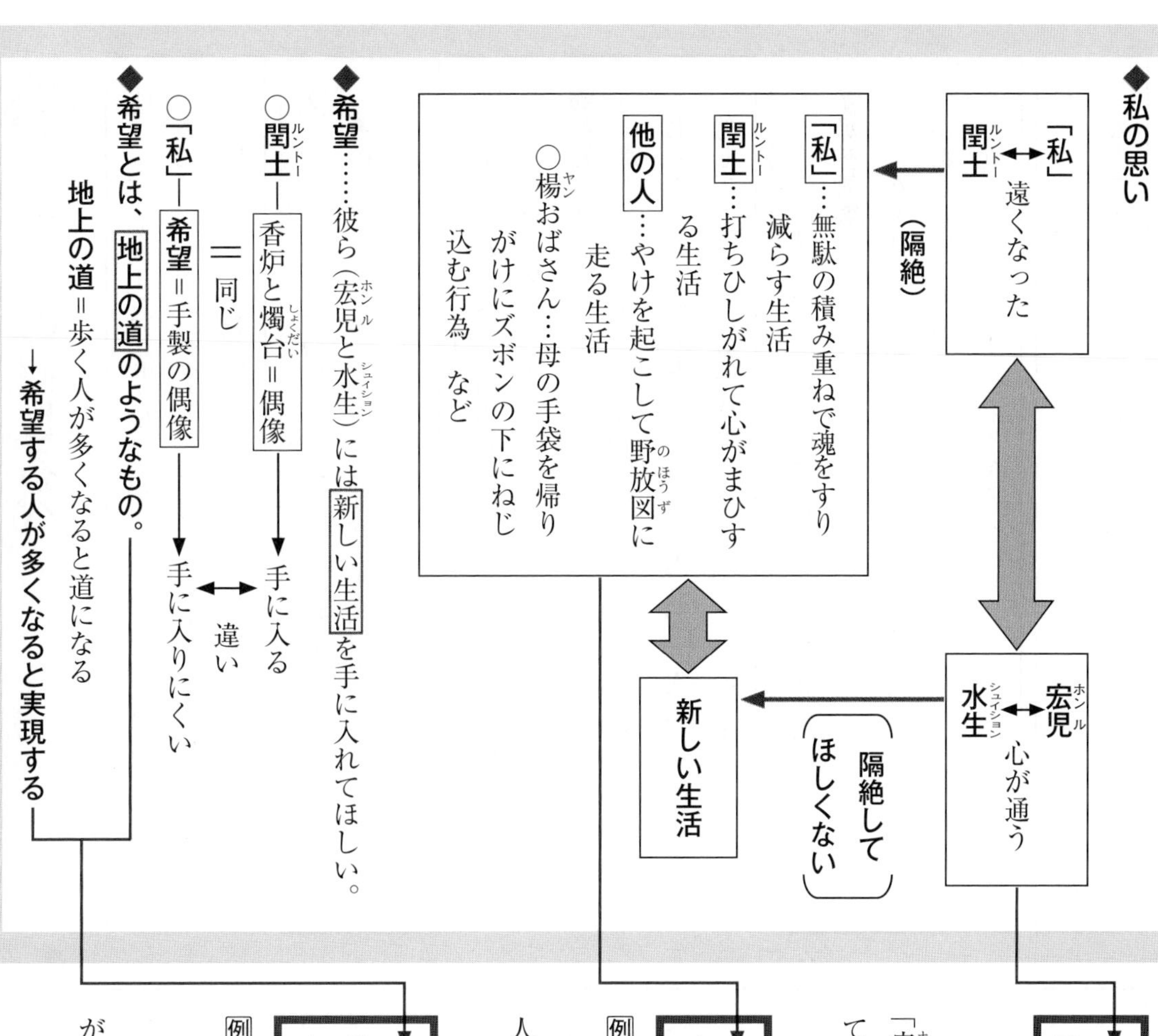

① 「私」と閏土との距離が「遠くなった」ことを言いかえた言葉を、漢字二字で抜き出しなさい。

隔絶

現在の自分と閏土との関係とは全く違い、心が通い合っている「宏児」と「水生」に対して「隔絶することのないように」と言っていることから、「遠くなる」＝「隔絶」であることがわかる。

② 「やけを起こして野放図に走る生活」とあるが、この文章中で具体的な例が挙げられているのは誰のどんな生活だろうか。

例　楊おばさんの勝手に物を持っていくようなすさんだ生活。

「野放図」とは、しまりがなくて、だらしがないという意味。他人のことを考えずに、したい放題している楊おばさんを指している。

③ 「私」は、「希望」は「地上の道のようなものである」と、希望を道にたとえているが、どんなところからそのように思えるのだろうか。

例　多くの人が歩くと道になるように、希望する人が多くなるとその希望は実現するところから。

「私」は道にたとえることで、「希望」をかなえるために、みんなが同じ方向を向くことを望んでいるのである。

学びの道しるべ

▼教科書 P.176～177

1 過去の閏土（ルントー）と現在の閏土（ルントー）、過去の楊（ヤン）おばさんと現在の楊（ヤン）おばさんについて、それぞれどのように描かれているかまとめよう。

・閏土（ルントー） →P.142　・楊（ヤン）おばさん →P.141

2 「悲しむべき厚い壁」（170ページ・12行め）とは何か。また、その「厚い壁」が感じられる部分を本文の中から見つけよう。 →P.142②③

3 水生（シュイション）と宏児（ホンル）は、この作品においてどのような役割を果たしているか、考えよう。

■解答例■

水生（シュイション）と宏児（ホンル）はかつての閏土（ルントー）と「私」のように身分の差を感じることなく心が通い合う関係であり、二人には、閏土（ルントー）と隔絶してしまった「私」の悲しみを強調する役割がある。

4 この作品の表現の特徴やその効果について考え、話し合おう。

■解答例■

現在と過去（回想）を対比させた構成になっている。過去が輝かしいほど現在の厳しさが強調され、「私」のやるせなさや悲しみがより深く伝わってくる。

5 「自分の道」（173ページ・17行め）、「希望」（174ページ・4行めなど）とは、それぞれどういうことか、考えよう。 →P.145

6 この作品を読んで考えたことを文章にまとめて、交流しよう。

■解答例■

私は、現代の日本にも、閏土（ルントー）や楊（ヤン）おばさんのように、金銭的な余裕がなくて日々の生活に苦しんだり、裕福な暮らしをしている人をねたましいと思ったりする人が数多くいると思う。そのような人たちを、「自分とは違う」と考えて排除するのではなく、受け入れて理解しようとすることができれば、差別や格差のない社会が実現すると思う。

読み方を学ぼう　反復

教 P.178

反復（同じことを何度も繰り返すこと）の効果

・リズムを生む。　・対比を促す。

・できごとの印象を深める。

○「故郷」における反復

反復

少年二人組の設定が反復

三十年前の閏土（ルントー）と「私」

現在の水生（シュイション）と宏児（ホンル）

↓

水生（シュイション）と宏児（ホンル）の将来はどうなるか…**反復に着目すると、全体への理解をより深めることができる。**

重要語句の確認

▼162ページ

3 鉛色の空　憂鬱な気分になる曇天の空を表す。

4 意 わびしい　みすぼらしく寂しい。

4 意 覚えず　無意識のうちに。
類 思わず

4 意 寂寥　もの寂しくひっそりしているさま。類 寂漠

6 意 片時　少しの間。類 一時

▼163ページ

7 ひっそり閑　きわめて静かなさま。

9 意 やるせない　思いを晴らす方法がない。類 せつない。

▼164ページ

9 意 そこそこ　ある数に達したか達しないかという程度である。

15 意 供物　神仏に供える物。

15 祭器　祭事に用いる器具。

15 吟味　念入りに調べること。

20 意 かたわら　何かをする一方で。

▼165ページ

9 意 溺愛　むやみにかわいがること。
類 ねこかわいがり

10 願をかける　神仏に願いごとをする。

17 くずもみ　質のよくないもみ。「もみ」とはもみがらのついたままの米。

▼166ページ

11 意 獰猛　乱暴で荒々しいさま。
類 獰悪

15 すべっこい　とてもすべすべしているさま。

19 高潮　潮が満ちて、海面が最も高くなった状態。

▼167ページ

6 意 ことづける　人に頼んで伝言したり、物を届けたりする。
類 伝言する

11 意 目をやる　見る。視線を送る。

12 意 口実　何かをするためにこじつけた理由。類 言いわけ

▼168ページ

1 意 がらみ　くらい。

8 筋向かい　斜めに向かいあっているところ。

15 意 不服　納得できず不満足なこと。
類 不平

15 意 蔑む　ばかにする。類 見くだす。

15 ナポレオン　フランスの皇帝。

16 ワシントン　アメリカの初代大統領。

16 意 嘲る　ばかにして笑ったり悪く言ったりする。類 あざ笑う

16 意 冷笑　蔑んで、冷ややかに笑うこと。
類 嘲笑

▼169ページ

8 ふくれっ面　不満な顔つき。

9 行きがけの駄賃　何かをするついでにほかのことをすること。

18 綿入れ　表地と裏地の間に綿を入れた防寒用の衣服。

▼170ページ

4 意 数珠つなぎ　多くのものがつながっているさま。

9 意 恭しい　丁寧で礼儀正しいさま。

▼171ページ

1 意 他人行儀　親しい間柄なのに、他人に接するようによそよそしいさま。
類 みずくさい

3 意 めっそう　とんでもない。「めっそうもない」という形でよく用いられる。

4　意 わきまえ　道理を承知していること。常識を知っていること。
6　はにかむ　恥(は)ずかしがる。
15　作柄(さくがら)　農作物のできぐあい。
16　元は切れる　「元が切れる」で、売り値が原価より安くなる。赤字になる。
19　意 すべ　方法。手段。類 策

▼172ページ
3　意 境遇(きょうぐう)　その人をとりまく環境(かんきょう)、状況(じょうきょう)。類 身の上
4　でくのぼう　気のきかない人。おもしろみのない人。
10　意 とりとめのない　まとまりのない。
14　意 がてら　するついでに。類 かたがた

▼173ページ
4　意 胸を突(つ)かれる　はっとする。
13　意 めいる　元気がなくなる。
19　意 隔絶(かくぜつ)　遠くへだたっていること。

▼174ページ
4　意 野放図(のほうず)　勝手気ままにふるまうこと。
8　意 所望(しょもう)　欲しいと望むこと。
9　偶像(ぐうぞう)　神仏をかたどった、信仰(しんこう)の対象となる像。
9　意 崇拝(すうはい)　あがめること。
14　意 まどろむ　少しの間眠(ねむ)る。浅く眠(ねむ)る。

新出漢字のチェック✓

ページ	漢字	画数	読み	用例	級
162	怪	8画	カイ／あや-しい／あや-しむ	怪奇・怪談／天気が怪しい／行動を怪しむ	3級
163	暦	14画	レキ／こよみ	西暦と元号／太陽暦と太陰暦／旧暦・暦の上	4級
164	紺（×「廿」）	11画	コン	紺碧(こんぺき)・濃紺／紫紺／紺色の服	3級
164	股	8画	コ／また	股関節／四股を踏む／股をくぐる	2級
164	雇（忘れずに）	12画	コ／やと-う	雇用・解雇処分／雇い人／雇い主に従う	3級
165	艶	19画	＊エン／つや	艶のある声／顔の色艶がいい／艶やかな黒髪	2級
165	溺	13画	デキ／おぼ-れる	ペットを溺愛する／水に溺れる／溺愛＝盲愛	2級

形の似た漢字に注意しよう。

「一般」「全般」などと用いる「般」とは、左の偏が異なるよ。注意しよう。

ページ	漢字	画数	読み	用例	級
165	籠	22画	＊ロウ / かご / こ-もる	大きな籠 / 籠の鳥 / 部屋に籠もる	2級
166	猛	11画	モウ	獰(どう)猛・猛獣 / 猛烈に練習する / 勇猛果敢	4級
167	塀 ×「井」	12画	ヘイ	高い塀 / 板塀・土塀 / 塀をよじのぼる	準2級
168	頬	16画	ほお	頬骨 / 頬を染める / 頬擦り	2級
168	唇 ×「衣」	10画	＊シン / くちびる	読唇術 / 上唇 / 唇をかむ	準2級
168	蔑 ×「曲」	14画	ベツ / さげす-む	蔑視・侮蔑 / 軽蔑した言い方 / 相手を蔑む	2級
170	痩 ×「由」	12画	＊ソウ / や-せる	去年より痩せる / 痩せた土地 / 痩せる思い	2級
172	凶	4画	キョウ	凶作・吉凶 / 凶悪・元凶 / 凶暴な性格	4級
172	炉	8画	ロ	香炉・炉端 / 溶鉱炉 / 暖炉に当たる	3級
172	炊	8画	スイ / た-く	炊事 / 休日に自炊する / お米を炊く	3級
172	墨	14画	ボク / すみ	墨汁 / 水墨画 / 薄墨色	3級
173	雄	12画	ユウ / お / おす	英雄・雄姿 / 雄花⇔雌花 / 雄の犬を飼う	4級
173	魂 ×「鬼」	14画	コン / たましい	魂胆・鎮魂 / 商魂たくましい / 魂を込める	3級
174	偶 ×「禺」	11画	グウ	偶然・偶像崇拝 / 奇数と偶数 / 土偶を発掘する	3級
174	崇 ×「冖」	11画	スウ	崇拝・崇高 / 崇高⇔低俗	準2級

新出音訓の確認

ページ	漢字	読み	用例
165	結	ゆ-う / ゆ-わえる	結わえる
169	財	サイ	財布
172	香	コウ	香炉
174	望	モウ	所望

言葉

読みを深め合う

漢字を身につけよう⑦

教科書 P.180

漢字	ページ	画数	筆順	読み	用例	級
宜（×「且」）	180	8画	宜	ギ	便宜を図る／時宜・適宜／適宜＝適切	準2級
甚	180	9画	甚	＊ジン／はなは-だ／はなは-だしい	甚だ遺憾である／勘違いも甚だしい	準2級
堪	180	12画	堪	＊カン／た-える	堪忍袋（かんにんぶくろ）／鑑賞に堪える／読むに堪えない	準2級
罵	180	15画	罵	バ／ののし-る	罵声／相手を罵倒する／大声で罵る	2級
斥	180	5画	斥	セキ	排斥／斥候／排斥＝追放	3級
凄	180	10画	凄	セイ	凄惨／凄絶な戦い	2級
惨	180	11画	惨	サン／＊ザン／＊みじ-め	凄惨／悲惨なニュース／無惨な姿	4級
鬱	180	29画	鬱	ウツ	憂鬱・鬱々とする／鬱憤を晴らす／鬱血してはれる	2級
升	180	4画	升	ショウ／ます	二升・一升ます／一合升／升が足りない	準2級
酎	180	10画	酎	チュウ	焼酎／芳酎	2級
賜（×「易」）	180	15画	賜	＊シ／たまわ-る	賜り物／ご愛顧を賜る／賜る＝拝領する	準2級
沙	180	7画	沙	サ	音沙汰／ご無沙汰／正気の沙汰	2級
汰	180	7画	汰	タ	音沙汰／表沙汰になる	2級

形の似た漢字に注意しよう。
「小腸」「断腸」などと用いる「腸」とは、偏もつくりも異なるよ。注意しよう。

形の似た漢字に注意しよう。
「砂漠」「砂場」などと用いる「砂」とは、左の偏が異なるよ。注意しよう。

180ページ 16画 醒 セイ 一 丆 丙 酉 酉 酊 酊 酊 酲 酲 酲 醒
眠りから覚醒する
半醒半睡
覚醒⇔睡眠
2級

180 12画 堕 ダ 阝 阝 阝 阝 阝 阝 阝 阝 隋 隋 隋 堕
堕落した生活
堕天使
堕落⇔向上
準2級

180 16画 諭 ユ さと-す 丶 言 訁 訃 訃 診 詥 諭 諭 諭 諭
親身な説諭
高等学校の教諭
親が子を諭す
準2級

180 10画 逝 ×「斤」 セイ ＊ゆ-く ＊い-く 一 十 扌 扌 扩 扩 折 斩 浙 逝
急逝・長逝
早逝
逝去を悼む（いた）
準2級

180 9画 訃 フ 丶 亠 亠 言 言 言 言 訁 訃
訃報
訃音を告げる
2級

180 17画 謹 キン つつし-む 言 訁 訁 訁 訁 訁 訁 謹 謹 謹 謹
謹啓・謹呈
自宅で謹慎する
謹んで受ける
準2級

送り仮名に注意しよう。

「つつしむ」の送り仮名は「謹しむ」ではなくて「謹む」だよ。注意しよう。

180 11画 悼 トウ ＊いた-む 忄 忄 忄 忄 忄 忄 悼 悼 悼 悼 悼
哀悼・悼辞
故人を追悼する
哀悼＝弔意
準2級

新出音訓の確認

180ページ 牧 まき 牧場
180 映 は-える 映える
180 仁 ニ 仁王立ち
180 胸 むな 胸騒ぎ
180 忘 ボウ 忘却

教科書問題の答え

1
① じぎ
② はなは
③ た・ばせい
④ はいせき
⑤ せいさん・ゆううつ
⑥ にしょう・しょうちゅう
⑦ たまわ
⑧ おとさた
⑨ かくせい
⑩ だらく・さと
⑪ せいきょ
⑫ ふほう・つつし・あいとう

2
① まき　② は
③ に　④ むな
⑤ ぼう

視野を広げる　論説

「文殊の知恵」の時代

北川　達夫

教科書 P.182～185

内容を確認して、整理しよう

「三人寄れば文殊の知恵」ということわざがあるが、知恵が生まれるかどうかに、人数が増えれば、という単純な原理があてはまるのだろうか。そもそも、どうしたらすばらしい「知恵」を生み出すことができるのだろうか。

アイデアを知恵に練りあげていくには、三人ができるだけさまざまな角度から検証することが必要である。これは、私たちが経験したこともない問題に直面したときも同じで、その問題を共有する他人と協力し、全員の知識と経験を総動員して解決にあたるのである。また、急速に変化して、複雑化の度合いを強めている社会で生じる問題や多様な価値観を持ったさまざまな国の人たちとの間に起きる問題においても、さまざまな立場の人々がさまざまな視点から徹底的に検証し、全く考えの違う人々とも協力して解決にあたれば、すばらしい知恵は生まれてくる。つまり、すばらしい知恵を生み出すには、お互いの違いを恐れず、その違いを尊重し活用することが必要なのである。

そして今は、この「他人の知識や経験を自分の知識や経験と結びつけて活用する力」「価値観の全く違う人たちとも協力して一緒に考えていくことのできる力」が必要とされる時代なのであり、そこから「文殊の知恵」は生み出されるのである。

ポイントとなる言葉を探し、文章の構造をつかもう

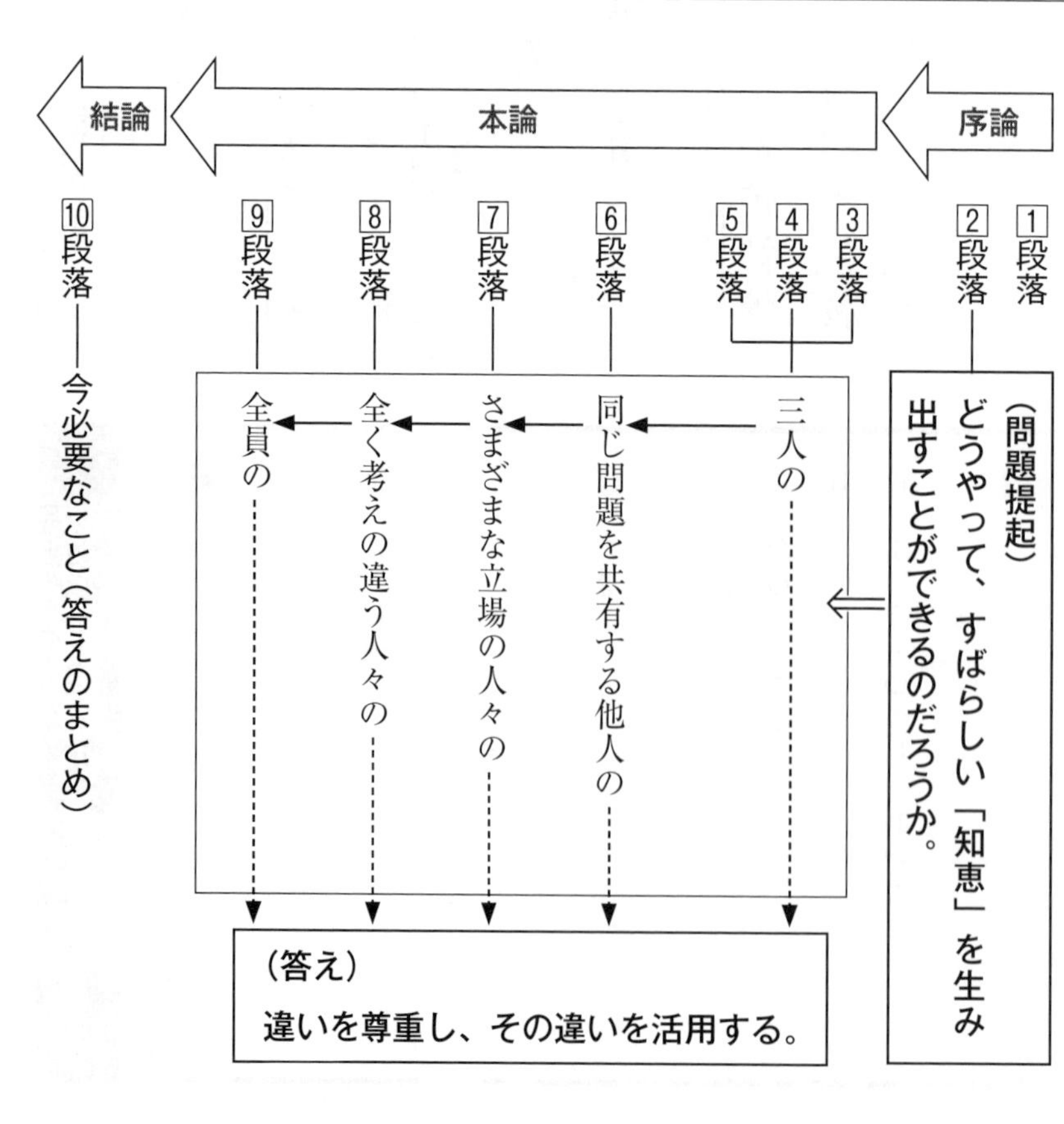

まとまりごとの展開を確認しよう

1 【序論】「三人寄れば……」は本当か？（問題提起） 教 P.182・1行め〜6行め

三人寄れば文殊（もんじゅ）の知恵 ＝平凡な人でも三人集まって相談すれば、すばらしい知恵が生まれるものだ。

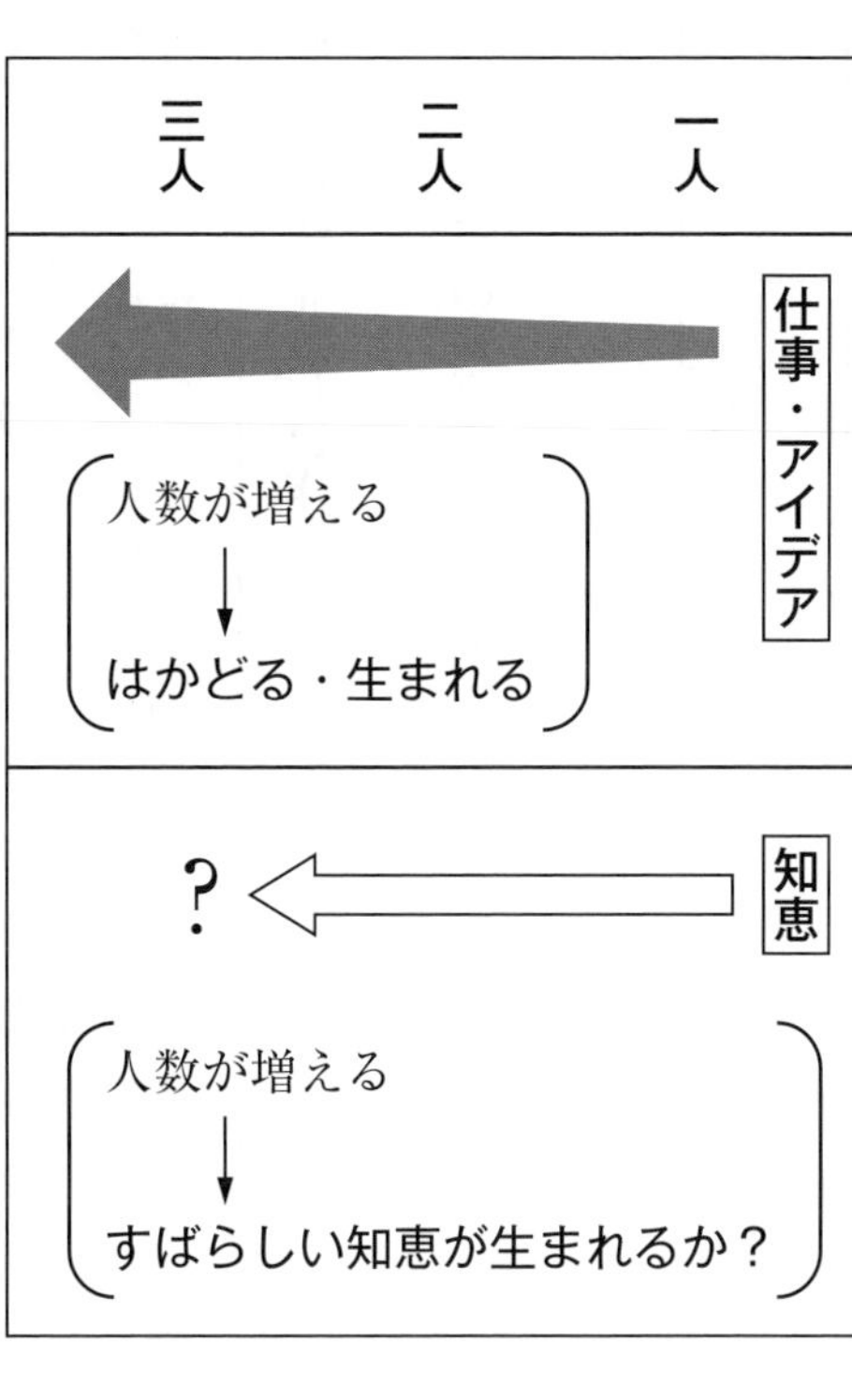

（問題提起）

・ちょっとした「アイデア」からどうやって、すばらしい「知恵」を生み出すことができるのだろうか。

三人以上で取り組んだことで、「うまくいったこと」「うまくいかなかったこと」はあるかな？

ポイントを確認しよう

① 「三人寄れば文殊（もんじゅ）の知恵」ということわざの意味を答えなさい。

例 平凡な人でも三人集まって相談すれば、すばらしい知恵が生まれるものだという意味。

「文殊（もんじゅ）」とは、知恵をつかさどる「文殊菩薩（もんじゅぼさつ）」のこと。一人では考えつかないことでも三人集まれば、文殊菩薩（もんじゅぼさつ）の考えるようなよい考えが生まれてくるという意味になる。

② 筆者は「三人寄れば文殊（もんじゅ）の知恵」ということわざがあてはまるのは、どんなときだと考えているのだろうか。

例 仕事をはかどらせたいときや、ちょっとしたアイデアを生み出したいとき。

案をじっくり考えるときではなく、単純作業や思いつきの発想を出すときには効果があると考えている。

③ 筆者は「三人寄れば文殊（もんじゅ）の知恵」ということわざに対して、どのように思っているのだろうか。「すばらしい知恵」という言葉を使って説明しなさい。

例 すばらしい知恵を生み出すことに、このことわざの原理があてはまるのだろうかと疑問に思っている。

筆者は、「単純な原理があてはまるのだろうか。」と、あてはまらないのではないかと考えていることを表している。

2 【本論】筆者の考える文殊の知恵 教P.182・7行め〜P.184・7行め

◆アイデアを知恵に練りあげるのに必要なもの

できるだけさまざまな角度から検証する
↓
「アイデア」を知恵に練りあげる

◆徹底的な検証＝難しい作業

○なぜか？

・自分と相手の知識や経験、価値観が、矛盾したり衝突したりするから
←違いを見過ごすほうが気が楽

・知識や経験、価値観の違いのために三人が決裂する
↓何も知恵を生み出さない
↓ここではすばらしい知恵を生み出すことは難しい
徹底的な検証を放棄すること

互いの違いを認め、徹底的に検証することが大事だね。

①筆者はアイデアを「すばらしい知恵」に練りあげるときに何が必要だと言っているだろうか。

例 できるだけさまざまな角度から検証すること。

筆者はすばらしい知恵が生まれるために必要なことは、人数が増えることではなく、徹底的に検証することだと思っている。

②筆者が、「徹底的な検証」は難しい作業だと述べているのはなぜだろうか。

例 自分の知識・経験が相手の知識・経験と互いに矛盾したり、自分の価値観と相手の価値観が衝突したりすることがあるから。

そもそも知識や経験、価値観は個人によって違うものなので、重なり共通することより、矛盾したり衝突することのほうが多いが、徹底的に検証するためにはそれを恐れてはいけないと主張している。

③「すばらしい知恵」を生み出すのが難しかったり、生み出されなかったりするのは、どのようなときだろうか。

例 徹底的な検証を放棄したり、それぞれの知識や経験、価値観の違いのために三人が決裂したりするとき。

知恵を生み出すために必要な、違いを認めることや徹底的な検証をやらなければ、すばらしい知恵は生まれないというのが筆者の考え方である。

◆私たちが問題に直面したとき

社会に出る前

○自分の知識と経験を用いて解決する

・問題に直面→自分の知識と経験を用いて解決する

例 学校のテスト問題
自分の←習い覚えたことを駆使して解く

社会に出たら

○同じ問題を共有する他人と協力し、全員の知識と経験を総動員して解決する

・経験したことのない、予測できないような問題
×自分一人の知識と経験だけでは解決できない
→○同じ問題を共有する他人と協力し、全員の知識と経験を総動員して解決する

・人間は、自分の力で生きていかなければならないが、自分の力だけで生きていくこともできない

①私たちが問題に直面したとき、まずどのように問題を解決しようとすると筆者は考えているだろうか。

例 自分の知識と経験を用いて解決しようとする。
例えば、学校のテストの問題であれば、自分の習い覚えたことを駆使して解くと言っている。

②私たちが社会に出て、経験したこともなければ、予測もできないような問題に直面したとき、どのように問題を解決しようとすると筆者は思っているだろうか。

例 同じ問題を共有する他人と協力し、全員の知識と経験を総動員して解決にあたろうとする。
一人の力ではとても解決できないので、その問題にかかわっている人みんなで協力して解決していくことが必要だと考えている。

③「自分の力で生きていかなければならないが、自分の力だけで生きていくこともできない」と筆者が述べているのはなぜだろうか。

例 自分一人では解決できないときには、同じ問題を共有する他人と協力し、全員の知識と経験を総動員して解決することになるから。
「自分の力だけで生きていくこともできない」というのは、社会に出たら、自分一人の知識や経験だけではとても解決できない問題ばかりであることを表している。

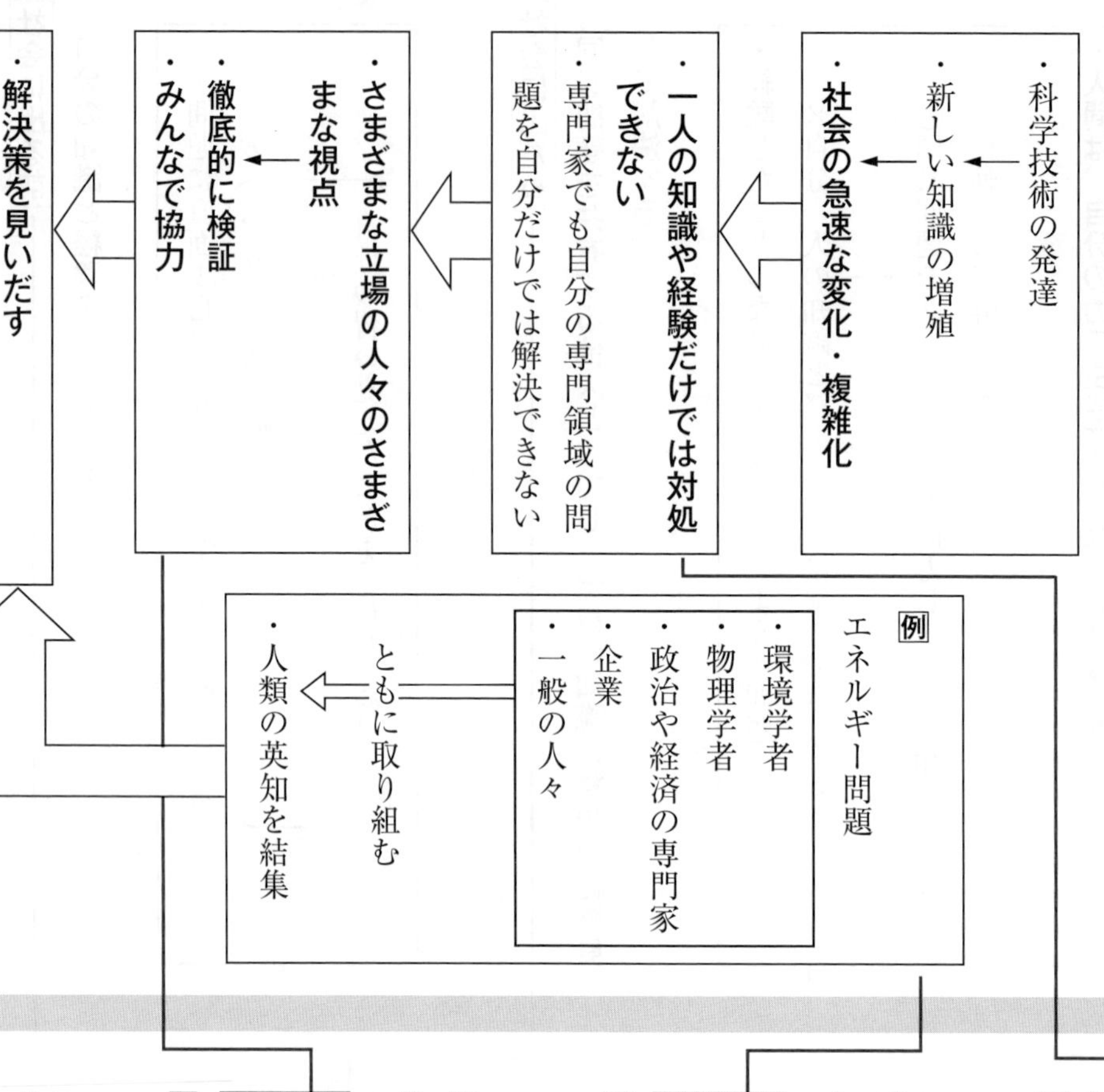

①一人の知識や経験だけでは対処できない問題が起きるのは、最近の世の中が、どんな社会だからだと筆者は思っているのだろうか。

例 科学技術の発達で、新しい知識が増殖し、社会が急速に変化し、複雑化の度合いを強めている社会だから。

例えばエネルギー問題を考えてみても、さまざまな状況が絡み合っていて、さまざまな立場の人々がともに取り組まなければ解決しないと考えているからである。

②例えばエネルギー問題は、どんな人たちがどのように解決すべきだと筆者は考えているだろうか。

例 環境学者、物理学者、政治や経済の専門家、企業、一般の人々などが、人類のすべての英知を使って解決すべきだと考えている。

エネルギー問題など複雑な問題は、一部の分野の専門家だけでは解決できないので、人類全体の問題として扱うべきであると筆者は考えている。

③急速に変化し、複雑化する社会で、問題を解決するためにどのようにしなければいけないと筆者は考えているのだろうか。

例 さまざまな立場の人々がさまざまな視点から、徹底的に検証し、みんなで協力して解決策を見いだしていく。

複雑化している社会では、一人の力はもとより、専門家ですら自分だけでは解決できない状況であるから、みんなで協力することが必要なのだと筆者は述べている。

多様な価値観をもった人々との間では
○全く考えの違う人々とも協力して解決する

・さまざまな国や地域の人々と接し、一緒に働き、暮らす
→・問題が起きる
=価値観が違う
→・全く考えの違う人々とも協力して解決する

◆すばらしい知恵を生み出すためには

違いを恐れずに、それぞれの違いを尊重し活用する
・全員の知識や経験を折り合いをつけながら利用できる
・全員にとっての「正しいこと」「大切なこと」を一緒に探せる
→「文殊(もんじゅ)の知恵」を生み出せる

3 【結論】今必要なこと（まとめ） 教 P.184・8行め〜11行め

◆今必要とされている力
○他人の知識や経験を自分の知識や経験と結びつけて活用する力
○価値観の全く違う人たちとも協力して一緒に考えていくことのできる力

「文殊(もんじゅ)の知恵」を生み出す力

①さまざまな国や地域の人々の間で問題が起きたとき、私たちはどのように問題を解決したらよいと筆者は考えているだろうか。

例 全く考えの違う人々とも協力する。
国や地域が違うということは価値観が違うのだが、その価値観の違いを受け入れて協力していくことが、解決に結びつくと主張している。

②すばらしい知恵を生み出すために、私たちにとって必要なことは何だと筆者は考えているのだろうか。

例 他人との違いを恐れずに、それぞれの違いを尊重し活用すること。
このことができれば、全員の知識や経験を折り合いをつけながら利用することや、全員にとっての「正しいこと」「大切なこと」を一緒に探すことができ、それによってすばらしい知恵を生み出すことができると考えている。

③「文殊(もんじゅ)の知恵」を生み出すためにはどのような力が必要だと筆者は考えているだろうか。

例 他人の知識や経験を自分の知識や経験と結びつけて活用する力と、価値観の全く違う人たちとも協力して一緒に考えていくことのできる力。
他人との違いを知り、それを活用して一緒に考えていくことで「文殊(もんじゅ)の知恵」は生まれると筆者は考えている。

学びの道しるべ

▼教科書 P.185

1 「文殊の知恵」とはどのようなことか。辞書的な意味と、本文中での意味を捉えよう。

（辞書的な意味）「平凡な人でも三人集まって相談すれば、すばらしい知恵が生まれるものだ」ということ。

（本文中での意味）全く考えの違う人々とも協力し、その違いを尊重して活用することを考え、全員にとっての「正しいこと」や「大切なこと」を一緒に探すことで生み出される知恵。

2 筆者は、「文殊の知恵」を生み出すためにはどのようなことが必要だと述べているか、文章の展開にそってまとめよう。

■解答例■

・それぞれが自分の価値観を前面に押し出して、独自の視点で徹底的に検証する。（第3段落）

・同じ問題を共有する他人と協力し、全員の知識と経験を総動員して解決にあたる。（第6段落）

・一つの問題について、さまざまな立場の人々がさまざまな視点から徹底的に検証し、みんなで協力して解決策を見いだしていく。（第7段落）

・全く考えの違う人々とも協力して解決にあたらなければならない。（第8段落）

・人それぞれが違うことを知り、その違いを尊重する一方で、活用することを考える。（第9段落）

3 「今必要とされているのは、この『文殊の知恵』である。」（184ページ・8行め）ということについてどう思うか、自分の身近な体験を交えて、考えたことを文章にしよう。

■解答例■

私も問題を解決するときには「文殊の知恵」が必要だと思う。それは一人で考えつくことはたいしたことではないが、他の人と一緒に考えるといろいろな意見を聞くことができ、問題のよりよい解決につながると思うからだ。

以前、私がピアノを習いたいと言ったとき、私は自分がやめない気持ちを強くもっていればきっと続けていくことができるだろうと思っていたが、楽器をどうするのか、月謝のこと、練習時間の確保、レッスンの時間やそこまでの交通手段、勉強や部活との両立など自分が考えつかなかったことを家族にいろいろと指摘され、自分は問題を具体的に考えておらず、どうすればよいか答えが出なかったが、父と母と話し合って、ピアノはいとこに月二回家で教えてもらえることになった。自分一人だけで考えていたら習うことすらできず、諦めていただろうと思う。

今後、いろいろな問題に出会ったとき、自分とは違う意見の人の考えも聞くようにし、多角的に考えていきたい。

重要語句の確認

▼182ページ

1 平凡(へいぼん)　ごく普通(ふつう)でありふれているさま。
対 非凡(ひぼん)

5 原理　根本となるしくみ。

10 意 意外　考えていたことと違(ちが)うこと。
類 思いのほか

11 矛盾(むじゅん)　二つの物事が同時には成立しないこと。「どんな盾(たて)でも突き通す矛(ほこ)」と「どんな矛(ほこ)でも防ぐ盾(たて)」を売っていた男が、「その矛(ほこ)でその盾(たて)を突いたらどうなるのか」と問われて答えられなかったという、古代中国の『韓非子(かんぴし)』にある故事による。

13 意 むしろ　どちらかといえば。
類 かえって

▼183ページ

2 意 決裂(けつれつ)　意見が一致(いっち)せず物別れに終わること。
対 妥結(だけつ)

5 意 駆使(くし)　使いこなすこと。

5 意 予測　あらかじめおしはかること。
類 予見

7 総動員　すべてをかり出して使うこと。

10 増殖(ぞうしょく)　増えて多くなること。

14 英知　すぐれた知恵(ちえ)。

▼184ページ

4 折り合い　譲(ゆず)り合って解決すること。

10 道理　物事の筋道。

新出漢字のチェック ✓

徹　ページ 182　15画
テツ
徹底的
貫徹・徹夜
徹頭徹尾
準2級

裂　183　12画　×「[illegible]」
レツ
さ-く
さ-ける
決裂・分裂
布を切り裂く
胸が裂ける
3級

注 形の似た漢字に注意しよう。
「強烈」「熱烈」などと用いる「烈」とは、下の脚が異なるよ。注意しよう。

坊っちゃん

夏目漱石

教科書 P.186〜198

内容を確認して、整理しよう

親譲りの無鉄砲である「俺」は小さい頃から、無茶なことやひどいいたずらをして、みんなから乱暴者の悪太郎とつまはじきにされ、損ばかりしていた。

家族もそんな「俺」をもてあましていたが、唯一、その性格を「まっすぐでよいご気性だ」と長所として捉え、非常にかわいがってくれたのが、十年来「俺」の家に奉公していた清である。母が死んでから清はますます「俺」をかわいがり、いろいろと物をくれたり世話をやいてくれたりしたのだが、そんな清が夢見ていたのは、「俺」が将来立身出世して立派な者になり、家を持って独立したら一緒に住むということだった。

父が死に、家を処分することになると、兄は九州へ赴任、「俺」は東京で下宿生活、清はおいのところに行くことになった。その後「俺」は兄にもらった六百円で学校に入り、三年間の学生生活を送る。

卒業後、教師として四国に赴任することになったので清を訪ねその報告をすると、清は非常に失望したようだった。出立の日、いろいろと世話をやいてくれた清の見送る目には涙がいっぱいたまっていて、「俺」ももう少しで泣くところであった。汽車が動き出してから見た清の姿は、なんだか大変小さく見えた。

「俺」を中心に、登場人物の関わりを整理しよう

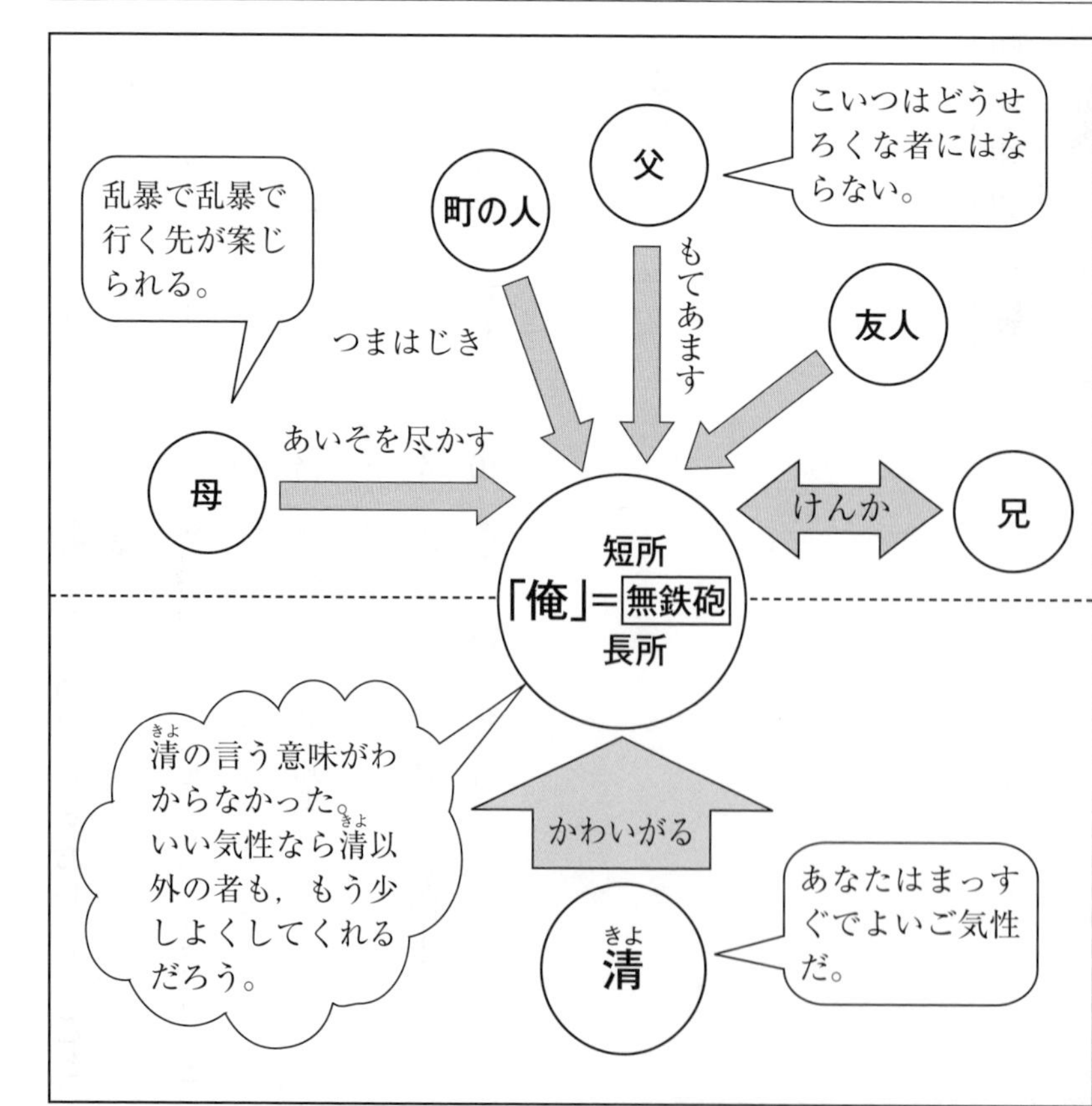

まとまりごとの展開を確認しよう

1 少年時代の「俺」とその性格

教 P.186・1行め～P.188・14行め

◆「俺」の性格

○親譲りの無鉄砲→子供のときから損ばかり

○同級生にはやしたてられ、二階から飛び降りる。
・父にしかられ、この次は腰を抜かさず飛ぶと宣言。
○ナイフで右の手の親指の甲をはすに切り込む。
・傷跡が死ぬまで消えぬ。
○栗(くり)を盗みにきた勘太郎(かんたろう)を取り押さえ倒す。
○茂作(もさく)のにんじん畑を友達と半日相撲をして荒らす。
○古川(ふるかわ)の田んぼの井戸を埋めて尻(後始末)をもちこまれる。

＝負けず嫌い

◆家族の「俺」に対する評価

父 かあいがってくれない。
「こいつはどうせろくな者にはならない。」

母 兄ばかりひいきにした。
「乱暴で乱暴で行く先が案じられる。」

兄 色が白く、女形になるのが好き。
俺と正反対の性格。

「俺」と登場人物が、互いにどう思い合っているかを考えよう。

ポイントを確認しよう

①「俺」が子どもの頃から自分は損ばかりしていると感じているのは、彼がどんな性格だからだろうか。

例 無鉄砲な性格。

「俺」は、その無鉄砲な性格のためいろいろな問題行動を起こし、父にも母にも町の人からもてあまされている。かわいがられないことを自分でも自覚していて、「損ばかりしている」と感じているのである。

②両親は「俺」のことをどのように思っているだろうか。

例 父…どうせろくな者にはならない。
母…乱暴だから行く先が案じられる。

両親は、「俺」の引き起こす問題行動に手を焼いていて、「俺」の将来を悲観しているのである。

③両親の、「俺」に対する捉え方について、「俺」はどのように思っているだろうか。

例 まったく両親が言ったような人間である。

両親は「どうせろくな者にはならない。」「乱暴で乱暴で行く先が案じられる。」と「俺」のことを思っているが、「俺」はそのことに対して反論するわけでもなく、「なるほどろくな者にはならない。ご覧のとおりの始末である」（＝両親の心配の通りだ）と自己分析している。

2 母の死とその後 教 P.188・15行めｰP.192・9行め

◆母の死

（二・三日前）俺 あばら骨を打って母を怒らす。

↓

（母の死）俺 おとなしくすればよかった。反省

兄「俺（＝お前）のために、早く死んだ。」「俺」を責める

↓

（母の死後）

兄弟でけんか→兄 眉間にけが

父「勘当する。」

清「俺」のために泣きながら謝ってくれた。→怒りが解ける。

→「十年来召し使っている」女。「俺」をかわいがる。

◆清と「俺」の関係

清

・非常にかあいがる

・むやみに珍重してくれる。

「まっすぐでよいご気性だ。」

【母が死んでから】

・いよいよかあいがる。

俺

・意味がわからない。

不審・気味が悪い

・つまらない。

・よせばいいのに。

・気の毒だ。

不審

①清とは、「俺」の家でどんなことをしている人だろうか。

例 「俺」の家で「十年来召し使っている」女。

清は「俺」の家で唯一「俺」のことを非常にかわいがってくれる人である。清の思いは母が死んでからますます強くなり、まるで母親の代わりのように愛情を注いでいるのである。

②父に勘当されそうになった「俺」のために、清が父に泣きながら謝ってくれたのは、清が「俺」の性格をどのように評価していたからだろうか。

例 まっすぐでよいご気性。

清は「俺」の無鉄砲さを長所として受け止めていて、「俺」のことを本当にかわいがっていたからである。

③「俺」は清がかわいがってくれることに対して、どのように思っていただろうか。

例 不審に思っていた。

清以外の人はみんな自分を厄介者のように扱い、自分は「とうてい人に好かれるたちでないと諦めていた」から、清がかわいがってくれることを、とても不審に思っていたのである。

④「俺」は清が金三円を貸してくれたことに対して、本心ではどのように思っていたのだろうか。

例　実は大変うれしい。

いらないとは言ったものの、父にこづかいをもらっていないので本心では大変うれしかったのである。

①清が「俺」に、父も兄もいないときに物をくれるのはなぜだろうか。

例　兄は父に買ってもらっていると思い込んでいるから。

父は頑固だがえこひいきはしない男だと「俺」は思っているが、清の目には、父は兄だけに物を買っているように見えている。

②「俺」が「ひいき目は恐ろしい」と思ったのは、なぜだろうか。

例　清が確かな理由もなく、「俺」が兄とは違って立身出世して、立派になると思い込んでいるから。

清は自分の好きな者は必ず偉い人になって、嫌いな人はきっと落ちぶれると信じているのである。

③清は「俺」のことを「欲が少なくって、心がきれいだ」と言っているが、「俺」のどんな行動からそう思ったのだろうか。

例　家なんか欲しくないと言うところ。

「俺」の言動は清にとって何でも褒める対象なので、「いらない」は「欲がない」という長所になってしまうのである。

3 父が亡くなってから

教 P.192・10行め～P.194・6行め

◆家を売る

兄 商業学校を卒業 → 〔九州の会社へ〕

家を売る

俺 私立の中学校を卒業 → 〔東京で学問＝四畳半の安下宿〕 自立

→どうでもするがよかろう。
→兄のやっかいになる気はない。

清（きよ） 大いに残念がった
「もう少し年をとっていらっしゃれば……。」
↓
×新しい奉公先 気がね
○おいのところへ おいのほうがまし

◆兄から六百円もらう

六百円↔あとはかまわない
兄にしては感心なやり方＝例に似ぬ淡泊な処置
↓気に入った＝お金をもらう

◆六百円の使用法

↓×商売
○学資→物理学校の前を通りかかり、生徒募集の公告を見てすぐ入学手続き。 無鉄砲

なぜ学校へ入ろうと考えたのかな？

①家を売ることに対して「俺」と清（きよ）とでは、意見が違っている。それぞれどんな意見を持っていただろうか。

例 俺…どうでもするがよかろう。

清（きよ）…大いに残念がった。

清（きよ）は、「俺」がもう少し年をとっていれば、家を相続でき、十何年いた家が人手に渡るのを止められた思っている。しかし「俺」は、家なんかには興味がないのである。

②今まで嫌がっていたのに、なぜ清（きよ）はおいのところに行く気になったのだろうか。

例 新しい奉公先で気がねをし直すより、おいのやっかいになるほうがましだと思ったから。
おいから来るように勧められていても、今までは断っていた。しかし、奉公先である「俺」の家がなくなってしまうので、新しい奉公先で気がねをし直すよりは、おいの家でやっかいになるほうがましだと思って行く気になったのである。

③「俺」は物理学校に入ったことを無鉄砲だと思っているが、どんなところが無鉄砲なのだろうか。

例 よく考えもせずに「縁だ」と思ってすぐに手続きをしてしまったところ。
見つけたその場で入学してしまうところが、「無鉄砲」だと思っている。

4 卒業後

教 P.194・7行め～P.196・4行め

◆卒業後八日目

・校長から四国にある中学校の数学の教師の仕事を紹介される。

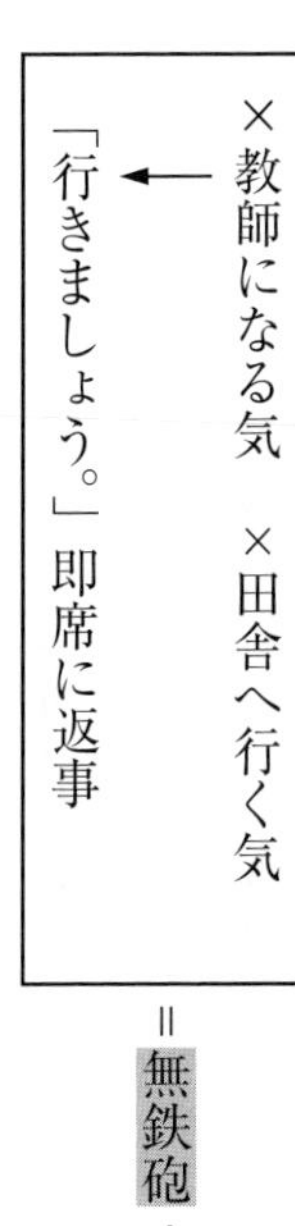

＝無鉄砲

ただ行くばかり。→少々めんどうくさい。

◆おいのところにいる清

おい 存外けっこう（立派）な人＝なにくれともてなす

清
○普段から「俺」の自慢を吹聴。
・卒業後麹町辺りに屋敷を買って役所へ通う話。→**俺**顔を赤らめる。
・寝小便の話→**俺**閉口する。

独りで決めて一人でしゃべる。→**俺**困惑

○清の考え

「俺」と自分とおいの関係
「俺」―清→主―従
（だから）
「俺」―おい→主―従

←思い込む

「おい」こそいい面の皮
（迷惑）

① 「俺」は四国へ行くことについて自分の行動を「無鉄砲」だと評価しているが、どんなところが無鉄砲なのだろうか。

例 教師になる気も田舎へ行く気もなかったのに、「行きましょう」と即席に答えてしまうところ。

物理学校に入学することを決めたときもそうだが、しっかり考えずにすぐ行動に移してしまう自分の性格を「俺」は無鉄砲だと捉えている。

② 「俺」は、なぜ「おい」のことを「存外けっこうな人」だと思ったのだろうか。

例 おいの家に行くたびに、なにくれともてなしてくれたから。

それほど交流もないにもかかわらず、なにくれとなくもてなしてくれるおいを、このように評価しているのである。

③ 「俺」はなぜ「おいこそいい面の皮だ」と思っているのだろうか。

例 清は自分と「俺」とが主従関係にあると考えていることから、その関係を自分と「おい」にも勝手にあてはめ、「おい」にとっても「俺」は主人に違いないと思い込んでいるから。

「俺」は清の言動に困惑しており、それに巻き込まれている「おい」に対して、迷惑をかけていると申し訳なく思っているのである。

◆四国へたつ三日前

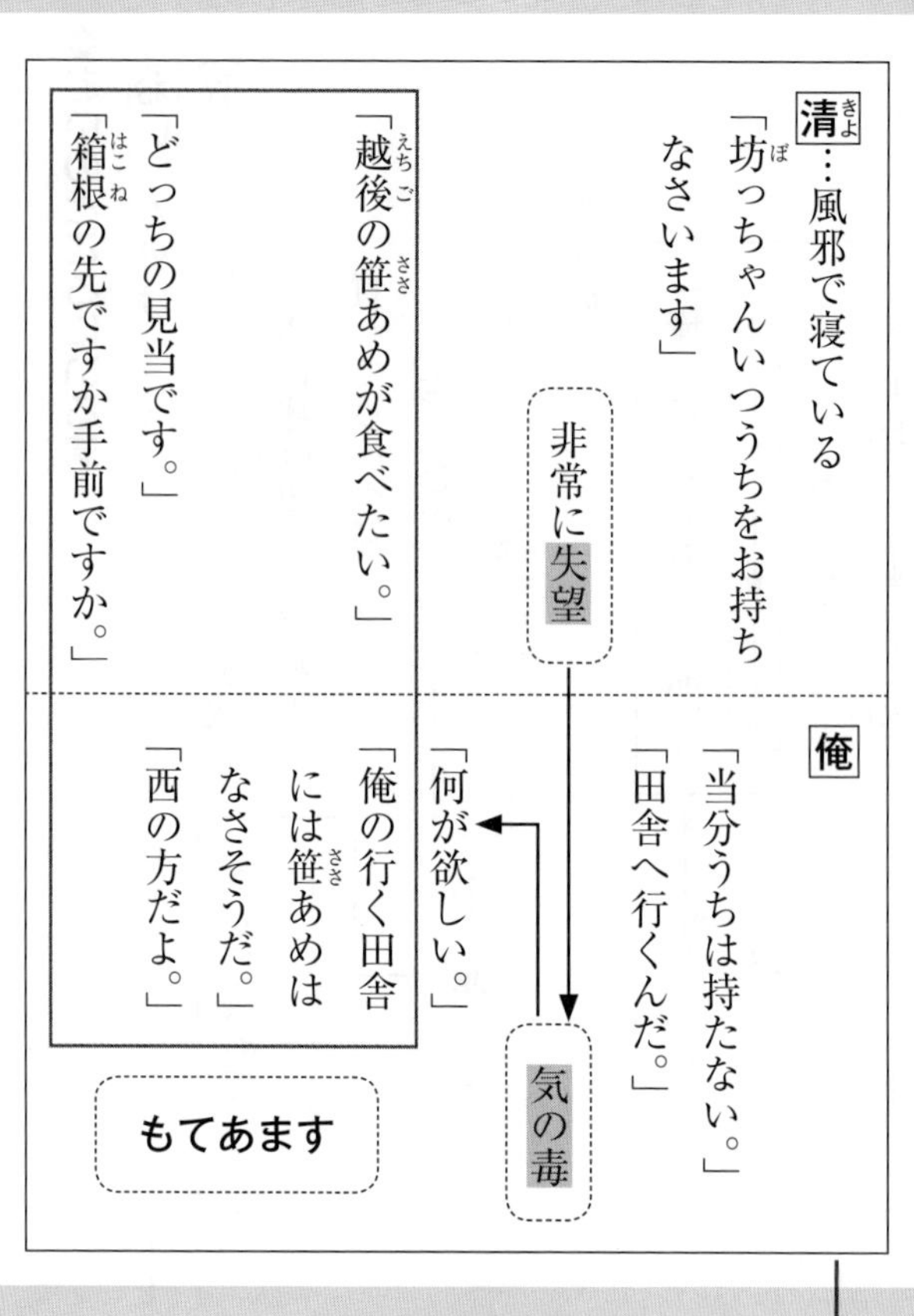

清…風邪で寝ている
「坊っちゃんいつうちをお持ちなさいます」
非常に失望
「越後の笹あめが食べたい。」
「どっちの見当です。」
「箱根の先ですか手前ですか。」
俺
「当分うちは持たない。」
「田舎へ行くんだ。」
気の毒
「何が欲しい。」
「俺の行く田舎には笹あめはなさそうだ。」
「西の方だよ。」
もてあます

◆出立の日

清・**世話をやく**→心配でしかたがない親心にも似た愛情。

・プラットフォームから、「もうお別れになるかもしれません。」**目には涙。**

俺・**泣かない**（もう少しで泣く）→**本当は泣きたい。**

→二度と会えないかもしれない寂しさ

・汽車の中から、清がなんだか大変小さく見えた。

→姿をいっそう小さく感じる

年老いた清↔新たな生活に向かう「俺」

①四国にたつことを清に報告に行ったときの会話から、「俺」は清のことをどのように思っていることがわかるだろうか。

例 どう対応したらよいか困っている。

清は、「俺」が清の望んでいた家を持たないと言ったら落胆し、その後の会話もかみ合わないことから考える。

②駅で清と別れる「俺」は、どのような気持ちだったのだろうか。

例 自分も寂しくて泣きたいくらいの気持ち。

「もう少しで泣くところであった」に「俺」の本心が表れている。

③「俺」が振り向いたとき、清の姿がなんだか大変小さく見えたのは、「俺」のどのような心理を表しているだろうか。

例 年老いた清を一人残していくことに対して、申し訳なく、後ろ髪を引かれる思いを表している。

自分は子どもの頃から清に非常にかわいがられ、世話になっている。その清一人を残して四国にたたなければならないこと（＝別れ）、もう会えないかもしれないのに何もしてやれなかった申し訳なさといった心理が、清が「大変小さく見えた」という表現に表れている。

学びの道しるべ

▼教科書 P.198

1 「坊っちゃん」はどのような人物か、エピソードを取り上げて説明しよう。

■解答例1■
同級生から弱虫とはやしたてられたために小学校の二階から飛び降り、一週間ほど腰を抜かすような無鉄砲で、父親から怒られても、謝るどころか「次は抜かさずに飛んでみせます」と答える負けず嫌いの人物。

■解答例2■
父には「どうせろくな者にはならない」と言われ、母には「乱暴で乱暴で行く先が案じられる」と言われるなど、清以外からは愛情を受けずに育った人物。

2 「清」は「坊っちゃん」をどのように見ているか、まとめよう。

↓P.162〜163

3 「坊っちゃん」の行動や性格に対する周りの人の見方が、「清」とその他の人たちとで異なっているのはなぜか、考えよう。

■解答例■
清以外の人たちは、「坊っちゃん」の乱暴や度の過ぎたいたずらといった行動のみを見ているのに対して、清は、それらの行動の裏にある「まっすぐでよいご気性」といった心を見ていたから。

4 「坊っちゃん」と「清」が別れる場面から、感じたことや考えたことを交流しよう。

■解答例■
「坊っちゃん」にとって「清」が大きな存在であったのと同様に、清にとっても「坊っちゃん」の存在はとてつもなく大きいものだった。そのことは「坊っちゃん」を乗せた汽車が出発したあと、清の様子を描写した「なんだか大変小さく見えた。」という一文から読み取ることができる。清との別れのときを迎え、清の永遠の別れのような悲しみぶりを見ながら、「坊っちゃん」自身も深い悲しみを味わっていると思った。

5 気に入った場面を選んで音読し、作品の表現の特徴について考えたことを発表し合おう。

■解答例■
・母が病気で死ぬ二、三日前、台所で宙返りをしてあばら骨を打った場面
作品全体が、歯切れのよい軽快な文章で書かれている。母が死ぬ前後の場面でもテンポよく語っているが、台所で宙返りをしてみせるというところに、本当は母にかまってほしかった「坊っちゃん」の本心が表れていると感じた。

重要語句の確認

▼186ページ

1 意 無鉄砲（むてっぽう）　結果がどうなるかを考えずに行動するさま。類 向こうみず

4 はやす　声をあげて相手をからかう。

10 はす　斜め。

▼187ページ

21 意 領分（りょうぶん）　所有している土地。勢力の及（およ）ぶ範囲（はんい）という意味もある。類 領地

▼189ページ

4 意 勘当（かんどう）　親が子との縁（えん）を切って追い出すこと。

8 意 由緒（ゆいしょ）　物事が今に至るまでのいきさつ。ここでは「由緒（ゆいしょ）ある」で立派な家柄（いえがら）の出身であることを示す。

9 意 零落（れいらく）　落ちぶれること。

12 意 とうてい　下に打ち消しの言葉を伴って、とても…ない、の意。

14 意 不審（ふしん）　不思議。疑わしい。

15 意 気性（きしょう）　生まれつき持っている性質。性格。類 気質

▼191ページ

8 意 すました　平然とした。

14 意 了見　自分の考え。

▼192ページ

7 意 いちがいに　ひとまとめにして。

16 意 二束三文（にそくさんもん）　数が多くても非常に安い値段であること。投げ売りすること。

17 意 周旋（しゅうせん）　間に入って取引の世話をすること。類 仲立ち

18 意 前途（ぜんと）　これからの先行き。類 行く手

▼193ページ

13 意 随意（ずいい）　思いのままであること。類 任意

14 意 淡白（たんぱく）　性格がさっぱりしているさま。類 無頓着（むとんちゃく）

▼194ページ

2 意 生来　生まれながらにして。生まれてこのかた。類 天性

14 意 たたる　あることが原因となって悪い結果をもたらす。

▼195ページ

1 意 存外　思った以上に。思いのほか。類 案外

3 吹聴（ふいちょう）　言いふらすこと。

17 意 見当　だいたいの方向。方角。これから先の予測の意味でも使う。

新出漢字のチェック ✓

砲　186ページ　10画
ホウ
一 厂 不 石 石 石' 矿 矽 砀 砲
無鉄砲
鉄砲・大砲
砲弾・砲声
4級

刃　186ページ　3画
*ジン
は
フ 刀 刃
刃物・刃先
刃が欠ける
刃向かう
準2級

請（ハネ）　186ページ　15画
セイ
*シン
*こう
う-ける
丶 ㇀ 言 言 言一 計 請 請 請 請
支払いの請求
請け合い
3級

鉢　187ページ　13画
ハチ
*ハツ
ノ 𠆢 𠆢 全 金 金一 釒 針 鉢 鉢
鉢に木を植える
小鉢・金魚鉢
衣鉢（いはつ）を伝える
準2級

尻（ハラウ）　188ページ　5画
しり
一 コ 尸 尸 尻
尻がかゆい
帳尻を合わせる
切れ長な目尻
2級

新出音訓の確認

ページ	漢字	読み	用例
187	質	シチ	質屋
189	性	ショウ	気性

ページ	漢字	画数	読み	用例	級
188	湧	12画	ユウ / わ-く	湧出・湧泉 / 温泉が湧き出る / 場内が湧く	2級
188	稲	14画	トウ / いね / いな	陸稲・水稲 / 稲を刈る / 稲作をする	4級
188	懲（×「徴」）	18画	チョウ / こ-りる / こ-らす / こ-らしめる	懲役・懲罰 / 懲りる・懲らす / 悪を懲らしめる	準2級
189	勘	11画	カン	勘違い・勘当 / 勘定・勘案 / 勘が働く	3級

注 形の似た漢字に注意しよう。

「懲」と字形の似た漢字には「徴」がある。「徴収」「特徴」などで使われるよ。

ページ	漢字	画数	読み	用例	級
189	零	13画	レイ	零落・零点 / 零細企業 / 絶対零度	3級
189	奉	8画	ホウ / ブ / *たてまつ-る	奉公・信奉 / 奉仕活動をする / 奉行	3級
189	諦	16画	テイ / あきら-める	諦観・諦念 / 物事の要諦 / 外出を諦める	2級
190	枕	8画	まくら	草枕・歌枕 / 枕木・枕詞（まくらことば） / 枕もと	2級
190	鍋	17画	なべ	鍋料理・土鍋 / 鍋底景気 / 鍋焼きうどん	2級

ページ	漢字	画数	読み	用例	級
191	嗅	12画	キュウ / か-ぐ	嗅覚が鋭い / 匂いを嗅ぐ	2級

注 形の似た漢字に注意しよう。

「嗅」と似た漢字には「臭」がある。「無臭」「臭気」などで使われるよ。

ページ	漢字	画数	読み	用例	級
192	旋（×「乛」）	11画	セン	大空を旋回する / 旋転・周旋 / 旋風を巻き起こす	準2級
194	赴	9画	フ / おもむ-く	外国に赴任する / 郊外に赴く / 赴任⇔着任	3級
195	拭	9画	*ショク / ふ-く / ぬぐ-う	拭き掃除 / 汗を拭う / 手拭い	2級

視野を広げる

漢字を身につけよう❽

教科書 P.199

漢字	ページ	画数	読み	用例	級
丼	199	5画	どんぶり どん	丼物 丼勘定 天丼	2級
麺（×「走」）	199	16画	メン	麺類・麺棒 麺をゆでる	2級
卓（×「目」）	199	8画	タク	食卓・卓球 卓抜・卓見 卓越した技術	3級
漬	199	14画	つ-ける つ-かる	漬け物 水に漬ける 温泉に漬かる	準2級

形の似た漢字に注意しよう。

「漬」と字形の似た漢字には「清」がある。
「清潔」「清書」などで使われるよ。

漢字	ページ	画数	読み	用例	級
膳	199	16画	ゼン	食膳・配膳 お膳立て 上げ膳据え膳	2級
髄	199	19画	ズイ	精髄・神髄 骨髄・脊髄 脳髄	3級
揚（×「昜」）	199	12画	ヨウ あ-げる あ-がる	抑揚・揚げ物 たこを揚げる 天ぷらが揚がる	3級
箸	199	14画	はし	火箸・竹箸 箸を取る	2級
窯（×「宀」）	199	15画	*ヨウ かま	窯元・窯焼き 窯出し 炭焼きの窯	準2級

漢字	ページ	画数	読み	用例	級
芳	199	7画	ホウ *かんば-しい	芳香 芳名を記して頂く	3級
栓	199	10画	セン	栓抜き 消火栓 栓を抜く	準2級
蓋（×「去」）	199	13画	ガイ ふた	口蓋 蓋を開ける 火蓋を切る	2級
煎	199	13画	セン い-る	煎餅・煎茶 二番煎じ 豆を煎る	2級
餅	199	14画	ヘイ もち	煎餅 柏餅・桜餅 餅をつく	2級

199ページ 串 7画 丶 冖 口 日 吕 吕 串
くし
串団子・竹串
串焼き
串を刺す
2級

199 卸 9画 ×「卩」 ノ 𠂉 ⺊ 午 午 缶 缶 缶 卸
おろ-す
おろし
棚卸し・毎週卸す
卸売市場
卸値で販売する
3級

199 醸 20画 酉 酉 酉 酉 酉 酉 酉 酉 醸 醸
ジョウ
*かも-す
醸成・吟醸
酒を醸造する
準2級

特別な読み方の確認

199ページ 大和 やまと
199 弥生 やよい
199 雪崩 なだれ
199 吹雪 ふぶき
199 硫黄 いおう
199 小豆 あずき

199 廉 13画 广 广 户 户 庐 庐 廉 廉 廉 廉
レン
廉価な食材
清廉潔白
廉価⇔高価
3級

199 頒 13画 分 分 分 分 分 頒 頒 頒 頒 頒 頒
ハン
無料で頒布する
頒布＝配布
準2級

199 粒 11画 丶 丷 米 半 米 米 米 粒 粒 粒 粒
リュウ
つぶ
素粒子・顆(か)粒(りゅう)
米粒程度の大きさ
ひと粒
4級

199 鍛冶 かじ
199 老舗 しにせ
199 為替 かわせ
199 固唾 かたず
199 尻尾 しっぽ

教科書問題の答え

1
① どんぶりもの・めんるい
② しょくたく・つ
③ しょくぜん
④ こつずい
⑤ あ・はし
⑥ かま・ほうこう
⑦ せん・ふた
⑧ せんべい・くし
⑨ おろしうり
⑩ じょうぞう
⑪ れんか・はんぷ
⑫ つぶ

2
① やまと
② やよい
③ なだれ・ふぶき
④ いおう
⑤ あずき
⑥ かじ
⑦ しにせ
⑧ かわせ
⑨ かたず
⑩ しっぽ

視野を広げる

名言集　中学校生活を振り返って

教科書 P.200〜205

名言集　中学校生活を振り返って、お気に入りの言葉を集め、自分や仲間と思いを分かち合うために作るもの。

1　編集方針を立てる

▼どのような名言集にするか。

①言葉を集める前に考えること

○「どのような」テーマ（タイトル）にするか？
○「誰の」「どのような」言葉を集めるか？
○「どこ」から「どうやって」集めてくるか？

②言葉が集まったら

○集めた言葉を「どのように」編集するか？

【構成】
・分類　・順番

【デザイン】
・用紙（大きさや形）　・縦書きか横書きか
・手書きかパソコン入力か
・書体や文字の大きさ
・出典などの情報の提示のしかた

編集会議で話し合うときのこつ

○**計画**　「話し合う順番は……」
○**展開**　「次は、……について話そう」
○**軌道修正**　「話を元に戻そうよ」
○**整理**　「意見をまとめると……」

2　言葉を集める

▼気に入った言葉をカードやレポート用紙などに書き出す。

言葉を集めてくるところ

○教科書や今まで読んだ本
○授業や部活動のノート
○今までに聞いた先生や友達の話

どんな言葉を集めるか

○きらりと光る言葉
○胸に響いた言葉
○勇気や励ましを与えてくれた言葉
○未来へ向かう推進力になる言葉

例1

希望とは……地上の道のようなものである。

〈出典：魯迅(ろじん)「故郷」(「現代の国語３」174ページ)〉

◎メモ

国語の授業で出会った言葉。

受験でくじけそうになったときの自分や友人に、希望に向かって諦めない気持ちを持ち続けるために届けたい。

例2

子曰(い)はく、「学びて思はざれば則(すなは)ち罔(くら)し。思ひて学ばざれば則(すなは)ち殆(あやふ)し。」と。

〈出典：孔子(こうし)「論語」〉

◎メモ

「論語」を勉強したときに、調べて見つけた言葉。

ずっと知識をため込むことが最優先だと思っていたので、本を読んで学習するだけでも考えるだけでもだめだという考え方は新鮮で気に入っている。

書き出すときのポイント

○長い文章や詩の場合、切り取り方で印象が変わる
　→「どの部分を抜き出すか」が重要

○言葉と一緒にメモすること
・出典　・誰の言葉か　・その言葉との出会い
・気に入っているところ　・どんな人に届けたいか

3 言葉を選び、構成を決める

① **2で書き出したものをもとに、収録する言葉を選ぶ。**
・基準を決めて、取捨選択する

② **名言集の構成やデザインを決める。**

③ **グループで相談会を開く。**
・互いのアイデアの交換
・アドバイスをし合う

4 推敲(すいこう)し、清書する

推敲(すいこう)のポイント

①誤字や脱字がないかどうか
②引用の場合は、元の言葉(原典)と合っているか

5 交流する

▼**さまざまな方法で名言を交流させて楽しむ。**

例
・教室に掲示する　・発表会を開く
・各自が名言を出しクラスの名言集としてまとめる

読書の広場

高瀬舟

教科書 P.226〜237

森 鷗外

内容を確認して、整理しよう

江戸時代の話。高瀬舟は京都の高瀬川を大阪へ向かう舟である。舟に乗せるのは遠島を申し渡された罪人で、その身の上話を聞くつらさから、同心仲間では不快な職務として嫌われていた。

同心羽田庄兵衛は、喜助という弟を殺した罪人を高瀬舟に乗せることになる。喜助は他の罪人と違って、落ち着いていて、いかにも楽しそうであった。庄兵衛は喜助の様子が不思議でたまらない。

庄兵衛は喜助に身の上話を聞くことにした。喜助は京都で苦労を重ね、弟と共に貧乏な暮らしをしていた。遠島を仰せつけられる者が受け取る鳥目二百銅は喜助にとって懐に入れて持っていたことのない金額であり、これを元手に島で仕事をしようと考えていた。庄兵衛は己の欲望が次から次へと湧いてきて切りがないことを思い、喜助がそうではないことに驚異の目を見張る。

喜助は自分の罪についても聞かれるままに話し始めた。貧しい中、病気になった弟が自殺を図った。死にきれずにいる弟を手助けしたのを、近所の人に見られ、弟殺しの罪に問われたのである。庄兵衛は公の判断に従うしかないと思いつつも、果たして喜助がしたことは人殺しというものだろうかと、ふに落ちぬものを感じて

喜助が犯したのはどのような罪だろうか。

話の大まかな流れをとらえよう

○教 P.226・上1行め〜P.227・上9行め

高瀬舟は、罪人を大阪まで送るための舟。

→親類のうち一人だけ同船させることができ、罪人と親類は「悔やんでもかえらぬ繰り言」を話し続ける。

↓

○教 P.227・下1行め〜P.228・下4行め

同心の庄兵衛が乗せた喜助は、不思議なことに「いかにも楽しそう」であった。

人殺しを後悔しない世にもまれな悪人に見えないのに不思議だ。

↓

○教 P.228・下5行め〜P.231・下6行め

庄兵衛は喜助に「何を思っているのか」と尋ねる。喜助はそれまで貧乏で、遠島に処せられたことで与えられた金銭も、初めて手にするような金額だと述べる。庄兵衛は自分の身を振り返り、喜助の態度に驚きを感じる。

↓

○教 P.231・下7行め〜P.235・下6行め

喜助の弟殺しの経緯を知り、「それが罪であろうか。」「殺したのは罪に相違ない。」と複雑な思いを抱く庄兵衛。

まとまりごとの展開を確認しよう

1 高瀬舟と罪人　教P.226・上1行め～P.227・上9行め

高瀬舟　**時代**……徳川時代

・京都の罪人で遠島の刑を申し渡された人を乗せる舟。
・遠島を申し渡されるのは、重い罪を犯した人物。

↓

罪人の多くは、心得違いによって思わぬ罪を犯してしまった人たち。

例 相対死を謀って片方だけが生き残り、殺人の罪に問われる。

・親戚が一人だけ、高瀬舟に同船することができる。

↓

夜通し身の上を話し合うのだが、悔やんでもどうしようもできないことや、罪人の親戚眷属の悲惨な境遇が、護送役の同心にも聞こえてくる。

⇩

高瀬舟の護送は、同心仲間で「不快な職務」と嫌われる。

2 喜助という罪人　教P.227・下1行め～P.228・下4行め

◆**場面**……同心羽田庄兵衛は高瀬舟に喜助という罪人を乗せる。

喜助→「これまで類のない、珍しい罪人」

弟殺しの罪人だと聞いている。

↓

罪人にありがちな「温順を装って権勢にこびる態度ではない」

→庄兵衛は不思議に思う。

ポイントを確認しよう

①「心得違い」で罪を犯すとはどのようなことだろうか。

例 相手を殺して自分も死のうと思っていたのに、自分だけが生き残ってしまうようなこと。

教P.226・下1行め「相対死……類である」という部分から、盗みをするために人を殺すなどという場合ではないことを読み取る。

②高瀬舟の護送が「不快な職務」と嫌われたのはなぜか。

例 罪人と親類の悲惨な身の上話を聞かなければならないから。

罪人と同船した親戚は、やり直すことのできないさまざまなことを語り、罪人を身内に持った親戚の苦しみについても語る。そのため、護送の同心もその話を聞いて、嫌な思いをしたり、胸を痛めたり、不覚の涙を流さざるをえなくなってしまうのである。

③庄兵衛はなぜ不思議に思ったのか。

例 他の罪人に比べておとなしく、権勢にこびる様子もないから。

神妙におとなしくしており、その態度が教P.227・下14行め「温順を装って権勢にこびる態度ではない」ため、他の罪人とは違っており、不思議に思ったのである。

喜助には同船する親戚もおらず、一人。
↓「辺りがひっそりとして」おり、舟に乗る喜助も「**黙っている**」
← いつもと違った静かで穏やかな状態。

喜助の顔は「いかにも楽しそうで、もし役人に対する気がねがなかったなら、口笛を吹き始めるとか、鼻歌を歌いだすとかしそうに思われた」
↓**庄兵衛の思い** 弟がどれだけ悪い人間でも、いい心持ちはしないだろう。かといって、喜助が世にもまれな悪人には見えない。
← **不思議だ**。

3 喜助の境遇 教P.228・下5行め～P.231・下6行め

庄兵衛は「喜助。おまえ何を思っているのか。」と問いかける。
喜助は遠島を申し渡されたことで居場所ができること、お金がもらえたことを喜んでいる。

↓欲をきりのないものにせず「**踏みとまって**」いる。

庄兵衛が自分の生活を振り返ってみると、扶持米で手いっぱいの生活を送っているが、満足したことはない。お役御免になったら、大病になったら、と不安がつきない。
↓喜助との隔たりがある理由を、人の欲が「踏みとまることができるものやらわからない」ものだからと気づく。

①喜助が「黙っている」様子はどのようなものだったか。

例 喜助の額は晴れやかで、目にはかすかな輝きがあるという、穏やかだが楽しそうな様子。

教P.228・上3行め「喜助は横になろうともせず……輝きがある。」という様子から、悲しんではいないことがわかる。また、教P.228・上10行めには「いかにも楽しそう」と述べられている。

②庄兵衛が「不思議だ」と思ったのはなぜか。

例 喜助が他の罪人のように気の毒な様子ではなく、いかにも楽しそうにしているから。

喜助の様子が「いかにも楽しそう」であるのに対し、これまでの高瀬舟に乗った人たちは、教P.228・上15行め「目も当てられぬ気の毒な様子」であったため、どうして他の罪人と違っているのか不思議に思ったのである。

③「目の前で踏みとまって見せてくれる」喜助を、庄兵衛はどう感じているか。

例 人ができないことをしている驚異的な人物だと感じている。

教P.231・下5行め「毫光がさすように思った」という表現から、人ができないことをする人に対する尊敬の念が感じられる。

4 喜助の罪

教P.231・下7行めP.235・下6行め

庄兵衛は、「喜助さん」と呼びかけ、弟殺しの事情を聞く。

喜助の弟殺しに対する回想
・小さいときに両親を亡くし、弟と二人で生きてきた。
・そのうち、弟が病気で働くことができなくなった。
→ある日、弟は兄に苦労をかけることをすまないと思い、喉を切って死のうと考える。
↓
死にきれずにいる弟に頼まれ、喜助は喉に刺さった剃刀を引き抜く。→その剃刀を引いたところに近所の人が訪ねてき、罪に問われることになった。

庄兵衛は喜助が「苦から救ってやろうと思って命を絶った」ことから、「殺したのは罪に相違ない」が、「それが罪であろうか」と考え始める。
↓
「沈黙」の人二人」を乗せて、高瀬舟は進む。

①庄兵衛が「喜助さん」と呼びかけたのはなぜか。

例 喜助が欲もなく、満足していることが自分ではできないことだと知り、尊敬する気持ちがわいたから。

「さん」をつけたのは、庄兵衛が意識的にしたものではなく、無意識のうちに出た言葉である。それは、欲もなく満足している喜助の姿に、教P.231・下5行め「毫光がさすように思った」ほど、尊敬の念がわいたからである。

②庄兵衛が「沈黙」したのはなぜか。

例 弟に頼まれて苦しみを取り除いた結果殺してしまったことが、「罪」であると言い切れないと感じたから。

喜助の話を聞いて、庄兵衛は教P.235・上8行め「これが果たして弟殺しというものだろうか、人殺しというものだろうかという疑い」が起こったのである。

学びの道しるべ

▼教科書P.237

●この作品の中で繰り返されている言葉や表現を探して、その表現効果を考えよう。

■解答例■ 「沈黙」 最後の場面の庄兵衛の心の中には、答えの出ない疑問が生じ、言葉を失っていることがうかがえる。

●喜助が自分の過去について振り返って語る部分は、この作品の中でどのような役割を果たしているか、考えよう。

■解答例■ 喜助が自分の生い立ちや境遇を語るところでは、貧しく苦しい生活を送ってきたことがわかり、読み手の同情を誘う効果がある。遠島を申し渡された経緯からは、喜助のとった行動は、はたして罪になるのかどうか、読み手にも疑問を抱かせる効果がある。

読書の広場

サシバ舞う空

教科書 P.238〜245

石垣(いしがき) 幸代(さちよ)
秋野(あきの) 和子(かずこ)

話の大まかな流れをとらえよう

○**物語の始まり**（教 P.238・上1行め〜下1行め）

・場所…さんごしょうの海に囲まれた小さな島

・登場人物…タルタとムサじい

・時…ミーニスの吹き始める寒露の頃

○**タルタとサシバとの出会い**（教 P.238・下2行め〜P.241・上14行め）

・一羽の青目(オーミー)のサシバがタルタの腕の中に飛び込む。

○**タルタとピルバの関係の深まり**（教 P.241・上15行め〜P.242・上5行め）

・餌を食べないことを心配するタルタ。しかし、サシバは自分で餌をとって食べた。

・サシバが「ピックィー！」と鳴く。タルタも同じように言って応える。そして、サシバに「ピルバ」と名前をつける。

○**タルタとピルバの一体化**（教 P.242・上6行め〜P.244・下7行め）

・ピルバと仲良くなったタルタは空を飛ぶことを夢想し、ピルバを空に放す。

○**物語の終わり**（教 P.244・下8行め〜P.245・下8行め）

・タルタの魂はサシバの群れと共に飛び去った。

内容を確認して、整理しよう

さんごしょうの海に囲まれた小さな島に、タルタという少年がムサじいと二人で暮らしている。

島には寒露の頃になると、サシバの群れが飛んでくる。人々は、そのサシバを捕まえるのだ。タルタは寒露の日に生まれた。

ある日、タルタは大空に大きな鳥の姿を見る。ムサじいには見えなかったが、その日の午後、島にサシバの群れがやってきた。人々はアダンひもでサシバを捕まえる。タルタのもとには、願いを受けたように一羽の若いサシバが飛び込んできた。人の腕にサシバが飛び込んでくるなんてことは、ムサじいでも初めて見た。

タルタは捕まえたサシバにピルバと名前をつけ、仲良くなっていく。そのうち、タルタは自分が空を飛ぶ空想をする。空想の中でピルバの声を聞いたタルタは、ピルバを空に放した。

その夜、タルタは高熱を出した。ムサじいは、「タルタの魂は、ここにはもうない」と感じる。

翌朝、タルタは砂浜でピルバと再会し、サシバの群れに抱き上げられ、南の空に去っていくのだった。

物語の不思議なところを味わおう。

まとまりごとの展開を確認しよう

1 物語の始まり 教P.238・上1行め～下1行め

場所……さんごしょうの海に囲まれた小さな島
時期……寒露の頃
少年タルタ→寒露の日に生まれたタルタ。
ムサじいは「タカが、タルタを連れてきてくれたさー。」と言う。
↓
遠い北の国からやってくる。海のまん中では、羽と羽を組み合わせ、一羽の大きな鳥になる。

2 タルタとサシバとの出会い 教P.238・下2行め～P.241・上14行め

寒露の日、タルタは不思議な体験をする。
・冷たい風が吹き抜けて顔を上げると、大空に大きな鳥が飛んでいる。→ムサじいには見えない。
↓
その日、島にサシバの群れがやってくる。
・ムサじい……頭に止まろうとしたサシバを捕まえる。
・タルタ……自分の腕に飛び込んできたサシバを捕まえる。
→こんなことはムサじいも初めて。
サシバの肉を使った雑炊(ぞうすい)を作るムサじい。
→風邪をひきやすくなる時期にサシバがやってくる。
「天の神さんはよう知っておられて、わしらにごちそうをくださる。ありがたいことよね。」

ポイントを確認しよう

①タルタが見た「大きな鳥」は何だったのだろうか。

例 **その日の午後にやってくるサシバの群れ。**
教P.238・上11行め「あの小さな……大きな鳥になって、海を渡ってくるってよー。」という言葉から、サシバの群れが、大きな一羽の鳥のように見えることがわかる。

②自分の腕に飛び込んできたサシバを捕まえることで、タルタのどのようなことがわかるか。

例 **タルタとサシバの関係は、他の人とは違っていること。**
タルタは、まだサシバの群れがきていないのに、「大きな鳥」を見ることができたり、自分の腕にサシバが飛び込んできたりすることがある。これらはタルタだけに起こることなのである。

③ムサじいにとって、サシバはどのような鳥か。

例 **風邪をひきやすくなる時期に、天の神さんが与えてくれたごちそう。**
サシバの肉を使った料理を作り、この時期は風邪をひきやすくなること、サシバの肉が栄養になることなどをタルタに説明している。

3 タルタとピルバの関係の深まり

教 P.241・上15行め〜P.242・上5行め

タルタのつかまえたサシバは、なかなかタルタが与える餌を食べない。
「食べなきゃ、死んじゃうよ。ほら!」
↓
タルタの足もとから歩きだしたトカゲを、サシバが自分で捕って食べる。 → 誇り高い生き物
タルタは丘にサシバを連れ出す。
↓広い世界に喜ぶサシバは「ピックィー」と鳴く。
↓タルタもうれしくて「ピックィー!」と応じる。
↓
タルタはサシバにピルバと名前をつける。
タルタとピルバの暮らし。
↓タルタはずっとピルバと一緒にいる。
↓
タルタはピルバと同じようにサシバの群れを見ることが多くなる。

4 タルタとピルバとの一体化

教 P.242・上6行め〜P.244・下7行め

夕方、島の子供たちがサシバの飛ばし勝負を始める。
↓タルタはピルバと一緒に丘に上る。
風が吹き、タルタは自分が空を飛ぶのを感じる。
「南へ、南へ、もっと南へ!」というピルバの声を聞く。
↓
はっと我に返る。すぐそばで見守っているピルバ。

①サシバが自分で餌をとる姿から、サシバのどのような性質がわかるか。

例 人の手からは餌をもらわず、自分で得た餌を食べようとする誇り高い性質。

教 P.241・上4行め「タカはね、誇り高い生き物だよ。そう簡単に、人の手から餌は食わんさー。」という言葉から、サシバがタルタの手から餌を食べない理由が読み取れる。

②タルタが「ピックィー。」と応じる姿は、タルタがどのような人物であることを感じさせるか。

例 サシバと心を通わせることができる特別な人物。

タルタがサシバの群れがくる寒露の日に生まれたことや、サシバがタルタの腕に飛び込んできたことなど、タルタには特別なことが何度も起きている。

③タルタがサシバの群れを見ることが多くなったことは、どのようなことを感じさせるか。

例 ピルバと親しくすることで、タルタがだんだんサシバの気持ちに近づいていること。

タルタは、サシバの気持ちに近づき、空を飛ぶ姿を空想するようになっている。

タルタは[ピルバの足のひもを外す]。
↓ピルバはすぐには飛び立たなかった。

ピルバの、命の鼓動が、タルタの鼓動と一つになったとき、ピルバは、大空に舞い上がった。

群れに戻ったピルバ。サシバの群れは、大きな鳥のようになっていく。

ピルバが去った夜、タルタの体は火のように熱くなる。
↓「ピックィ、ピーックィ！」とサシバのような声を出す。
↓両手を広げてはばたくように動かす。

ムサじい「[タルタの魂は、ここにはもうないさー]。サシバのところに飛んでいったかもしれん。」
↓引き戻せないかと、火を起こし祈り続ける。

5 物語の終わり　教 P.244・下8行め～P.245・下8行め

翌朝、目覚めたタルタは浜に降りていく。

・サシバの羽で砂の上に大きな鳥の姿を描き出す。

ピルバとの再会。↓タルタはピルバを追って走る。

大きな鳥の姿になった[サシバの群れ]がタルタを持ち上げる。

①タルタはなぜ、ピルバの足のひもを外したのか。

例 ピルバの南に行きたいという声を聞いたから。

タルタはサシバになって空を飛ぶ空想の中で、ピルバの声を聞いており、ピルバが群れといっしょに南に飛んでいきたい気持ちを感じ取ったのである。

②ムサじいはどうして「タルタの魂は、ここにはもうないさー。」と言ったのか。

例 タルタがサシバのような声をあげ、鳥がはばたくように両手を広げたから。

ムサじいは、タルタについて、教 P.238・上9行め「タカが、タルタを連れてきてくれたさー。」とも言っており、タルタとサシバの関係の深さを感じ取っていたとも思われる。そのようなタルタが、サシバのように鳴き、鳥のはばたきのように両手を広げたので、サシバのいるところにタルタの魂が飛んでいったと考えたのである。

③サシバの群れがタルタを連れていったという表現から、タルタがどうなったことが感じ取れるか。

例 タルタの魂がサシバと共にあり、南へと飛んでいったこと。

タルタの魂はムサじいが言うように、サシバのところに飛んでいったのであり、サシバもタルタを受け入れたのである。

読書の広場

近世の短詩――俳句・川柳・狂歌

教科書 P.246〜249

内容を確認して、整理しよう

「俳句」は十七字で季語を入れて作る短詩であるが、「川柳」は同じ十七字でも無季の短詩。滑稽・風刺・機知を特色とする。「狂歌」は、滑稽な内容を詠み込んだ短詩である。

まとまりごとの展開を確認しよう

1 俳句 教 P.246〜P.247

◆古池や蛙飛びこむ水の音　春
◎古い池だな。蛙が飛び込む音でかえってあたりが静かに感じられる。　自然の様子

◆田一枚植ゑて立ち去る柳かな　夏（田植え）
◎田んぼが一枚植え終わったから（私はこの柳のもとを）立ち去る。（これは西行法師に縁のある）柳だったんだなあ。

◆旅に病んで夢は枯野をかけ廻る　冬
◎旅の途中で病気になったが夢では枯野をかけ廻っている。

◆春の海終日のたりのたりかな　春
◎春の海で一日中のたりのたりと波が打ち寄せている。

◆さみだれや大河を前に家二軒　夏
◎五月雨が降っているなあ。（雨が）大河となっている、その川の前に家が二軒ある。

重要語句の確認

▼246ページ

3 **田一枚**　田んぼ一枚分。早乙女（田植えをする女性）によって植えられている。

3 **柳**　西行法師が「道の辺に清水流るる柳かげしばしとてこそ立ち止まりつれ」（新古今和歌集）と歌った柳のこと。

▼248ページ

4 **小判**　小判一枚は「一両」。

6 **はやり**　流行の、はやっている。

▼249ページ

2 **あめつち**　「古今和歌集」の「仮名序」にある「力をも入れずして天地を動かし、……歌なり」の「天地」のこと。歌の及ぼす力のこと。（→P.92）

4 **「わが庵は〜」の歌**　「わが庵はみやこの辰巳しかぞ住む世をうぢ山と人はいふなり」（喜撰法師・百人一首）をもとに作られた歌。

4 **辰巳**　東南の方向。「宇治」も都の東南に位置する。

5 **う**　掛詞。十二支の「う」と「宇治」の「宇」の両方の意味が掛けられている。

◆凧きのふの空のありどころ　春

◎凧が昨日と同じところにあがっている（が、昨日と同じ）空がそこにある（のだろうか）。

◆痩せ蛙負けるな一茶これにあり　春

◎痩せ蛙、負けるなよ。私一茶がここで励ましてやるから。

◆むまさうな雪がふうはりふはりかな　冬

◎おいしそうな雪がふうわりふわりと降ってくるなあ。

◆朝顔につるべ取られてもらひ水　秋

◎朝顔がつるべに巻きついて（くめないから）もらい水をする。

2 川柳 教 P.248

◎寝ていても子どもを団扇であおぐのが親心というものだ。

◎芭蕉翁は（蛙が飛び込む）ぼちゃんという音で立ち止まった。

人の様子

◎これ小判。たった一晩でいいから私のもとにいておくれ。

◎褒められるともち直す（ように感じられる）花の枝だな。

◎はやっている風邪をひいて（みんなと一緒だと）安堵する。

3 狂歌 教 P.249

◎歌詠みは下手こそが望ましい。上手な者が歌を作って、天地が動き出してはたまらないから。

◎私の庵はみやこの辰巳の方向、宇治にある。

十二支を全部詠み込むおかしさ。

◎秋風に雲（の衣）を吹きとばされて丸裸になった月が、澄んでとても美しい。

ポイントを確認しよう

①俳句「古池や蛙飛びこむ水の音」と川柳「芭蕉翁ぼちゃんといふと立ち止まり」について、⑴二つの句に共通することと、⑵それぞれ何の様子について歌ったものかを答えなさい。

例

⑴水の音。

⑵俳句—水の音があることでかえってあたりの静けさが強調されるという自然の様子。

川柳—水の音で立ち止まった芭蕉、すなわち人間の様子。

俳句は季語を加えて自然や四季の様子を詠むものだが、川柳は必ずしも季語は必要なく、人間や社会の様子を詠んでいるものが多い。

②「はやり風邪～」の句では、なぜ風邪をひいているのに作者は安堵すると言っているのだろうか。

例

みんなと一緒だから。

自分だけが違うことで不安になる人間心理を表している。

③「わが庵は～」の歌のおもしろみはどんなところにあるだろうか。

例

十二支を全て詠み込んでいるところ。

もとの歌「わが庵はみやこの辰巳しかぞ住む世をうぢ山と人はいふなり」の「辰巳」から十二支を連想し、「子丑寅卯」まで、全て詠み込むところがおもしろいのである。

読書の広場

「ありがとう」と言わない重さ

呉人恵

教科書 P.250〜255

内容を確認して、整理しよう

モンゴル人は「ありがとう」のような決まり文句を繰り返さない。その代わりに胸の中で思い続け、精神世界の深さがある。決まり文句としての「ありがとう」を言わない文化について知ることができるのも、外国語を学ぶ者の特権であり、大切にしたいものだ。

ポイントを確認しよう

①「ありがとう」と筆者が言う理由は何か。

例 相手が何かをしてくれたとき、「ありがとう」と言わなければ気持ちのおさまりがつかないから。

教 P.250・上5行め「相手がなにかを……おさまりがつかない」という言葉から、「ありがとう」という時の気持ちがわかる。

②モンゴルの人は「バヤルララー」と言わずに、何かをしてくれた相手にその場でどのように返事をするのか。

例 「よかった」などと独り言のようにつぶやくだけで、淡々と相手の好意を受け入れている。

教 P.250・下10行め「内モンゴルの……受け入れているかのようです」から読み取る。

③慣れない人には横柄、傲慢という印象を与えるのはなぜか。

例 お礼を言われるのが当然だと考えている人たちもいるから。日本やアメリカでのお礼の言い方との違いを捉える。

まとまりごとの展開を確認しよう

1 「ありがとう」という言葉 教 P.250・上1行め〜P.251・上8行め

○「ありがとう」……日本人にとって「使い込んだ革製品のように手触りのいい言葉」。

モンゴル語では、「バヤルララー」という。

○「バヤルララー」……あまり聞かれない。

「バヤルララー」と言わずに、「淡々と相手の好意を受け入れている」

→慣れない人には横柄、傲慢という印象を与える可能性がある。

2 「バヤルララー」という言葉 教 P.251・上9行め〜P.252・上9行め

○お祝いをもらってすぐに「バヤルララー」と言うと、場合によってはお祝いを期待していたように聞こえてしまう。

↓「バヤルラー」と言うと「卑(いや)しい感じ」を与えてしまう場合がある。

○アメリカ人……「サンキュー」が好きな国民だといわれる。
↓ささいなことでも、「ありがとう」という。

↓モンゴル人にお土産を渡しても**お礼を言われず、怒る**。

3 感謝の気持ちの表し方 教 P.252・上10行め～P.252・下17行め

○お返しは何気なくするもの。
・お世話になった先生におせんべつをさしあげたところ、先生は淡々と受け取っていた。
↓**先生**はそのせんべつのことをずっと覚えていて、筆者が結婚するとき、二ヵ月分の給料にあたるお金を渡してくれた。
↓言葉ではなく、行動でお返しする。

4 言語と背景にある文化 教 P.252・下18行め～P.254・下14行め

○モンゴル人が置かれている自然・生活環境
↓春の砂嵐、夏の日照り、冬の雪害など、自然災害の危険にさらされている。

↓生きぬいていくために、寄り添い、助け合っている。

「言う」ことより「する」ことのほうが大事。


一方、非常に感情豊かで饒舌(じょうぜつ)な一面がある。

↓口承文芸のユルール。相手の好意に対する感謝の気持ちの表現、将来の幸福を祝う言葉など。

お礼のしかたなど、完全に重ね合わせることができない言語。しかし、そこから、相手の文化が見えてくることもある。

①アメリカ人がお土産のお礼がなく怒ったのはどうしてか。

例 お礼をひんぱんに言うのが習慣のアメリカ人は、当然、相手からの賛辞を期待していたのに、それがなかったから。
アメリカ人や日本人のように、よくお礼を言う習慣のある人々は、モンゴル人のような態度をとられると、横柄(おうへい)だとか、傲慢だとか、礼儀知らずだという印象を持つことがある。

②先生の態度から、どのようなことがわかるか。

例 相手の好意に対する感謝の気持ちをその場で言葉で表すのではなく、恩を胸に刻んで、恩返しをするのがよいと考えていること。
おせんべつをもらったとき、先生は筆者たちの好意を淡々と受け取っていたが、筆者が結婚するときに給料二ヵ月分にあたるお金を渡すという行動で、感謝の気持ちを表したのである。

③「言う」ことより「する」ことのほうが大事だと考えるのはなぜか。

例 厳しい自然・生活環境の中で、寄り添い、助け合って生きてきたから。
教 P.252・下18行めからP.253・上14行めまでの内容から、モンゴル人の暮らしの知恵が読み取れる。

読む

読書の広場

武器なき「出陣」──千本松原が語り継ぐ

船戸政一

教科書 P.256～260

重要語句の確認

▼256ページ
上4 穀倉地帯　米や麦などの穀物が豊富に生産される地域。
▼257ページ
上13 計略　うまくいくように前もって考えた手段。
上18 不屈の精神　どのような困難にもくじけない気持ち。
下15 無理難題　とても受け入れられないような無理な要求。
▼258ページ
上18 奔走　ものごとがうまくいくように走り回って努力する。
下2 鍬入れ　建設工事などのとき、その土地に儀礼的に鍬を入れること。
▼259ページ
上3 御家断絶　後継者がいなくなったり、不祥事を起こしたりして、家系が途絶えること。
上7 いかばかり　いかほど、どのくらい。
上12 筆舌に尽くせない　文章や言葉では表現しようがない。
下11 疲弊　心身ともに疲れ弱ること。
▼260ページ
上4 献花　神前や霊前に花を供えること。

内容を確認して、整理しよう

木曽川・長良川・揖斐川は昔から氾濫を繰り返し、そのたびに起きる堤防の決壊に人々は苦しんでいた。そこで幕府は宝暦三（一七五三）年八月、大洪水が起こったのをきっかけに、この地の本格的な治水工事を薩摩藩に命ずる。

薩摩藩では、あまりにも困難な命令に誰もが口をつぐみ、これは藩の弱体化をねらった幕府の計略だと感じていたが、平田靱負の「薩摩も美濃も、ともに同じ日本だ。……同胞の難儀を救うのは、人としての本分ではなかろうか。」という発言に賛同し、薩摩藩をあげてこの治水工事にあたることになった。

治水工事は、幕府の役人による嫌がらせや暴行、村人からの冷遇、疫病（赤痢）など筆舌に尽くせない多くの困難と犠牲が続いたが、一年と一か月後、無事に終了した。

工事にかかった費用は予測をはるかに超え、四十万両。薩摩藩二年間の全収入を上回る巨額の借金が残った。完成後、平田靱負は報告を書面にして国もとへ送り、多くの犠牲者を出したことと巨額の工事費で藩の財政を疲弊させたことの責任をとって自害する。現在、「油島千間堤」に植えられた日向松は「千本松原」としてその美しい姿を今に伝え、そこには薩摩義士たちの魂が宿っている。

まとまりごとの展開を確認しよう

1 薩摩藩が治水工事を請け負うことになったいきさつ

教P.256・上1行め～P.257・上1行め

◆濃尾平野

木曽川・長良川・揖斐川が流れる**穀倉地帯**

→雪解けや大雨で氾濫　堤防決壊→水害←治水工事×

○宝暦三（一七五三）年八月　大洪水→甚大な被害

幕府　**本格的な治水工事を薩摩藩（鹿児島県）に命じる**

2 薩摩藩の対応

教P.257・上2行め～P.258・上7行め

◆御手伝普請＝藩の存続を揺るがす命令

十二月二十五日　幕府から薩摩藩の江戸屋敷へ

一月九日　藩主島津重年　重臣を集めて協議

幕府の計略（薩摩藩の弱体化）を感じた

◆藩内の話し合い

・**論議白熱**「一戦を交える覚悟で、断固断るべきだ。」

平田靭負「薩摩も美濃も、ともに同じ日本だ。……同胞の難儀を救うのは、人としての本分ではなかろうか。」

・重臣たち　**表情が緩やかに和む**＝賛同

・平田靭負が治水工事の総奉行

「薩摩藩をあげて、この治水工事にあたろう。」

ポイントを確認しよう

①幕府が濃尾平野の本格的な治水工事に乗り出したのは、このとき、何があったからだろうか。

例　宝暦三年の大洪水でこの地が甚大な被害を被ったから。

それまでも氾濫があるたびに治水工事は行っていたのだが、このときはそれ以上の大洪水に見舞われたのである。

②幕府はなぜ濃尾平野を流れる川の治水工事を遠く離れた薩摩藩に命じたのだろうか。

例　薩摩藩の弱体化を図るため。

関ヶ原の合戦のとき、薩摩藩の当主島津義弘は、戦いに敗れながらも敵の本陣を突破して故郷に帰るという不屈の精神を持っていた。それに加えて、薩摩藩は禄高七十七万石という国力に富み、江戸から遠く目の届かないところにあるので、幕府としては自分たちをおびやかす力を備えられては困ると思っていたのである。

③「一戦を交える覚悟で、断固断るべきだ。」という意見まで出て白熱していたが、表情が和んだのはなぜだろうか。

例　平田靭負の「同胞の難儀を救うのは、人としての本分ではなかろうか。」という言葉にみんなが賛同したから。

平田のいさぎよく腹をすえたすがすがしい意見に、重臣たちは心打たれたのである。

3 困難を極めた治水工事

教 P.258・上8行め～P.259・下1行め

◆**刀を鍬にかえ、立ち向かう薩摩藩士**

○総勢二千人
- 平田靭負＋総勢九百四十七人の薩摩藩士
- 地元で新たに雇った人

筆舌に尽くせない多くの困難と犠牲

・**幕府の役人による嫌がらせや暴行**
・**村人からの冷遇**（役人からの処罰を恐れて）
・**疫病**（赤痢）
→看病も許されない。薬も与えられない。
・**堤が壊される**
→抗議の自害→事故・病気として処理
（理由）抗議だと御家断絶になるから

平田 何度も思い返す
幕府が相手ではなく、木曽の三つの川を相手に戦うのだ。

→一年と一か月後　工事完成

◆**幕府の本検分**
・役人の賞賛「おみごと、大儀であった。」
・最大の難工事「油島千間堤」
→日向松（薩摩のもの）→見事な景観

検分の役人は、しばらく動こうとしない

---

①村人は自分たちのために働いてくれている薩摩藩の藩士をなぜ冷遇したのだろうか。

例 **幕府の役人から処罰されるから。**
幕府はこの工事を通して薩摩藩の弱体化をねらい執拗に嫌がらせをするのであり、村人はそのような幕府の意向に逆らうことができないのである。

②藩士の抗議の自害を、事故死・病死扱いにしなければならなかったのはなぜだろうか。

例 **自害したことが幕府への反抗の意志を示したものと知られると、薩摩藩自体が御家断絶になってしまうから。**
幕府は、薩摩藩の弱体化・自滅をねらってこの工事をさせているので、幕府への抗議を明らかにすることは、その幕府のもくろみ通りになってしまうのである。

③藩士の辛苦を見たとき、平田靭負はどんなことを思い返していたのだろうか。

例 「**幕府が相手ではなく、木曽の三つの川を相手に戦うのだ**」という**決意。**
平田靭負は、この工事が理不尽なものであるということを承知の上で請け負っていた。しかし、そうはいってもあまりの過酷さに「日本の同胞の難儀を救う」という大儀を思い起こさなければ、やっていられなかったのである。

4 完成後と現在

教 P.259・下2行め～P.260・上4行め

◆完成後

○**費用**　四十万両→巨額の借金

○**恩恵を受けた村**　美濃・伊勢・尾張の三百二十九か村

○**平田靭負**

・報告を書面にして国もとへ、その後自害（五十二歳）

（理由）・**多くの犠牲者を出したこと**
・**巨額の工事費で藩の財政を疲弊させたこと**
} **責任をとって**

辞世の歌

住みなれし里も今さら名残りにて
立ちぞわずらう美濃の大牧

◆現在

○「**油島千間堤」の日向松→美しい「千本松原」**

・治水工事のときに故郷から取り寄せた松
・**薩摩義士として、薩摩藩士の魂を宿している**

○**平田町**（岐阜県海津市）

・平田靭負の遺徳をしのぶ→**感謝**

○**治水工事を行った周辺**　薩摩藩士を葬った寺が多い

・薩摩義士をたたえる→**賞賛**

○**薩摩（鹿児島県）**　今なお平田の墓に献花が絶えない→**鎮魂**

①なぜ平田靭負は自害したのだと筆者は述べているのだろうか。

例 **多くの犠牲者を出したことと巨額の工事費で藩の財政を疲弊させたことの責任をとって自害した。**

この工事で犠牲になったものが、人の面でも金銭面でも平田自身が考えていたものよりもはるかに大きかったのである。

②現在残っている「油島千間堤」の日向松は、「千本松原」としてその美しさを今に伝えているが、それにはどんなものが宿っていると筆者は思っているだろうか。

例 **薩摩藩士の薩摩義士としての魂。**

「油島千間堤」の日向松は、治水工事のときに故郷から取り寄せた松であるから、筆舌に尽くせない多くの困難と犠牲を払ってこの工事に関わった人々とともに、そのときを過ごしている。このことから筆者は、薩摩藩士の魂が宿っていると考えているのである。

③現在、濃尾平野に暮らす人々は、平田靭負や薩摩藩士に対してどのような感情を持っているのだろうか。

例 **偉業を賞賛している。**

現在の岐阜県海津市にある「平田町」の地名は「平田靭負」の遺徳をしのんでつけられたことや、治水工事を行った周辺には、工事で亡くなった薩摩藩士を葬った寺がたくさん残っていることがその証拠である。

資料編

狂言　柿山伏（かきやまぶし）

教科書 P.272〜277

内容を確認して、整理しよう

喉が渇いた山伏（やまぶし）が、柿の木に登り柿を食べていたところ柿主に見つかってしまう。柿主は山伏（やまぶし）に犬、猿、とびの真似（まね）をさせてからかい、最後にとびは飛ぶものだと言って山伏（やまぶし）を飛び降りさせた。腰を打ち折った山伏（やまぶし）は呪文をかけるが、柿主には効かず、呪文がかかった振りをした柿主の反撃にあう。

まとまりごとの展開を確認しよう

山伏（やまぶし）

・喉が渇く。
・柿の木に登って柿を食う。
・渋柿を吐き出す。→当たる→山伏（やまぶし）を見つける。
・木の陰に隠れる。
（見えている）

柿主

憎い

愚かな山伏（やまぶし）
なぶってやろう。

重要語句の確認

▼272ページ
下1　行力（ぎょうりき）　仏道修行で得た功徳（くどく）の力。

▼273ページ
上1　所望（しょもう）　ほしいと望むこと。
下17　合点（がてん）　承知すること。

▼274ページ
上4　いかなこと　どうしたことか。
下15　身ぜせり　身震い。

▼276ページ
上4　あまっさえ　その上に、さらに。

▼277ページ
下2　やるまい　にがすまい。

ポイントを確認しよう

①山伏（やまぶし）はなぜ柿を食べていたのだろうか。

例　喉が渇いていたから。
　はじめは茶屋を探していたが、見つからなくて、たまたま柿の木を見つけて、これを食べて喉の渇きをうるおそうとしたのである。

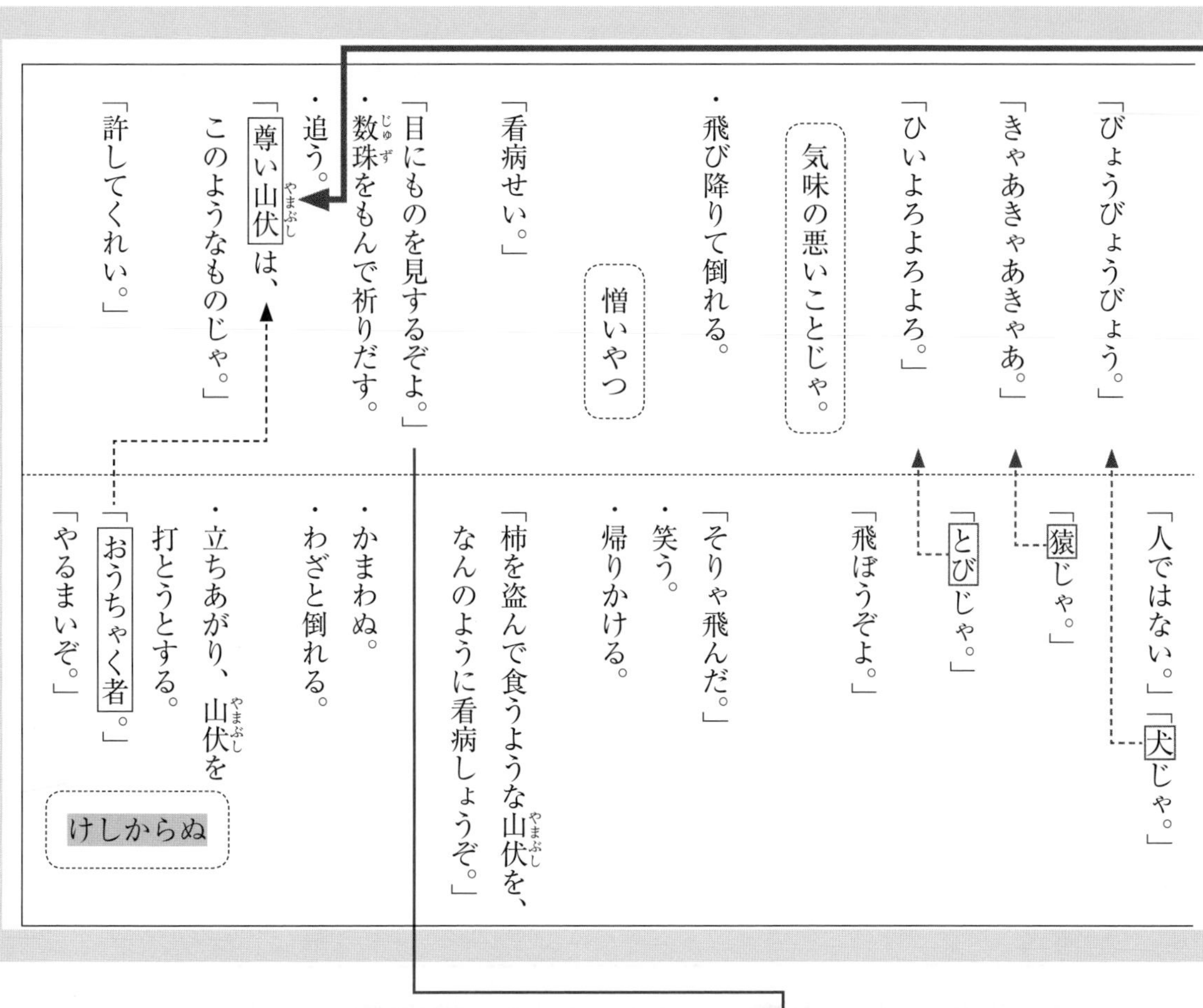

①柿主が山伏に犬や猿、とびの真似をさせたのはどのような気持ちからだろうか。

例　からかってやろうという気持ち。

山伏は木に隠れたが、大きな身体だったので柿主には見えていた。柿主はそのことから愚かな山伏だと思い、からかってやろうという気持ちが芽生えたのである。

②なぜ、山伏は「数珠をもんで」祈ったのだろうか。

例　自分を看病しない柿主に対して目にものを見せてやろうと思ったから。

山伏は、自分のことを呪文を効かせることができる尊い山伏だと思っているから、柿主を懲らしめてやろうと思っているのである。

③柿主は山伏が木から落ちたときには帰りかけていたのに、その後、山伏を打とうと追いかけていったのはなぜだろうか。

例　愚かな山伏が自分のことを、尊い山伏だと思っているのがけしからんと思ったから。

柿を盗んだとき、自分の姿が隠れていないのに、相手には見えていないと思い込むような愚かな山伏なら、動物のまねをさせる程度で許してやろうと思っていたが、相手が呪文のかかった振りをしたことも見抜けずに、自分は尊い山伏だと思っているようだったためけしからんと思ったのである。

編集協力／株式会社　エディット

三省堂　現代の国語　完全準拠　教科書ガイド3

15　三省堂　国語　902　準拠

編者　三省堂編修所
発行者　株式会社 三省堂　代表者　瀧本多加志
印刷者　三省堂印刷株式会社
発行所　株式会社 三省堂
〒101-8371 東京都千代田区神田三崎町二丁目22番14号
電話　編集 (03)3230-9411　営業 (03)3230-9412
FAX　(03)3230-9569
https://www.sanseido.co.jp/

ISBN 978-4-385-58968-8　<03 中国ガイド 3> ①